社區諮商 多元社會的充權策略

Community Counseling
Empowerment Strategies for a Diverse Society
Third Edition

Judith A. Lewis ・ Michael D. Lewis
Judy A. Daniels ・ Michael J. D'Andrea

著

何金針　譯

THOMSON™

社區諮商：多元社會的賦能策略 / Judith A.
   Lewis 等著；何金針譯. -- 初版. -- 臺北市
   ：湯姆生, 2007[民 96]
   面；公分

   譯自：Community Counseling：
Empowerment Strategies for a Diverse
Society, 3rd ed.
   ISBN 978-986-6885-87-7(平裝)

   1. 諮商 2. 社區工作

178.4   96004444

社區諮商：多元社會的賦能策略

Original: Community Counseling: Empowerment Strategies for a Diverse Society, 3e.
      By Judith A. Lewis / Michael D. Lewis
         Judy A. Daniels / Michael J. D'Andrea
   ISBN:9780534506261
   Copyright ©2003 by Wadsworth, a division of Thomson Learning, Inc.
   The Thomson Learning™ is a trademark used herein under license.
   All rights reserved.

   1 2 3 4 5 6 7 8 9   COR   2   0   0 9 8 7

出 版 者 新加坡商湯姆生亞洲私人有限公司台灣分公司
          10349 臺北市鄭州路 87 號 9 樓之 1
          http://www.thomsonlearning.com.tw
          電話：(02)2558-0569   傳眞：(02)2558-0360

原   著 Judith A. Lewis ・ Michael D. Lewis
          Judy A. Daniels ・ Michael J. D'Andrea

譯   者 何金針

企劃編輯 邱筱薇

執行編輯 吳曉芳

編務管理 謝惠婷

總 經 銷 心理出版社股份有限公司
          台北市和平東路一段 180 號 7 樓
          電話：(02)2367-1490 傳眞：(02)2367-1457
          郵撥：19293172 心理出版社股份有限公司
          http://www.psy.com.tw
          E-mail: psychoco@ms15.hinet.net
          駐美代表：Lisa Wu
          Tel:973 546-5845 Fax:973 546-7651

出版日期 西元 2007 年 4 月 初版一刷

定   價 480 元

ISBN：978-986-6885-87-7

推薦序

　　在快速變遷、科技進步、生活型態與價值多元的社會，生活壓力造成青少年心理上不勝負荷，我們看到抽菸、喝酒、嗑藥、逃學、逃家、網咖、援交、滋事鬧架、未婚懷孕、飆車、虐待兒童、自殺、自傷或弒親、酒醉死亡事件層出不窮，在心理上憂鬱症或社會其他更複雜的系統困擾，例如：失業、貧群兒童、貧富懸殊。無論形成的問題為何，與負面情境有關的壓力影響日漸增加的國人的心理健康與生活幸福。

　　前述問題傳統一對一的諮商與輔導不足以解決，必須藉助「社區諮商」了解這些困擾及新的適應問題是伴隨社會變遷，家庭結構解組而來，社區諮商課程係因應時代需求，期待社區諮商為介入策略與服務的綜合性助人架構，以多元方式協助需要幫忙的社區成員面對生活壓力，因此社區諮商除了整合其他理論架構外，以廣泛性、寬廣的視野融入多元社會脈絡思維中，期使社區諮商更具主動性、積極前瞻性，希冀透過面對多元複雜社區問題，早期介入方式，達成預防的教育效果，以提升並促進每個人發展與個人與社區的幸福。

　　所謂社區諮商模式分為四種服務方式：（1）直接個案服務；（2）間接個案服務；（3）直接社區服務；（4）間接社區服務。此模式提供諮商員實際的介入架構以結合脈絡性、發展性、生態性、多元文化與後現代理論，這些理論的貢獻促使心理健康實務工作者考慮到個人個別性，當事人的自主性、獨立、自我尊重、自我實現，諮商人員學習許多有關於集體主義、相互依賴、各種家庭系統，孕育人們從不同文化種族民族背景心理上的幸福。

　　在處理社區成員問題處遇時，除了他們的精神、心理與情緒問題外，實際的生活問題，食衣住行現實層面、心理與安全支持系統更是迫切需要解決與處置的。社區諮商強調，每個人都有處理問題的潛能與能

力，社區諮商員提供資介入協助當事人與其家庭，使其達到社區諮商的目標，個案維護與社區賦能，以促進個人系統之改變成為社區諮商重要議題。因此，社區諮商員必須以宏觀的眼光，覺察、分析、了解影響社區成員的環境因素，進而激賞個案獨特的優勢與資源，使其積極正面回應環境及個人的需求，促進個人的心理健康與個人的幸福。

在開放的社會系統，社區諮商已成為二十一世紀的趨勢，在期待個體無限的可能與潛能發揮與展現情境下，透過社區諮商的各項方案，讓每一位社區成員能自我控制、自主、創造自我，社區諮商員視每一次的危機與困難為轉機、挑戰，協助每一位個案積極正面看待自己、充分發展自己，進而期使社會更為創新卓越與進步。獲悉稻江科技暨管理學院助理教授何金針利用教課之餘翻譯社區諮商－多元社會的賦能策略一書，本書不但可以成為社區諮商教科書，亦是一本實務工作手冊，可供心理健康實務工作的指引實屬難能可貴，故樂意寫序推薦之。

台北市政府教育局局長
國立台灣師範大學教授

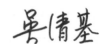

譯者序

　　本書是擔任「社區諮商」課程的另一本教科用書，國內社區諮商教科用書並不多，研讀原文轉化爲上課教材的確不容易。專研原著，細細思量，了解作者思維從中獲益匪淺。因爲深深感受到坊間中譯本並不多，於是授課時興起協助翻譯一本，協助學生閱讀，以利打開他們諮商專業領域另一社區諮商的新思維與新視野。

　　本書提供學校輔導工作者一種新的思維，面對多元文化發展，學校輔導工作必須結合家庭、學校、社區資源做好：學校輔導人員必須走入家庭與社區，發揮以社區諮商模式的諮商專業工作角色：（1）直接社區服務（一級的預防教育）：社區教育方案是提供直接經驗，適合整體對象，對學生、行政人員、老師、家長提供發展學習經驗。例如學校輔導人員進入教室提供婚前教育生涯教育等；（2）直接個案服務（外展和諮商）：方案提供可能面臨危機當事人或潛在當事人的直接協助，例如進行個別諮商與團體諮商、同儕諮商、受虐兒童與高危險群學生的外展服務；（3）間接社區服務（促進系統改變和影響公共政策）：努力促使社會環境回應整體對象的需求；（4）間接個案服務（維護與諮詢）：介入特定個人或團體的環境方案提供滿足他們的特殊需求，包括有意讓學校與社區回應學生的需求。

　　書中有許多美國利用社區諮商模式的成功範例，他山之石可以攻錯。書中許多美國社會成功的社區諮商實例，我們可以從中思考面對國內的憂鬱症、心理疾病嚴重情形，如何協助他們走出人生的陰影。因此，與其說是教科書，毋寧認定是一本實務工作手冊，尤其是在社會變遷與壓力下，心理疾病者已經無法以過去傳統一對一的諮商與心理治療方式解決社會、教育問題。面對多元文化社會思維，主流與弱勢族群必須受到社會公平正義的對待，族群融合，社會祥和，社區諮商模式的新

思維、新視野是值得推廣與運用的。

翻譯過程中的思索、探討是值得回味、體驗，知性、專業知能的收穫與成長是豐碩的。特別感謝心理出版社林敬堯副總經理，湯姆生公司企畫編輯邱筱薇小姐的支持與鼓勵，吳曉芳執行編輯的校稿，稻江科技暨管理學院諮商心理學系曾麗娟主任的課程安排，始有機會翻譯此書並能順利翻譯完成，書中若有疏漏之處，是譯者才疏學淺，還請各方教育先進不吝指教。

何金針　謹識

作者序

　　《社區諮商：多元社會的賦能策略》第三版所展現的是，已演進八十年諮商教育者、研究者、實務專業工作者集體經驗的綜合性助人模式。雖然模式的重要架構完整無缺，新版仍有許多改變。在回應日漸多元的社會，我們呈現心理專業工作者是在促進日漸變遷社會中民眾心理健康和個人增權賦能的研究取徑遠景，我們從各種領域與學術規準獲得新的思維。許多資訊來自人類學、發展和社會心理學、復健、多元文化諮商社會工作，婦女研究領域的後現代主義學者，和人類生態理論學者的研究結果。我們提供新的材料促進讀者對人類發展脈絡本質的覺醒，特別強調脈絡或環境對當事人、學生、我們自己心理發展影響的不同思考方式。我們期盼這樣的強調能夠協助專業工作者：（1）超越傳統過去五十年主宰諮商專業的個別心理內在矯治模式；（2）執行介入策略意圖促進當事人社會環境的積極改變。

　　此版社區諮商模式主要是鼓勵心理健康實務工作者，以創新、廣泛思考方式積極影響當事人的生活。我們期盼提供實務工作者新穎綜合性的方式，思考他們自己充當心理健康服務提供者、當事人維護者、社會變革代理人。為促進此項思維，我們提供預防教育新的範例，弱勢族群的外展服務，維護服務，生態變革策略以提升個人福祉。

　　第二版我們已經擴展多元文化諮商的思維。如此做，不只注意到負面影響美國多元社會種族族群心理功能、獨特的挑戰和障礙，也強調處理普遍影響心理健康實務過程內容的許多文化因素重要性。其中包括強調有關許多人生活息息相關各種族群的議題、性別認同、宗教精神思維、社經地位因素、生理上的挑戰。雖然本書已說明這些議題，在第一章以多元諮商新穎綜合性統整的模式，如 RESPECTFUL 諮商。

　　新版強調不同當事人情境社區諮商模式架構倫理，除了增加第一章

部分特別說明專業倫理議題，接著是討論心理健康專業工作者在快速變遷社會利用社區諮商架構，面對各種倫理挑戰和責任。

我們已經討論增進尋求諮商服務希望的重要性。例如，第四章討論心理學領域的新趨勢——正面心理學，當進行諮商服務對尋求諮商強調優勢本位的重要。

新版希望讀者獲得一套新能力積極影響各種個案對象，為了達到目的，我們在每一章提出一套實際的「能力建立活動」。強烈鼓勵大家完成每一章結束的能力建立活動，你不僅做的愉快，還能立即獲得參與活動的專業能力。

在新版融入許多新的參考文獻，提供讀者各種情境社區諮商模式最新研究結果（例如社區諮商代理人、工商業情境、學校、大學、城市、鄉鎮地區復健方案），藉著更新參考文獻，提供社區諮商模式架構如何有效利用促進心理健康和個人福祉的範例，我們很清楚說明本版的介入策略廣泛運用，不僅是助人實現潛能的最佳想法，許多新研究顯示此版的助人策略已接受廣泛的考驗，且有效促進各種背景、導向當事人的心理健康。

最後，我們在一些章節提供諮商員在社會變遷代理人（第五章）和維護當事人（第六章）呈現清晰、有邏輯的重要角色。

感激藉由許多人的協助才能完成本版修訂，下列早期草稿的修改和提出許多有利的建議：Ann Chapman, University of Alaska; Mary Ann Jones, Wright State University; Linda Keel, Northeastern Illinois University; Kathleen M. May, University of Virginia; Dennis L. Poole, University of Central Florida; John J. Robich, Richmond Community College; David Santoro, Cleveland State University; Nancy Sherman, Bradley University。除此之外，Julie Martinez, Brooks/Cole 的編輯，不僅提供有利的建議，協助我們對社區諮商架構不同的思考方式，而且自始至終極力協助。本書完成完全歸諸專業人員團體和個人的激勵。

我們誠摯希望本書對二十一世紀心理健康專業新願景有所貢獻，特

別是擴展諮商員、心理學家、社會工作者對專業角色思考的方式。以此
方式，我們期盼本書將協助實務工作者發現新方式，以增進整體影響美
國學校、大學、工商業、健康服務代理機構、社區各種背景的民眾。

Judith A. Lewis

Michael D. Lewis

Judy A. Daniels

Michael J. D'Andrea

導論

　　人生活在情境脈絡中，此簡單而深奧的事實已為傳統個別導向和心理治療所忽視。結果，有三個重要立論勢力（心理動力，認知──行為和存在──人本主義），影響我們相信問題來自個人。本書提供精緻的社會脈絡取徑，Judith Lewis、Michael Lewis、Judy Daniels 和 Michael D'Andrea 提出希望有永遠進步的諮商員需要致力於社區和文化關懷。

　　社區諮商對專業人員和學生極為重要，它提供寬廣的視野，對諮商員和治療者提出許多強而有力策略的建議，提供個人、家庭、團體處理和指引方向的資訊，你閱讀本書如同進行未來人生之旅。

　　諮商和治療需要「自我」的新模式，自我的舊模式已經老舊、荒廢。一旦一個空虛概念，自我實現已成自私的實現，女性主義 Jean Baker Miller（1991）提及的「自我關係」。 Baker Miller 提醒我們是生活在彼此交互關係中，我們並不孤獨，我們從自我轉向自我關係，我們對生活在我們身邊的家庭開放，我們覺察多種因素，如性別、種族、民族影響我們關係的自我概念（self-concept-in-relation）。諮商員和治療者遭遇複雜的真理需要探詢，置當事人與專業工作者情境脈絡的發展因素。

　　第一章展現心理健康和個人幸福的願景，對關係的自我概念極為重要，值得提出是作者強調幸福能力，而不是傳統缺陷典範。他們建議我們尋求社會變遷，不是問題而是契機，作者豐富想像力與富有遠見的研究取徑，強調預防重於治療，複雜而不是簡化，平衡個人與環境的關懷，而不是只偏重個人。

　　第二章說明預防教育和生活技能的訓練是有效專業的基本活動，清楚的成本效益助人是心理健康照護的主要元素，專業可以處理壓力管理方案，鼓勵不同文化間的技能發展或領導訓練，所有完成功能性心理健康專業。

　　第三章提供弱勢族群助人策略，如受虐婦女，經濟弱勢、無家可歸和自殺。此材料提醒我是幸運且善盡與別人分享專業知能的責任。作者鼓勵我尋求新方法增加在重要專業服務的時間，我確信讀者將發現同樣的挑戰，我們能夠一起創造差異。

　　第四章提出有力的發展模式，作者說明諮商新穎、有價值的第四種勢力——多元文化治療（MCT）。MCT 以文化為核心開始，同時以文化敏感度利用有名的發展模式諸如 Jane Loevinger，如此，MCT 同時是特定文化和發展架構，當進行多元文化諮商時諮商員必須利用此模式。 當諮商員了解個體是在社會文化脈絡中時，他們的確注意到尊重他人研究取徑，不是提供傳統個人為中心的研究取徑。無須驚訝，我們思考多元文化自我時，我們開始了解自我關係的動力關係。

　　有些讀者發現第五章討論個案倡導個人的挑戰，偏好疏離感和諮商員／治療者中立，支持行動主義者取徑可能會不安，我想起研究所學生告訴我的一個故事。她當實習醫生時，一位婦女尋求晤談，一見面立刻淚流滿面，因為她剛與先生分手，她害怕沒有安全感。那天晚上她和孩子無居身之所，我的學生做合理推理，她立刻找到安全地方，下班後安置她們。隔天，實習學生受訪接受「反轉移」和「破壞疆界」的訓練，她的經驗建議維護不只與專業有關，並且需要有個人的勇氣。

　　第六章的重點是社區諮商員是社會變遷的代理人，協助幫助當事人發現好居所是維護重要的一部分，但專業如何激起廣泛的變革？意指助人建立結盟，呼籲社區領導人和權威人士重視適當的居住議題。意思是指走出辦公室到社區鼓勵相互聯繫接觸，和衝突種族民族的積極諮詢，或者可能是指檢驗地方銀行提供貸款，清楚的，綜合性的研究取徑對整體社區的改良。

　　第七章提出區分心理健康代理機構、生涯發展、特殊代理人、學校、工商企業界的社區諮商模式的四面向。當直接和間接個案服務與直接和間接社區行動統整在一起時，個人與社區同時受益。本章特別有助益於概念化：前一章不同情境所利用的介入與行動的說明，本章協助讀

者檢視他們的專業知能、目標與其他網絡的策略，以利對學校或社區情境重大變革，我強調「與其他脈絡」，因爲很清楚沒有人能單獨完成事情。

　　掌理各種概念與想法不是件容易的事，第八章預備讀者從教室到社區閱讀本書，雖然諮商員與治療者可能不認爲他們是管理者。管理技能是非常重要的，除非諮商員與治療者是策略與計畫行動的團隊成員，否則無法產生變革。退回辦公室等待當事人是很容易，有效的管理協助平衡在辦公室與社區的時間，無須害怕管理，諮商員必須貢獻自己的特殊能力與專業知能的實際運作。

　　Judy Lewis、Michael Lewis、Judy Daniels 和 Michael D'Andrea 相同的是形式清楚，密集的文獻和成爲專業諮商員，心理學家和社會工作核心的一套方法，我們必須以多元文化、發展導向、增權賦能取徑統整傳統理論。

　　非常感謝許多作者啓發性的靈感和學術上的努力，讓我們一起努力將這些概念融入我們與社區生活中。

Allen E. Ivey, Ed.D., A.B.P.P.

Distinguished University Professor Emeritus

University of Massachusetts, Amherst

President, Microtraining Associates, Inc.

目錄

Chapter 8

管理社區諮商方案

Chapter 1

社區諮商模式

有效的諮商典範模式

我們生活在不斷變化難以預料的社會生活與工作中。尤其在二十一世紀，發生了巨大的改變，展現在我們眼前深遠、快速的變化，嚴重影響到我們置身其中的社會、心理與政治脈絡。然而外在快速且出乎意料的劇變，已經明顯影響到二十一世紀世界政治經濟的全球化，促使精密科技的運用，與美國人口、文化、種族的轉變（D'Andrea 1955a; Locke, Myers, & Herr, 2001）。

當代生活特徵的某些因素，帶來一連串影響心理發展方式的新挑戰和壓力。許多人很清楚表現出其心理健康水準，然而在快速變化的環境，他們卻過著滿意有建設性的生活。同時有許多人經歷到各種心理問題，以至於他們不能為幸福實現他們的潛能，本書後面包括下列部分：

1.關心許多人已經被認定罹患各種心理問題，以及未來即將面臨問題的團體。
2.說明社會環境壓力威脅許多兒童、青少年、成年人心理健康與精神上的幸福因素。

除了討論人與情境的關係，本書所提及的諮商理論強調諮商員需要以新的方式思考與作法，才能更有效的工作，以尊重、有倫理，配合未來各種不同當事人心理的需求。D'Andrea 和 Daniels 提出專業思考與作為，他們並不是指心理健康專業工作，就要放棄以往被考驗、證實過對提升當事人心理健康有效的助人理論與方法。然而他們主張極需要擴展歷史上已經用過的理論與方法，目的就是在於使未來更有效、主動積極影響不同的個案。D'Andrea（1995b）指出：

傳統諮商理論與實務必須擴展、不必放棄，諮商員才能更了解

豐沛的潛能，他們必須培養我國二十一世紀各種群體背景團體的心理健康與個人幸福。這麼做需要新的願景：諮商員能夠擴展他們提升我國心理健康的影響力（頁21）。

本書呈現的理論，在於提出此項願景。特別是下列所提出的新願景，來凸顯諮商員與心理健康實務工作者，對二十一世紀成千上萬心理健康與幸福的美國人發揮其極大的影響力。

在此提出諮商員新的遠景有下列三項：

1. 如同大多數的人，許多人相信當諮商員有認定的特定願景，他們已經獲得目的與方向。Senge（1994）指出，個人組織、專業、團體所達到的成功，與他們有目的與願景的方向感有關。

2. 諮商員藉由發展專業角色的新願景，更能適應生活在快速變遷，多元文化科技社會中當事人的需求，重新評估、更新、轉化舊願景的力量，以及個體與組織過去不斷成功的結果（Senge, 1994）。

3. 最重要的是，極需超越過去社區諮商員有目的與方向的過時願景（Aubrey & Lewis, 1988; Sue & Sue, 1999）。其他諮商理論學者與研究人員對此需要的回應是：強調如果諮商實務工作者，仍然願意與二十一世紀美國心理健康與教育系統保持關係，且能繼續生存下去，那麼他們自身的角色必須發展成綜合性願景（Herr & McFadden, 1991; Locke et al., 2001）。更進一步，他們逐漸意識到傳統諮商典範的固有限制，以引燃對專業新願景的需求。

一、傳統諮商典範

典範（paradigm）一詞係指個體對其生活經驗所賦予意義的心智模式或框架（Szymanski & Parker, 2001）。在歷史上，諮商是助人典範，是一對一的介入策略，強調心理內在的經驗，但受限於時間、辦公室和醫療的特性（Atkinson, Morten & Sue, 1998）。

然而，傳統典範強調改變個別的當事人，而不是他們的環境，雖然這種諮商典範對專業主宰很久，許多研究人員指出這種只是狹隘的強調：國家的心理健康需求。

　　為此，Albee（1986）提出，美國有四千三百萬成年人（所有成年人口的19%）經歷心理問題，願意每年尋求專業協助。這些成年人不包括醫院的病人與無家可歸的心理疾病患者。進一步的說，一年另有二十萬的年青人需要心理諮商服務（Conyne, 1987; Vera, 2000）。

　　諷刺的是，無論多少心理健康諮商的需要，許多人紀錄上被視為不是相當需要心理治療與協助的人，但是他們確實需要專業諮商與心理醫療協助。針對此事，令人困擾的是，VandenBos's（1996）發現指出，在1992~1995年之間有18.6%需要接受心理服務。Romano和Hage（2000）進一步提出，憂鬱症是美國普遍的心理疾病，而且是導致無能為力的主要原因，在1997年只有23%被診斷出需要接受處置（USDHHS, 2000）（頁735）。

　　其他研究指出，無數的青年人有情緒困擾，以及高危險群年青人的心理問題，都是因為社會因素所形成。（McWhirter, McWhirter, McWhirter, & McWhirter,1998）提供協助面臨心理問題的高危險群的許多年青人，以及他們早期生活的困難經驗，經過估計顯示，60~80%需要心理健康處置的兒童與成年人，是不需要接受幫助的（Hoagwood & Koretz,1996）。

　　超越量化的無效能，多數實際工作者所運用傳統的助人典範，並無法改善整個國家心理與社會的健康品質，此項論點是來自於1970年美國公民心理健康許多文獻發現的支持。

　　Miringolf（1995）已經檢驗出，1970~1993年國家心理健康的17項指標。研究結果積極反應出美國人民的五大範疇：嬰兒死亡率，藥物濫用統計，每年中學生輟學率，貧窮水準達到65，以及制定法令提供貧窮食物。相對的，同一階段尚有12項健康範疇，使情況變得更糟糕。在貧窮兒童數目中，虐待兒童，年青人自殺，成年人懷孕，失業等現象有明

顯的增加。研究指出，薪資減少，缺乏健康保險，殺人犯，高速公路酒醉死亡事件，遊民、居無住所的家庭，健康成本水平達65，導致美國貧富懸殊（Miringolf, 1995）。

雖然有些指標反應出的問題與個體有關（例如：虐待兒童、自殺、酒醉死亡），其他顯示的則是更複雜的系統困擾（例如：失業、貧窮兒童、貧富懸殊）。無論問題為何，與負面情境有關的壓力日漸影響的美國人民心理健康（Romano & Hage, 2000）。

整體而言，研究指出，即使過去六十年來專業心理工作的努力，整個國家心理與社會健康仍受到破壞。它的意思並非指諮商員、心理學家、社會工作者提供的服務沒有效率、沒有價值（Barlow, 1996; Beutler, 2000; "Mental Health: Does Therapy Help?," 1995）。許多研究文獻指出，個人從傳統諮商典範獲得許多益處，然而有充分的研究指出，過度依賴傳統諮商典範，並不能促進個人與系統的改變，以及改善國家心理健康與社會福祉。二十一世紀的諮商員必須發展他們責任的新願景，發展新願景必須改變傳統諮商典範為綜合性與最後的效能。

二、典範的轉變

三十年前，Kuhn（1962）提出廣為人們所接受的觀點：科學新發展的結果無可避免影響典範的改變。Barclay（1983）首先提出諮商專業典範改變，了解傳統諮商典範限制諮商專業的潛能，威脅專業的未來，還有許多人最近討論，發展新助人模式的重要性（Ivey, D'Andrea, Ivey & Simek-Morgan, 2002; Pedersen, 1991; Rigazio-DiGilio, 1994; Sue & Sue, 1999）。

一種諮商專業典範的改變，需要許多諮商者在思想與作為上的根本變革。雖然如此，可能造成傳統受過專業諮商實際工作者的混亂與抗拒，然而這種改變對希望繼續生存的諮商專業而言卻是必須的（Daniels & D'Andrea, 1996; Locke et al., 2001）。

對專業典範動態的改變，Newton 和 Caple（1985）指出：

舊典範到新典範的轉移不只是累積的過程或是舊典範的延伸，
而是以建立新概念的知識為基礎，改變許多根本信念，並應用
到一個人的生活世界。轉變過程的階段若是以新、舊典範解決
問題會引起困擾，然而以典範解決人的問題將會有決定性的差
異（頁163）。

有足夠的理由讓人相信，典範的轉移是因為發生在最近若干諮商的
若干理論中。過去三十五年，諮商員不得不考慮他們與不同人群工作的
角色。這些力量包括：逐漸增強的意識和對情境脈絡的接納
（Steenbarger, 1991; Thomas, 1996），生態性（Germain, 1991），系統理論
（von Bertalanffy,1968），女性心理學（Gilligan, 1982; Miller, 1987），多元
文化（Locke, 1998; Sue & Sue,1999）的覺醒和後現代心理學（D'Andrea,
2000; Gergen, 1992; Hayes, 1994）逐漸受到重視。

這股力量產生的概念與知識豐富了對人類重要發展的專業理解。然
而這些理論促使諮商員之間產生不協調與不安，如同深植於傳統諮商典
範許多的前提發生衝突所激起的新知識一樣。Rigazio-DiGilio 和 Ivey
（1993）提出他們的看法：面對諮商專業的「主要任務不是繼續擴增不同
觀點的分歧，而是要思考統整這些理論成為有意義和連貫成為有條理的
架構（頁208）」。

社區諮商模式呈現的轉變框架，明顯改變尚未被人了解的新的諮商
典範。此框架提供諮商員一套實際的工作指引，以做為各種當事人在不
同情境心理的健康服務。然而，因為模式適合許多傳統的諮商觀點與策
略，在最真實的用語，沒有人考慮新的典範。它呈現統合性架構，激起
對二十一世紀諮商員專業目的與視野新的思維方式。

三、社區諮商的定義

我們界定**社區諮商（community counseling）**為介入策略與服務的綜合性助人架構，促進每個人發展與所有個人與社區的幸福。

社區諮商模式分為四種服務方式：（1）直接個案服務；（2）間接個案服務；（3）直接社區服務；（4）間接社區服務。此項模式提供諮商員實際介入架構，以結合脈絡性、發展性、生態性、多元文化與後現代理論。這些理論的貢獻促使心理健康實務工作者考慮到中歐個人主義原則，支持傳統諮商和治療典範（Sue & Sue,1999）。結果使得長久以來的價值：增加當事人的自主性、獨立、自我尊重、自我實現，質疑諮商員學習許多有關於集體主義、相互依賴角色、各種家庭系統，孕育人們從不同文化種族背景心理上的幸福（Atkinson et al., 1998; Ivey et al., 2002）。

許多多元文化諮商理論已經成為他們工作上重要的議題，如多元文化主義已經變成挑戰主宰二十一世紀以來諮商思想傳統觀點，成為一股最富有潛力的勢力（Pedersen, 1990; Sue, Ivey, & Pedersen, 1996; Sue & Sue, 1999）。當然這不是指責所有中歐和反映在傳統典範的個人價值，然而，當利用諮商基本方法時，傳統助人架構通常無法因應快速變遷的多元文化社會。

四、建立社區：二十一世紀的挑戰

社區（community）意思是指不同的事對不同的人而言，係指住在特定區域的人民（如鄉村地區或都市地區），對其他人是指與獨特文化種族民族的一群人，如亞裔美國人社區。另外有人提出：「全球社區」，本文係指聚集在一起彼此共享興趣與需求的一群人（Paisley,1996）。

當社區是指系統，我們稱它為統一、連續、是可以預測的。個別團

體組織組成社區是彼此相互依賴，而社區連結個體和其他社區，則包括較大的社會。社區是一個媒介體，個人經由此途徑在世界上有所作為，此社會是一個轉換的規範。在這個定義之下，家庭與鄰居是一個社區，學校、醫院、公司也是，因此個人在同一時間內可以屬於不同的社區。

一般社區的定義，指從家庭、學校到較大的社區，如同性戀或較大的社會政治系統，如北美社區。此項定義的運用可以直接或間接彼此影響，人的聯繫與依賴在社區諮商模式是非常重要的。

人性生態理論認為，人分享屬於社區的普遍驅力。Germain（1991）則認為，此力量是來自希望與他人建立關係的需求，如此個體方能獲致較好的地位，滿足他們情感上與工具上的需求。個體在這些社區中的經驗，影響他們心理上的健康與幸福。如此，雖然諮商員繼續在個體工作中扮演著重要角色，可是他們專業上的最大貢獻是立基在他們為未來建立健康賦能的社區意志與能力。

社區建立與其心理健康的關係已經逐漸變得更明白，就如同諮商員對人類發展獲得新知識一樣。當評估一個人的心理健康，女性主義（Amaro, 1995; Marecek, 1995; Miller, 1987）和後現代理論（Tierney, 1993）特別幫助諮商員，了解有意義社區脈絡關係的重要性，此項知識已經引導諮商實際工作者較能領會「自我關係」的觀點（Marecek, 1995; Miller, 1987），和彼此相互依賴在於決定個人福祉複雜的角色（Gilligan, 1982; Jordan, Kaplan, Miller, Stiver, & Surrey, 1991）。

許多社會、經濟、政治勢力已經威脅到美國社區與人際之間，支持健康與持續心理聯繫的人類相互依賴關係。Lator（1993）特別指出，逐漸增加裁減國內政府費用（特別是針對面臨危機人口的教育與心理健康方案），這些因素已經威脅到美國長期的生活品質。

這些裁減創造Lator（1993）所謂的「稀有模式」（scarcity mode），致使個人和財力發生危機，必要資源的保障更加困難。不斷裁減政府服務的經費，挑戰了諮商員與心理健康專業，如同Miringoff（1995）最近報告中清楚指出，此方案急需要更多的支持，協助促進全部國人的心理

與社會健康。

　　對於諮商專業需要創造新願景與下列這些因素具有密切關係：政府對心理健康服務支持的減弱，對人類發展相關與相互依賴角色逐漸增加的知識，傳統諮商典範無法強調多元文化社會心理健康的需要。以上這些情況我們相信新的諮商願景，必須反映從現在幫助個人療癒的觀點快速改變強調文化的敏感性。社區建立的提倡：即基本的預防教育，社區諮商框架是提供這些議題的媒介。

　　Dr. Martin Luther King（1963）主張，發展健康相互依賴的尊重感，是國家與世界社區成員面臨時代最重要的挑戰。雖然三十五年前他提出此項看法，我們相信 Dr. King 的領悟直接用在今天的諮商員，就如同他們研究新方法，限定二十一世紀心理健康的需要，我們期盼諮商員發現社區諮商模式幫助他們盡力培養當事人的心理健康，同時促進美國更容忍、回應、照顧社區。如此做心理健康實際工作者必須獲得多元文化能力，對來自不同團體、背景的人更有效能、富有倫理、尊敬他們（Arredondo et al., 1996; Sue, Arredondo & McDavis, 1992a, 1992b）。RESPECTFUL 諮商架構容我們在後說明，幫助擴展你對心理健康實際工作多元文化支持的思慮。

RESPECTFUL 諮商[1]

　　RESPECTFUL 諮商架構提出：（1）認識人類發展多面向的本質；（2）強調實際利用心理健康專業綜合性模式的需要（D'Andrea, 1995b; D'Andrea & Daniels, 1997, 2001）。因為社區諮商模式強調，過去許多年來多元文化主義所引起的許多關注，重要的是澄清本書前面所提及的**多元**

---

[1] 資料來自 *Counseling and Psychotherapy: A Multicultural Perspective*, by A. E. Ivey, M. D'Andrea , M.B. Ivey, and L. Simek-Morgan (Boston: Allyn and Bacon, 2002) 允許。

文化（**cultural diversity**）。

多元文化的定義有不同的爭論，例如：Fukuyama（1990）和 McFadden（1999）強調廣泛、概括、普遍定義結構的重要性，因爲運用廣泛、普遍定義可以區分性別、感情導向、年齡、獨特生理特徵所建構不同的文化團體。此項定義對聽力障礙者確定需要「聽不見文化」的觀點（Ivey et al., 2002）。

Locke（引自 D'Andrea & Arredono, 1998）對多元文化廣泛性的觀點提出不同的看法，他認爲這種研究多元文化的方法太一般性。Locke 認爲：特定文化種族團體遭受壓迫的諮商方式，稀釋系統性的改變。對歷史上北美種族主義而言，Locke 認爲，多元文化諮商應該重視非裔美國人、亞裔美國人、拉丁裔美國人和印地安美國人文化。

雖然多元文化定義的爭論在諮商專業持續一段時間，而諮商專業架構則包含廣泛、普遍的定義。如此一來，我們運用 D'Andrea 和 Daniels（1997, 2001）發展的 RESPECTFUL 諮商模式，此項綜合性、多元架構包括十種元素，所以提出這些元素來，是因爲它們在許多方面很明顯影響當事人心理發展和個人福祉。重要，需要了解包含此項模式的組成元素，並無法詳列影響人類發展的所有因素，以下說明「RESPECTFUL 諮商架構」：

R－宗教／精神認同

E－經濟階級背景

S－性別認同

P－心理成熟程度

E－種族／民族認同

C－長期／發展挑戰

T－不同形式的創傷以及對個人心理健康的威脅

F－家庭背景與歷史

U－獨特的生理特徵

L－居住地方與語言差異

組成RESPECTFUL諮商架構的十種元素呈現出我們所認定的文化差異，雖然種族考量的確在本書的社區諮商受到重視，許多其他因素被視爲有生命力的文化，諮商員必須對不同當事人給予回應。此觀點已經體認到，我們社會中婦女組成的文化團體與男性組成的團體有顯著的不同。其差異彰顯在於語言用法、獨特的生活情境，挑戰窮人、中等社會階層、上等社會階層例行性的經驗，以顯示不同人群的不同文化。在美國不同地理／區域發展的個體，其文化差異也顯示在同性戀、雙性戀、異性戀上，挑戰個人生理上的能力。下列說明組成RESPECTFUL諮商架構的十種元素，增加讀者對文化差異有較廣泛、普遍定義相關因素的了解。

一、宗教／精神認同

　　RESPECTFUL諮商架構的第一個元素，強調個人對已經建立宗教和超越客觀社會限制的異常經驗信仰、實徵性世界，它們明顯影響西方現代心理學思想（D'Andrea, 2000; D'Andrea & Daniels, 2001）。Kelly（1995）指出，**宗教（religion）／精神（spirituality）**建立在先驗經驗肯定的基礎上，典型的彰顯宗教的形式已經超越普通、可接觸的疆界。如果用在RESPECTFUL諮商架構，宗教／精神涉及個人對超越生理本質的信仰，提供個人對一般生命與特殊經驗的意義。

　　因爲當事人的宗教／精神認同在於他們所建構生命意義經驗，對生活遭受困境的解釋，以因應壓力情境，扮演重要角色，重要的諮商員在諮商過程中，評估此項因素對當事人影響的程度。除了對個人在諮商脈絡評估之外，很明顯的個體也會顯示不同的宗教／精神認同（信仰基督教或回教）的刻板化印象、歧視或社會上其他基督教團體的壓迫。

　　因爲刻板化印象、歧視或壓迫常常導致奇特的壓力，深切的負面影響認同相同或不同宗教／精神團體的個人心理健康，有意計畫促進生態改變，以改善國人正面的改變，運用心理介入策略是很重要。這包括對

不同宗教團體背景的尊重與了解，如在學青年預防教育，統整不同宗教團體的社區方案，維護學校、大學、職場、社區有關法令與機構政策的發展與執行。以支持不同宗教／精神認同團體的權利與尊嚴，對工作使用社區諮商模式的心理健康實際工作者而言，不僅了解運用介入策略以促進社會中許多人的心理健康，而且實際運用到他們的工作中。

除了考慮運用介入策略以促進不同宗教／精神認同民眾的心理健康，同樣重要的是，諮商員必須了解對於不同宗教／精神認同的人容易發展出負面態度，這些態度、觀點在他們自己的發展中扮演著極重要的角色。因此，諮商員必須積極思考他們的宗教／精神認同和信念（或缺乏）是正面或負面，影響他們對持不同觀點當事人的諮商工作。本章後面的能力建立活動 1.1 設計，幫助你評估這方面或其他促進 RESPECT-FUL 諮商架構發展的觀點與偏見。

二、經濟階級背景

許多研究者對於人的態度、價值、世界觀點、行為，如何受到社經地位與背景的影響已經做了解釋，了解到當事人多方面的特點影響他們發展，而心理健康實際工作者必須關注影響個人優勢的有關因素，如在諮商與心理治療所顯現的問題。很顯然貧窮對美國成千上萬人民的身心，在生活上產生了負面影響，諮商員重要的是運用他們來倡導技術，支持或有意設計，減少貧窮人日常生活問題不同生態的改變。

Ivey et al.（2002）也提出許多諮商員對與他們不同的社經背景人，發展出不正確、負面觀點和偏見。因此，當心理健康專業人員，對不同經濟階級進行諮商時，必須評估他們自己，以社經階層為基礎的假設、排除偏見、刻板化印象。特別重要的是，實際工作者必須深入檢驗，經濟因素如何影響貧窮當事人的心理健康與個人幸福，深切注意傳統諮商理論是由中等階級個體發展而來。

三、性別認同

　　雖然不是最重要的角色，但與個體發展有關的最複雜部分之一，是來自於不同團體與背景的性別認同。如同 RESPECTFUL 諮商模式，**性別認同（sexual identity）**與個人的性別認同、性別角色與性別導向有關。**性別認同（gender identity）**是指對男性或女性個體的主觀感受，個人的性別認同很明顯受到現有文化種族脈絡，社會化不同角色男性和女性所影響。

　　個人的性別認同則是受到他的**性別導向（sexual orientation）**所影響。對個人性別認同面向概念化有許多方式，**兩性化（bisexuality）**意指個人與男女兩性的互動，**異性戀（heterosexuality）**則剛好相反，只對與自己性別不同者有興趣，第三種是，個人的性別認同是**同性戀（homosexuality）**，是指個人的性別導向只與同性產生關係。依據負面刻板化印象，在描述個人的性別認同時，較容易接納與尊重的用語，與同性戀有關的包括**男同性戀（gay males, gay）**、**女同性戀（lesbians）**（D'Andrea & Daniels, 2001, in press）。

　　種族諮商實際上必須認識和接納當事人獨特的性別認同，許多人對女性主義的倡導和國內男同性戀／女同性戀則抱持較多負面觀點與反映。如果諮商者想要提升不同性別認同者的尊嚴與健康，他們必須超越個別諮商的情境脈絡。這些努力必須包括：提供預防教育、外展服務、諮詢、促進生態改變，改善對不同性別認同者更有尊嚴的處境。在我們社會中，存在著反女性主義者和異性戀主義者的態度信念，諮商員有義務評估他們對性別認同的信念與偏見，可能負面影響他們正在諮商與他們不同性別認同的當事人。

四、心理成熟程度

諮商員通常分享並認同當事人的互動（例如：宗教／精神，種族和性別認同）和人口特徵（例如：年齡、性別、經濟階層），但是他們卻有不同的心理反應。在這種情況之下，我們可以說他比其他同年齡的人心理成熟，且認同相同的種族，如其他與他們一起工作分享相同的性別／或宗教／精神認同。某些心理健康專業人員描述一般「不成熟」的當事人時，包括：「在社會互動關係控制衝動」或「她較無法自我察覺」。而敘述「較成熟」的當事人，包括：「她討論問題時較能領悟」，「她有較高的自我察覺」，「她已經發展出寬廣的人際關係，比其他當事人較容易掌握遠景技巧」。

結構發展理論認為，心理發展是指從簡單方式到複雜方式，個人思考他們自己與生活經驗的過程，這種變化有一套反映在世界上不同的方式，如不變或者是階層式階段的思考、感覺、行為，並加以追蹤（Sprinthall, Peace, & Kennington, 2001）。依此項觀點，本書所提及的社區諮商理論，認為人從這些心理階段的成長，反映出獨特的心理文化心智模式，以彰顯他們對世界不同的態度信念與觀點。當評估當事人心理成熟水準，諮商員最好設計介入策略，以滿足他們獨特的心理優勢與需求。同時重要的是，心理健康專業需要花時間反映他們自己的發展，當當事人心理成熟度高於他們自己時，協助過程是容易受到傷害。

五、種族／民族認同

即使相同種族，人際之間仍存在許多心理差異。這種心理差異是指一般「團體內」的差異。既存的「團體內」差異，很明顯的出現在相同種族人群之中。重要的是，諮商員必須發展精確評估其重要差異，並在工作中以有效和尊重的方式回應他們差異的知識技能。心理健康實務工

作者，必須了解自身種族經驗如何影響他們的發展，建構世界的方式，和他們對其他人偏見形成的過程。

　　從美國2000年人口調查研究發現，強調種族／民族組成的國家在轉型變革時，能提供不同種族服務心理健康實務工作者，逐漸了解到在多元社會如果沒有具備寬廣多元種族／民族團體認同，已經無法有效的進行諮商工作。因為許多來自不同種族／民族團體者，例行性的經驗到不同形式，滲透在當代社會中的刻板化印象、歧視與種族主義。諮商者期待走出辦公室，促進生態改變，以減少社會毒素所造成的環境。快速種族／民族轉變的美國，可望期待美國心理健康專業者繼續努力，促進個人與環境脈絡的改變，改善國人過去多年來已邊緣化的非白人種族團體權利與尊嚴的尊重。

六、長期／發展挑戰

　　與年齡有關發展的改變，已顯現在個人面臨生命發展週期的各種階段中，即所謂的長期挑戰。心理健康工作者已經非常嫻熟許多發展的挑戰，如與兒童期、青少年期、成年人期有關的發展特徵。生命週期研究者指出：個體從嬰兒期到成年人期，隨著時間身體發展特殊的改變（如身體改變與系列動作技巧的發展），不同認知能力的出現（如：知覺、語言、學習記憶或者是其他各種思想技巧），以及不同心理能力的展現（如情緒管理、有效人際互動能力表現）（Shaffer,1993）。

　　人類發展研究者協助諮商員界定個體面臨生命週期不同階段獨特挑戰的考量。就實際而言，知識使實務工作者對在生命中受到發展挑戰的當事人進行更有效的協助，在諮商過程執行適合年齡相關介入的策略，同時允許諮商員更注意，當他們與當事人存在著重要長期性的差異，他們可能面臨的挑戰。深思到這一點，D'Andrea和Daniels（1997）提出許多諮商員他們可能遭遇到的問題，當面對年齡比他們年長的當事人時，必須具有某種程度的信任、尊重與專業效力。

對於面對不同年齡個人或小團體，適當介入策略各種知識顯然有長足的進步，無論此領域已有多少進展，許多成年人主觀感受到，建構社會中成千上萬兒童、成年人、老年人心理健康個人幸福的不同形式壓力（如受虐兒會對兒童的疏忽、對身體施暴、許多成年人缺乏資源以保障生活安全）。因為對不同老年人生活上面臨環境困頓，必須面對與年齡有關、不公平遭受壓迫的其他介入策略的環境，提供個別、治療性諮商的反映，已經顯示不足。社區諮商模式說明許多服務與方案意圖設計促進正面的生態改變，促進整體國人所有年齡的心理健康與幸福，以及因環境壓力而罹患心理健康問題的弱勢族群：如特定兒童、年青人與老年人。

七、不同形式的創傷及對個人心理健康的威脅

在 RESPECTFUL 諮商模式中，強調人身置於心理危險與傷害的壓力情境複雜方式下，對個人幸福的創傷與威脅。這種傷害發生在個人遭受到超過他們能力可以因應的情境經驗時。當個人主觀感受到持續的壓力時，其人際資源（因應技巧、自尊、社會支持、其他來自文化團體的個人權力）會呈現負擔過重的情形，個人經歷太長時間的壓力經驗，通常是指「弱勢族群」或是「面臨危機」。

諮商員通常會前往協助不同的弱勢族群或面臨危機的團體，包括貧窮、遊民、失業、離婚家庭的成年人和兒童、未婚懷孕的年青人、先天免疫力不足、愛滋病患者、癌症患者、因不從形式的年齡歧視、性別歧視、和文化壓迫者。對來自於當代社會上受到文化／種族團體的壓迫，升高、持續不斷的壓力，通常會導致更嚴重、適得其反的結果（Salzman, 2001）。

想要成為有效的心理健康工作，需採用不同的方式評估環境，對未來即將面臨身心問題危機的許多弱勢族群個人幸福的威脅，執行介入策略以舒緩問題的嚴重性。諮商員對美國行事已久，被邊緣化種族團體進

行諮商時，需要覺醒代間傷害已經持續好久一段時間，因此在進行諮商和發展策略時，意圖強調對當事人心理健康和幸福感的恐嚇。對實務工作者同樣重要的是，必須考慮到各種壓力和創傷事件如何持續影響他們自己的心理發展。

八、家庭背景與歷史

美國快速的文化轉變，包括許多家庭，正從許多諮商員行諸多年決定「正常家庭」標準的傳統「家庭」觀點和「健康家庭功能」逐漸改變中。諮商員在工作上常常面臨不同的家庭型態（如：單親家庭、混合家庭、延伸家庭、同性戀家庭），因此得以重新評估，美國過去健康專業人員與其他類型家庭型態標準作比較的核心家庭傳統概念。

面對二十一世紀，迫使諮商員：（1）了解來自於不同家庭當事人獨特的優勢；（2）執行心理介入，意圖促進這些家庭單位的心理健康發展。除了了解來自這些不同家庭的個人優勢，心理健康工作者必須重新評估，經由他們自己家庭歷史與經驗所發展出來的假設與偏見。假如未檢驗這些假設與偏見，可能對那些來自與諮商者不同家庭型態當事人的幫助過程，產生負面的影響。

九、獨特的生理特徵

RESPECTFUL 諮商架構強調，社會對體態優美理想圖象的敏感，對於許多身體特徵並不適合主流文化狹隘美的觀點，其負面將影響當事人心理發展的重要性。當面對身體特徵成為個人壓力或不滿的當事人進行諮商時，重要的是，諮商員必須思考理想化的體態優美神話，可能導致許多人內化自己的負面觀點與刻板化的印象。對心理健康實務工作者同樣重要的是，必須思考這些神話如何導致當事人對自己優勢錯誤的評價與不正確的解釋。

D'Andrea 和 Daniels 指出：當諮商員與心理發展受到獨特身體特徵負面影響的男女當事人進行諮商時，專業工作者必須能夠支持他們，了解來自不合理的自我價值感性別的社會化過程。當諮商員面對生活上經歷不同身體挑戰的當事人，必須特別敏感察覺到與身體無能有關的議題。包括察覺到包含挑戰身體能力，以了解他們潛在幸福感的不同環境障礙。有效率的強調上述的考量，諮商員必須以本書所提供的社區諮商模式，採用綜合性的諮商模式進行協助當事人。

十、居住地方與語言差異

居住地方意指一個人居住的地理區域和情境。 D'Andrea 和 Daniels（2001）提出美國五個重要地理區域：東北部、東南部、中西部、西南部和西北部。從一個人居住的型態、氣候、地質形勢、人民居住地區和職業工業型態，可以很明顯的分辨出這些區域。

當心理健康專業工作者與他們不同地區（包括都市、鄉村、郊區）的當事人進行互動時，重要的是，可能反映出他們早已經發展對這些人或地區的刻板印象或偏見。特別重要的是，他們人際互動時所使用的對話與語言。如同 RESPECTFUL 諮商架構的其他因素一樣，這種自我評估也是很重要，因為面對來自於不同地區的當事人，他們一些未被檢視出的偏見所使用的語言，可能無意中在諮商過程中導致出無生產性的負面結果。

在 RESPECTFUL 諮商模式中，社區諮商架構有下述三方面：

1. 重複強調諮商員必須重視人類發展的多項特質，如前述十項因素組成的 RESPECTFUL 諮商模式，並列舉所有影響諮商員面對當事人的差異，他們提出重要的考量，提醒諮商員面對不同團體與背景時應有所注意。

2. 此模式提出，諮商員強調運用多種助人方法，促進來自不同當事人

心理健康與個人幸福的需求。雖然，我們總是期許諮商員對無法因應生活困擾的當事人，提出個別諮商服務。然而研究結果卻發現，提出個別療癒性的諮商已經不足以適應美國人民逐漸增加的心理需求。對此，爭論的焦點是諮商員必須採取生態性的改變，以促進當事人環境正面的改變（Neville & Mobley, 2001）。若未能達到目的，也是由於環境毒素，因為許多人個人的幸福混雜在我們機構、組織和社區中，專業諮商員可能被視為一些無關、不重要的。

3.RESPECTFUL 諮商架構一直強調：諮商員必須在組成此模式的各種元素中加以評估自己。重要的是，如同其他人，諮商員對於RESPECTFUL 諮商模式各種因素形成一個人的特徵，容易發展不正確的信念、刻板化印象、偏見，而成為他們自己的經驗。當這些信念、刻板化印象、偏見無意識未被檢驗，會嚴重影響諮商員對來自不同背景當事人的諮商工作。一句名言：「諮商員！了解你自己」是本書中支持諮商理論的重要考量。基於這點理由，第一項能力的建立活動是，設計協助對自己發展和影響個人成長的多種因素的反思。

 能力建立活動 1.1
利用 RESPECTFUL 諮商模式作為自我評估的工具

我們都是具有多方面特徵的個體，受到 RESPECTFUL 諮商模式各種因素的影響。所有因素都影響我們建構自身的意義跟生活上與其他人的互動，以及我們所生活的世界。無可避免的，由於我們自身發展因素的影響，我們都有不正確的假設，發展出對別人的偏見。在此項思維中，重要的諮商員必須反思對來自與他們不同當事人的假設和偏見。而在某些情況，某些假設和偏見可能對來自不同團體與背景的當事人有所幫助。另一方面，當這些假設和偏見介入諮商時可能導致無效，甚至有傷害的結果。

活動設計協助你：（1）更容易覺察個人多方面的特質；（2）促使你思

考個人對不同團體背景已經發展的某些概念化假設與偏見。現在你學到RESPECTFUL諮商模式，運用此項架構評鑑你每一個層面。反思RESPECTFUL諮商模式十個因素後，花一些時間寫下你受到此項模式不同因素的影響（看看下列因素）。確認你受這十個因素影響所獲得的許多優勢和偏見。簡要寫出說明有效影響你發展的個人型態，最後簡要描述從生命中，可能你對當事人無效的不同假設與偏見。

R－宗教／精神認同

E－經濟階級背景

S－性別認同

P－心理成熟程度

E－種族認同

C－長期／發展挑戰

T－不同形式的創傷以及對個人心理健康的威脅

F－家庭背景與歷史

U－獨特的生理特徵

L－居住地方與語言差異

因此，首先第一步，需要利用社區諮商模式理論引導你已經發展對不同團體與背景人的假設與偏見。重要的是，正在進行諮商當事人的型態，雖然你想有效進行諮商，但你卻面臨生命發展中對當事人假設與偏見的挑戰。一旦你了解社區諮商模式，協助限制你在當代不同文化社會體系不正確的假設與偏見，成為一位有效能的心理健康實務工作者。依照此種方式，本書呈現的架構圖，意圖促進你個人與專業的發展。

為了促進專業發展，本書列舉綜合性助人方式，協助統整許多諮商與發展策略，考驗作為有效促進不同團體與背景當事人的心理健康。下列部分：（1）提供此種方法的深度晤談；（2）說明來自社區諮商模式的基本假設；（3）討論諮商者在社區諮商所扮演的多種角色。

社區諮商模式

一、概覽

- 在中西部心理健康中心，普遍工作坊的專業心理師學習因應失業者處理長期壓力適應變革。
- 東南部大都會區的諮商員提供都市綜合性諮商服務，非裔美國年青人重視社區成年人懷孕問題。
- 多種族學校兒童在課程設計方面，增加對文化差異的覺醒程度。
- 在郊區青年人方案，青少年研究社區的議題，探索他們當學生的權利與責任，學習監督和影響與他們有關的立法。
- 在西部大型大學，來自不同文化與種族背景的學生，參與不同的方案以協助他們獲得許多技巧，有助於獲得成功且滿足的生活。
- 波斯頓的拉丁人聚集在一起，決定他們需要社區協助的型態，了解人類潛能發展文化榮譽感。
- 來自全國各都市的心理健康實務工作者相聚一起，計畫和執行教育策略目的，以減少他們地區缺乏先天免疫力／愛滋病者。
- 在美國西南部經濟蕭條的鄉村地區，專業諮商者加入其他健康照顧，提供重視美國原住民的家庭需求為中心。

雖然每一項方案重點、情境、雇主各有不同，而我們賴以建立的社區諮商模式的基礎，卻都有同樣的特徵。

1. 他們覺察，社會對於社區每一位成員的影響。
2. 他們認為當事人是完整的全人個體，他擁有許多個人優勢、資源和限制。

3.他們希望加以預防每天在學校和其他社區耗盡所有問題的心力。

4.他們盡力了解來自不同文化種族背景民眾的需求與經驗。尤其是他
們體認到諮商員幫助他們自助的方法時，無論個人或團體都可以藉
此獲得優勢的力量。諮商員能夠協助促進當事人培養需要負起的責
任，以滿足生活的知識與技巧。

二、基本假設

雖然心理健康實務工作者在不同情境運用社區諮商架構（如：學
校、工業、社區機構），無論他們身處何處工作，一連串的假設將引導他
們工作。包括下列假設的信念：

1.人們的環境可能對他有所滋養或限制。

2.促進個人或社區賦能的諮商目標。

3.多面項方式的助人比單一服務方法更有效率。

4.注意當事人多文化發展本質（經由 RESPECTFUL 諮商模式）是計
畫與提供諮商服務的核心。

5.預防勝於治療。

6.在不同人類服務、教育與商業情境可以運用社區諮商模式。

我們將討論下列部分的假設：

(一) 環境：正面與負面的影響

人們繼續與足以幫助他們或傷害他們的環境互動，如同人的發展，
他們依賴環境，使之成為學習與支持的資源，經由與他人的互動來適應
他們的需求。即便如此，環境也會負面、阻礙成長和限制他們的發展。

因為環境對人的影響很重要，運用社區諮商架構的諮商員了解，若
無法處理他們的社會系統，試圖促進當事人的心理發展，那麼諮商必然
無效。如此一來，社區諮商模式企圖提高個人福祉，必須包括對他們生

活脈絡的影響（Thomas, 1996）。

環境因素明顯促進當事人可能面對的各種問題發展，有時這些因素與個人問題之間的關連很清楚。例如：當暴力家庭虐待兒童，或者長期心理疾病的當事人無法獲得自由進入主流社會的機會，而機構、種族或性別主義則可以否定一個人的職業選擇。

即使一個人能夠直接找出與環境互動問題的許多原因，許多諮商員歸咎於**基本歸因錯誤（fundamental attribution error）**。一般錯誤低估環境對當事人發展的影響，和過度高估個人的歸因。此概念在二十年前由 Strickland Janoff-Bulman（1980）所提出，在敘述這些基本歸因錯誤有研究者提出：

> 種族、經濟和社會的不公平迫使那些被視為以心理本質加以處置的個人，在特定角色和人們所遭受的環境中，發展出心理問題，「心理疾病」一詞，意涵必須對個人加以改善的一種疾病。傳統上心理學家將造成心理疾病歸諸於當事人個人的氣質，毫無疑問的，他們成為基本歸因錯誤無意識的加害者（頁105-106）。

當事人在心理不健康的環境中發展，諮商員則將它們歸諸於當事人的個人因素（如：憂鬱、冷漠和生氣），他們通常在無意中傷害到他們當事人的個人權力，而不處理和改變，其負面則影響到當事人的環境條件。通常當事人在諮商中逐漸感受到缺乏目的感時，他們仍受困在嚴謹的角色和未受到鼓勵的人際關係中。

雖然環境能使個人成長，也確實可以幫助個人發展。由此觀點，不同的人可以因應生命的壓力。因為每一個人適合不同的社會支持程度，至少是因人而異。藉由助人來因應壓力，一個積極支持性的社會環境將趨向促進健康發展（Dakof & Taylor, 1990; D'Andrea, 1994; Tedeschi & Calhoun, 1993）。因為在許多方面，環境影響個人，首先一個人必須計畫策略，意圖設計以促進個人與社區的賦能。

（二）賦能：促進系統與個人的改變

在 1990 年代後期，二十一世紀初期，賦能一詞在許多心理健康專業中已是耳熟能詳。很不幸的，模糊不清通常緊跟流行而來，當賦能用來解釋社區諮商模式的目標時，這個詞彙有其特定的意義。McWhirter（1994）定義，有效把握賦能型態，以支持社區諮商架構：

賦能是沒有能力或邊緣化的人、組織或團體（1）意識到權力動能在他們生命中的功能；（2）發展技巧與能力，以獲得生活上理性的控制能力；（3）他們可以運作的；（4）沒有侵犯別人的權力；（5）符合積極支持社區其他人的賦能（頁 12）。

這個定義意指當諮商促進個體與系統的改變時，它是可以賦能的，意即其他團體組織和系統的改變是可以影響當事人的生活。

雖然社區諮商架構強調促進賦能的實務方式，而它卻是緊密植基在豐富的理論基礎上，統整許多領域的知識，包括諮商、心理學、社會工作、社區組織、公共健康、組織發展和多元文化諮商。在引用這些理論觀點時，我們必須建立新願景：未來諮商員必須扮演多種角色，社區諮商模式的終極目標在促進當事人與他們環境系統的正面改變。

（三）助人的多種取徑

社區諮商模式強調助人的多種取徑，這種取徑與許多人已經學到，強調內在心理經驗一對一的專業訓練有明顯的不同。我們快速變遷社會的既存特質，和傳統一對一方式的無效能，促使諮商員必須發展較為擴展，和以系統導向的方法來增進當事人的幸福。

1.傳統取徑的失敗

在 1960 年代，許多專家提出傳統諮商取徑已經無法因應當事人在快速變遷社會中的需要（Aubrey & Lewis, 1988; D'Andrea & Daniels, in press;

Sue & Sue, 1999）。

針對個別療癒，諮商則提出普遍性的看法，Aubrey 和 Lewis（1988）卻指出：

> 此項觀點是狹隘的，它專注內在心理功能，排除環境的影響。同時，著重自我發現與頓悟。這對許多人來說，此種過程是無法舒緩當前的情況。我們所需要的是較寬廣的觀點與一系列的介入策略（頁 286-287）。

在美國人口快速轉變的社會中，諮商的傳統取徑似乎已經受到限制。依此轉變，當個人深受環境壓迫，遭受心理障礙時，許多多元文化諮商專家提出重視單一，而一對一療癒取徑的助人方式已經不適合，不合倫理了（Atkinson, et al.,1998; Locke, 1998; Parham, White, & Ajamu, 1999）。進一步來說，二十一世紀諮商員面臨的挑戰是，已經發現新的有效方式，幫助不同文化背景的人，了解到個人的健康與集體的幸福（Ivey et al., 2002; Lee & Richardson, 1991; Locke, 1998; Parham & McDavis, 1987）。

2.新的取徑

企圖回應重要的挑戰，心理健康實務工作者已經開始回應各種不同形式的團體諮商和心理教育介入，以適應不同當事人對象的需求。研究指出，變通策略是提供促進不同文化種族／民族背景心理健康的前提（Daniels, 1995; Vargas & Koss-Chioino, 1992）。儘管不考慮這些介入的益處，許多實務工作者持續堅守傳統的方法，Aubrey & Lewis（1988）提出他們的看法：

> 許多諮商員已學到與團體與個人互動深覺自在，他們已訓練為諮商聯盟，他們敢於進入新的情境處理新的對象，除了日以遞增的人數與重視團體介入，諮商員的基本觀點無須改變盡如人意，諮商員仍忽略環境對一個人功能的影響，只注意到個人的

心，不相信預防性介入的功效（頁296）。

社區諮商架構強調各種不同取徑和服務，促進心理發展，已經超越傳統助人典範的狹隘觀點。此模式強調必須改變環境，促進個體身體、心理、文化和精神的健康。此模式激勵實務工作者運用D'Andrea（1988）所提出的，「諮商員成為設計家的多重方法架構，如同一位設計家，諮商員經由達到當事人心理、情緒、認知、道德、身體發展的極大化目標，意識到設計建構不同經驗」（頁30）。

從種族觀點來看，諮商員必須特別注意當事人的文化傳統、價值、世界觀，配合他們獨特的背景設計介入策略（America Counseling Association, 1995; America Psychology Association, 1991）。

（四）多文化諮商思維

諮商專業因為無法針對不同背景所需要的心理發展，提供適當獨特的文化差異，已經受到嚴厲的批判（D'Andrea & Daniels, 2001; Ivey et al., 2002; Lee & Richardson, 1991; Locke, 1998; Pedersen, 1990; Sue & Sue, 1999）。這個失敗已經被許多諮商員所調和，因為當他們幫助來自不同背景對象時，他們強加自己的價值、偏好和世界觀。約在二十年前，Wrenn（1985）提到這個問題，他指出專業的負荷來自諮商員不願意尊重、感受當事人在諮商脈絡中的文化背景，同時他進一步說明，這種抗拒典型反映出諮商員自己的「文化簡化」。

儘管美國種族／民族人口逐漸覺醒改變中，可是仍有許多心理健康實際工作者抗拒重視當事人在諮商脈絡文化中的特性。認知如此抗拒將會帶來傷害的後果，多元文化諮商員主張努力催化理論與實務工作的變革（Atkinson et al., 1998; D'Andrea et al., 2001; Lee & Richardson, 1991; Locke, 1998; Sue et al., 1996）。

過去五十年來，多元文化諮商的崛起主要有三個原因：

1.因為許多居住在美國的亞裔美國人、非裔美國人、拉丁人、美國原

住民，使得移民型態與出生率的改變（Atkinson et al., 1998; D'Andrea & Daniels, 2001）。預測到2050年，主要公民是來自於不同的「少數」團體（Sue & Sue, 1999）。許多諮商員經由與不同文化背景、價值、世界觀的當事人互動，他們已經感受到人口的轉變。

2.研究者發現，當諮商員與來自不同文化的當事人互動是無效率（Atkinson et al., 1998; Sue & Sue, 1999）。他們追蹤這種無效率是來自諮商員所表現出來的整體缺乏文化意識、知識和技術（Sue, Arredondo, & McDavis, 1992a）。

3.許多人認為傳統助人方式，及個別內在心理治療取徑，時常與不同文化背景的傳統、價值和世界觀發生衝突（Ivey et al., 2002; Locke, 1998）。對於克服當事人運用傳統模式無效、有問題的倫理，許多諮商員與不同文化背景當事人互動時，已經開始嘗試結合一種需要覺醒敏感度和彈性多面向、預防的教育取徑（Atkinson et al., 1998; Lee & Richardson, 1991）。

多元文化諮商運動已經使許多心理健康專業工作者覺醒到，改變傳統諮商典範的重要性。因為多元文化諮商已經強而有力影響，且深富潛力的改變心理健康的實務工作。Pedersen（1990）最近指出諮商專業的「第四勢力」。依據美國多元文化主義的崛起和美國人口的轉變，許多理論家認為，專業需要綜合性以及實務工作模式，連結傳統西方取徑的知識、技巧，補足不同文化背景當事人所需要的獨特需求、價值策略（D'Andrea et al., 2001; Sue et al., 1996）。

社區諮商模式對此明確的需求加以回應，此模式是組合傳統和多元文化演進所產生的預防諮商理論與知識，以進入實際擴展架構說明RESPECTFUL諮商模式中有關各種人群有關的廣泛因素。

（五）強調預防

　　誠如上面所述，諮商員通常需要花費相當多的時間，提供當事人個人諮商服務。即使諮商員幫助當事人，並未在發生問題之前提供方法教育他們，如此狹窄的強調不僅浪費人力資源，也無法幫助日以劇增需要幫助的人。

　　需要心理健康服務的不同文化當事人日益增加，因此需要更多的諮商員，所以必須考慮新的方法，幫助許多尚未遭受心理困擾的人獲得協助，許多社區諮商理論試圖強調預防教育策略是整個架構的一部分。

　　預防諮商盡力降低既定對象特定問題的發生率，心理健康專業借用公共健康的術語：初級預防、次級預防、三級預防。**初級預防（primary prevention）** 強調，降低情緒問題和提升尚未被認定為特定困擾民眾的心理健康，它可以與**次級預防（secondary prevention）** 加以區分。次級預防對問題的早期認定處置的目標，與**三級預防（tertiary prevention）** 不同；三級預防試圖減少殘障的長期影響。在本質上，初級預防的工作是設計活動，減少環境壓力，以建立民眾生活技巧的能力（Romano & Hage, 2000）。

　　初級預防是社區諮商模式多層面建構的核心，在定義初級預防時，Conyne（1994）提出與次級模式有關的十項特質：

1. 初級預防是在「事實發生前」的努力，意思是說在發生心理失能和疾病問題之前，初級預防已經呈現主動力量。
2. 初級預防強調健康人們或瀕臨危險的民眾，可能面臨未來心理問題的一些案例，包括受到種族或文化歧見，離婚、酗酒的家庭，貧窮，家庭中失業的人，先天免疫力不足和最近失戀的人。
3. 執行初級預防停止或減少特定團體失能的發生率。
4. 初級預防是以團體和集體為基礎的導向，預防服務可以運用在如：某團體、鄰居、學校、教會瀕臨危險的團體。

5.初級預防努力設計減少特定的危險因素，同時增加預防因素，危險因素可能包含破壞家庭動能，情緒困擾，低自尊，失業，貧窮，人際問題，延緩技巧發展（Conyne 引自 Coie et al., 1993）。

6.初級預防是生態性與系統性的，它是在彼此互動影響的複雜脈絡中發生，不只包括家庭、學校、商業，還有社區脈絡。

7.初級預防是富有文化敏感性與效力，與許多當事人在自然情境互動時，諮商員必須尊重他們的文化規範、信念、對象和情境。

8.初級預防關心社會正義與傳統上未受到關注的人，它包容不同文化、種族和民族團體與社區，發展策略設計，幫助他們免於遭受到困擾，提升整體心理功能。

9.預防諮商是合作性與教育性，介入形式的基本途徑是教育，不是治療、復建。雖然此種模式的見解、方案是來自於臨床經驗的智慧結晶。

10.預防諮商是賦能，教育與合作能促進賦能，提供個體參與活動的機會，這些活動是建立在他們的優勢，文化敏感性與受尊重的心理資產上。

　　預防諮商與**直接服務（direct services）**有關，它提供個人參與建立能力經驗的活動。預防導向的諮商取徑，其特徵是制定法令，並提供**間接服務（indirect services）**，間接服務則是強調改變人民生活的環境。

　　假設此種取徑方案的目的在於服務未發展特定功能或失能的民眾，我們稱之為預防，不是補救。社區諮商模式強調對服務對象的直接服務與間接服務，以滿足他們需求的重要性。

　　從對人類服務的觀點，我們可以看清楚對問題的預防工作，依邏輯優先次序提供助人者重新分配資源。如此一來取代目前危機的直接服務，社區諮商架構則是在促使實務工作者與社區成員共同決定目標認定他們所需要的資源。

（六）應用在各種情境中

對社區來說，任何提供給個人或團體心理、教育、職業服務是有責任的。顯然的，社區健康中心的諮商員，當事人居住地是在所謂的集水區，代理人很清楚明白指出，強調社區的需要。雖然這項責任並不是那麼明顯，因為社區界定不清楚。例如學校諮商員意圖盡力影響學生與環境——他們的家庭、鄰近地區、教室的相互作用，實質上作一個「社區諮商員」。假如諮商員或助人專業工作者依據下列，他們將會發現社區諮商模式還是有用的：

1.了解個別當事人與環境的相互作用。
2.持續接納受到環境影響的個體。
3.意圖設計執行策略，促進個人與環境的改變，提升當事人和他們所尊重的社區。
4.運用適當的文化介入。

社區諮商員的角色

社區諮商模式需要實際作者發展整合，提供當事人服務的新方法。諮商員必須扮演超越傳統所訓練的角色，利用過去的經驗和新的模式，對助人過程呈現更寬廣的思考方式。故對以下章節所討論的架構，你應該以寬廣的方式思考，取代傳統的諮商取徑。當諮商員提供當事人幸福，可利用社區諮商模式直接服務當事人與環境，因為此模式較為寬廣。

一、個人與環境

　　社會環境對個人產生的影響，不論是提升或阻礙個人發展，是多數諮商員所同意的。無論如何，諮商員與助人專業人員仍然以提升個別當事人的改變，而花費較少時間精力來影響他們的環境。

　　社區諮商模式促使專業工作者擴展他們專業的助人視野，改變他們提供當事人的策略模式和服務。在傳統諮商方面，專業工作者幫助當事人檢視他們的行為，為當事人負責，改變可以改變的：作他們自己。諮商員在工作上運用此項架構，進一步了解當事人所必須適應的環境並非靜止的，而是和當事人一樣都是動態，是可以改變的。

　　依此關係，諮商員與當事人一同共同探索下列問題：

　　1.經由個人改變，當事人可以解決的議題到什麼程度？
　　2.有什麼環境資源可以幫助當事人成長？
　　3.改變環境而不是改變個人，可以解決到什麼程度？
　　4.諮商員、當事人對環境還有什麼的改變？

　　諮商員也能考慮整個社區所有成員的問題，例如：一般非裔美國人所面臨的問題。實際上，諮商員能關注的問題可能影響其他眼前與潛在的當事人。當許多當事人因為環境改變發生問題，諮商員很容易覺察到這股力量。但是比較困難、重要的是，在問題發生之前感受到潛在問題，或是對學校或社區災難顯現前趕緊採取行動。

　　面對環境所帶來的正面改變，如何避免心理健康問題是諮商員重要角色的一部分，專業工作者必須熟悉他們的社區，如：家庭、學校、鄰近地區、社區中心和職場，這些都影響當事人的心理健康與個人福祉。

　　對於處理不同團體、背景的當事人，特別重要的是，諮商員必須花時間參與他們社區，如此一來諮商員才能順利完成下列工作：

1.了解當事人文化／種族／經驗。

2.觀察直接與問題有關的環境因素與條件。

3.賞識當事人優勢的獨特資源，並給予支持。

認識到環境的重要，諮商員必須計畫策略，帶給社區正面的改變。當專業工作者進行個案處理時，了解到這個角色，就必須發展與執行多面向取徑。

二、多元文化社會的多面向取徑

當諮商面臨挑戰時，專業工作者採取多面向取徑發展新技巧，來面對負面環境力量，以促進心理健康。比較特殊的是，此種諮商取徑促使專業工作者處理較大團體與個體，既是教育家也是諮商員，需要處理環境也必須處理受到影響的個人。然而，熟悉傳統的作法並不是那麼容易，誠如 Lewis、Lewis 和 Souflee（1991）所指的：

> 人類服務偏向服務的本質，而不是偏向服務的最後目的。當社
> 區需要改變很久之後，利用熟悉的方法或是應該指定代理人來
> 改變服務（頁 21）。

運用社區諮商理論的諮商員認識到他們需要各種資源、技術和角色，為了因應不同當事人的需要，專業工作者必須發展該項領域的專業知識，並時常超越他們正式的訓練。在實務工作上採用社區諮商模式，必須投入成為終身學習者──發展諮詢、支持、建議、社區組織、促進本土支持系統、治療方法的新技術。

Atkinson et al.（1998）指出，對多數人來說這些技巧的確不新，因為它們早已經被提出，過去也做了一些。不是認為有了這些技巧就可以跳脫許多人過去扮演的傳統角色，最恰當的是認為他們「舊瓶裝新酒」（Pine, 1972, p. 35）。

某種意義上它們雖然是新的，可是在人類服務專業尚未廣泛被接受時，藉著作爲接納當事人角色、倡導、諮詢、社區組織、促進本土支持系統、治療方法，比起其他堅守傳統諮商典範專業工作者，諮商變成主動關心當事人的生活經驗。這些專業工作者孕育社區諮商模式與其他助人專業者不同，他們花費較多時間、精力在做預防，而不是治療議題與關注。

三、促進預防

　　社區諮商模式強調健康發展和預防問題需要不斷更新，諮商員在工作運用此框架時，針對問題和之前解決的觀點，可以跳脫當事人的環境，影響他們的問題。

　　雖然傳統諮商取徑對個人處置已失去功能，可以運用社區諮商模式處理個人困擾，由於此架構涉及評鑑大系統的功能障礙，預防可帶來社區的改變，而不是著重在個人的診斷上。

　　強調預防使社區諮商顯得較爲主動，人不能被動等待下一個工作、下一個問題或下個危機的出現。相反的，專業工作者繼續尋找他們可以協助的情境，計劃創造新的方案，以適應當事人和社區的需求。強調預防使社區諮商比對少數團體的傳統諮商典範，更顯得是一個活絡和相關的架構，**少數團體（minority group）**定義如下：

> 一群人因爲身體或文化特徵，在社會上他們居住地不同，所受到的處境也不相同，跟其他人隔離，集體受到歧視，至於少數團體的地位是受到所有生活參與者的排斥（Wirth, 1945, 引自 Ponterotto & Pedersen, 1993, p. 7）。

　　雖然少數種族／民族的經驗，如同許多心理健康有問題的歐洲美國人，有些研究已經提出，少數團體的成員經常避免傳統諮商服務（Atkinson et al., 1998; Cheung & Snowden, 1990; Sue, 1998）。由於特殊文

化價值，爲了家庭保全面子，通常歸諸於少數團體的人不願意在陌生人（如專業諮商員）面前，談起個人較敏感的議題（Esquivel & Keitel, 1990; Sue & Sue, 1999）。

除此之外，許多少數團體的經驗是，他們的問題通常來自於外在環境。在許多環境的壓力下，即所謂歸諸於心理問題則是他們生活的一般經驗，如：偏見、歧視、貧窮、種族主義、性別歧視、年齡歧視、能力歧視、異性戀歧視。而既存的系統壓力和少數族群不願意運用團體諮商服務，使得社區諮商模式的預防層面，對於二十一世紀不同當事人對象的服務，主張文化回應與尊重（Vera, 2000）。

從模式概念到模式方案

檢視支持社區諮商模式架構和他們對諮商者角色的應用，我們以具體的名詞界定模式的定義，我們以多面向取徑界定社區諮商的意義，包含直接、間接協助社區成員生活更有效能，避免需要接受服務者最常面對的問題。

雖然需要創意與彈性，諮商者在工作中常利用諮商理論，卻沒有缺乏行動的指引。而這些行動必須組織成綜合性的社區諮商取徑，才能以更清楚的範疇來協助他們。

首先，誠如本章前述，我們在直接與間接服務之間作一區別，直接服務提供社區成員機會，學習新技巧、發展嶄新的理解，幫助他們獲得更有效率與獨立的生活。間接服務則強調影響當事人幸福的環境，當運用間接服務時，諮商員介入或進入情境帶來改變，使得環境更適合個人成長。如此一來，直接服務和方案著重在特定標的的對象；而間接服務是著重環境。

第二，我們區分社區與個案服務，**社區服務（community services）**適合一般社區或特定對象的成員，提供那些尚未被認定有特殊功能障礙

的多數人。相反的，**個案服務（client services）** 目標容易被注意，認爲需要直接和主動協助。

綜合上述，我們發現社區諮商取徑，實際上有四個面向：

1.直接社區服務（預防教育）：社區教育方案提供直接經驗，適合整體對象。
2.直接個案服務（外展和諮商）：方案提供可能面臨危機的當事人或潛在當事人直接協助。
3.間接社區服務（促進系統改變和影響公共政策）：努力促使社會環境回應整體對象的需求。
4.間接個案服務（倡導與諮詢）：提供方案，介入特定個人或團體的環境，以滿足他們的特殊需求。

有關從綜合性社區諮商方案的每一面向與特定服務模式如表1.1所示。諮商者提供服務，提供眞正綜合性方案，如表分四個象限。

一、直接社區服務：預防教育

諮商員提供社區直接服務，教育或訓練多數的對象，在介入時，他們分享知識、技巧、幫助，減少專業助人者的需要，由此經驗，社區成員能夠獲得知識、技巧，以利於處理他們生活中可能面臨的挑戰。

志工教育方案提供個人和團體機會，增加他們的覺醒和發展技術，

表1.1 社區諮商的四個象限和他們服務的模式

	社區服務	個案服務
直接	預防教育	諮商 對弱勢個案的外展服務
間接	影響政策	個案倡導 諮詢

幫助他們生活更有效率，更能勝任處理所面臨的挑戰。這些方案包括：
價值澄清研討會到自我肯定訓練，從做決定、生活計畫的課程到跨文化
理解工作坊，從成年人放鬆訓練到對兒童、青年人減少偏見的活動。

這些可能性是無止境的，對每一個方案而言，諮商員已經發展技
術、概念，甚至是課程綱要。對專業工作者來說，簡單的挑戰是如何在
不同背景的人群中執行方案、技術和概念。藉著利用這些預防教育方
案，諮商員能夠幫助他們，了解、體認有效的生活技能，預防問題發
生。

二、直接個案服務：對弱勢族群的外展諮商與服務

雖然社區諮商的原則和價值在治療過程中帶來新的經驗，諮商本身
仍是諮商員重要的技能（請看第四章）。一個簡單的理由：不是所有的問
題都可以預防，藉著易使特殊個人發展功能發生障礙的情境，諮商員可
以在特定時間內，接觸弱勢族群，在問題發生之前及時介入。

取而代之的是，研究與適應不良問題型態有關的特定情況，研究者
依據某些事件經驗的對象，直接對誘發不良適應行為壓力生活事件加以
探討。過去二十年來研究者已經改變注意，從高危險群對象轉移到高危
險情境和事件中（Price, Badger, & Keterer, 1980; Romano & Hage, 2000）。

壓力情境能誘發各種身體、心理、社會功能障礙，其壓力是短暫
的，誠如Dohrenwend（1978）在四十多年前所指出，即使在短暫的壓力
之後，它是依據界定反應脈絡情境的調停和心理因素而定（頁4）。

然而個人能忍受高度的壓力，是依據緩衝保護個人幸福的服務
（Conyne, 2000; McCarthy & Mejia, 2001），和對生活事件的控制感
（Bandura, 1989; Vera, 2000）以及認知問題解決技巧而界定（Baker, 2001;
Wilson & Owens, 2001）。再者，可以發展Kobasa（1979）二十年前所提
出發展的心理耐力。簡單的說，**心理耐力（psychological hardiness）**
意指一個忍受壓力情境的強度。

當面對困難情境時，人們必須發展新的、實際解決問題的方法。除此之外，這些人必須與其他人發生密切的關係，跟那些提供支持與鼓勵的人有密切的聯繫關係。

　　諮商員本是利用社區諮商架構，提供外展服務給需要的個人，協助無法接近心理健康系統的人。藉著直接外展服務幫助學校、社區，而面對高危險個人及弱勢的團體，專業工作者提供各種生涯、家庭、學術和個人諮商服務。

三、間接社區服務：系統改變與公共政策

　　除了幫助個人，心理健康專業人員運用社區諮商理論，嘗試介入環境。特別重要的，當環境受到限制而無法促進學生、工人和其他社區成員的心理成長與幸福時，這一點是特別重要的。

　　雖然任何人受到環境毒害的汙染，某些團體的人比其他人易於受到負面的外在力量影響，研究者注意到婦女（Worell & Remer, 1992），兒童和青少年（McWhirter, 1994），有色人種（Sue & Sue, 1999），貧窮（Kozol, 1991），老年人（Waters & Goodman, 1990），男同性戀、女同性戀（Dworkin & Gutierrez, 1992），身體受挑戰者（Miller, 1992）都比其他人較容易受到身體與心理福祉不利的影響。

　　諮商員試圖回應社區成員的需求，特別是對多數的弱勢族群，顯示需要與環境改變磋商談判。他們的工作使他們必須與貧窮、種族歧視、年齡歧視、能力歧視、異性戀歧視面對面。因此，諮商員在政治、經濟、社會系統上的無能，對身體無法掌控，鼓勵孤獨的社會規範，使他們成為汙名化的受害者。在面對這些現實問題時，諮商員毫無選擇，只有正面改變，直接影響個案心理幸福，或是指責受到情境壓迫和汙染的系統。

　　諮商員參與社區活動重要的理由是，影響政策，促進系統改變，活動主義受到批判，這是因為沒有其他方法可以預防，弱勢族群所經歷嚴

重的身心問題。

許多諮商心理專家尚未接受訓練，沒有受到激勵，對於深深影響當事人系統，以及不知如何改變能量，這種混亂都是因為壓力者的心理問題來自於環境。

> 許多心理狀態是無法由客觀測驗所認定，絕大多數都不是實際器官的疾病。根據現象學研究指出：大多數心理形態與下列情形有關：（1）嬰兒與童年的情緒受到創傷經驗；（2）貧窮與受忽視的生活經驗；（3）無力感與自尊低；（4）孤獨、社會孤立、社會邊緣化（Albee, 1986, p. 891）。

對於現今環境對當事人心理健康的影響，諮商員必須能影響教育、企業界、社會、政治系統，以提升當事人對問題的意識，獲得政策制定者的支持，倡導社會正面的活動。

對於教育行政人員、商業界的領導者和政策制定者的影響，諮商員利用社區諮商模式，有效獲得有關人類心理健康發展方案發展與執行的支持。與傳統諮商取徑著重於個人對環境的知覺不同，社區諮商模式則強調促進正面系統性的改革，影響政策，避免身心問題的發生。

四、間接個案服務：倡導與諮詢

當諮商員針對有特別需求的個人和團體進行諮商時，環境的影響力特別明顯，為了幫助個案滿足其需求，諮商員必須成為倡導者，為個案發言，積極介入個案所處的情境中。這樣的倡導，一開始是認同他們。如此一來，讓他們從自己的力量中獲得助益。例如，因為他們在某方面，如種族／民族、身體、性別的不同，而受到社會的貶抑。因為受到**社會貶抑的對象（socially devalued populations）**（Locke, 1998），他們發現他們的價值沒有受到賞識。結果，這些人被主流社會排斥，並遭受汙名化。

社區諮商模式盡力創造情境，如同McWhirter（1994）所提出的「弱勢族群的賦能」（頁4）。諮商員利用社區諮商模式鼓勵當事人幫助自己，提升他們的獨立感和效能感，協助他們利用可用的社區資源。

為了有效接近社區資源，諮商員告訴當事人有關幫助滿足需要的助人網絡。這些網絡包括特定族群的人類服務代理人，成年人終身教育方案，職業訓練和安置中心，政府代理人，特定族群需要，老人扶助方案等。

除了提供當事人這些服務，諮商員必須從事更多積極支持和個案倡導活動。通常弱勢族群面對嚴厲的科層體制系統，個人抱持著負面態度，這些都會衝擊一個人健康身體和心理成長的權利。如果這兩種權益受到剝奪，助人專業工作者者需要個案倡導。

例如，未婚懷孕少女受阻於公立學校門外，傳統諮商員必須幫忙尋找一位不需要具有任何資格的家庭教師，進行生涯計畫。相反，社區諮商模式鼓勵心理健康人員，挑戰他們所受到的排斥政策。採取這些行動時，諮商員需要個案倡導和其他可能經歷過相同挫折的人。有無數的情境是和個案倡導與其他對象不一樣的，本章後段，我們將討論反應倡導個案的直接諮商與間接諮商服務。

社區諮商的四種元素，包括：**直接個案（direct client）、直接社區（direct community）、間接個案（indirect client）、間接社區服務（indirect community services）**，展現綜合性助人架構補充相互依賴的元素。

五、統一的取徑

將社區諮商模式的四種元素組合成統一的架構，諮商員開始對各種介入策略有概念，以對當事人有重大影響。一旦諮商員運用社區諮商模式，不需要選擇幫助個人化社會變革代理人，相反的，他們必須在工作上利用生態學觀點。**生態學概念（ecological perspective）**是指系統和

個人的改變有一樞紐加以維繫。生態學概念的觀點是視各環境互相轉換，彼此互相影響。因此了解、成長、改變是從相關的生態轉換而來的（Conyne, 2000; Neville & Mobley, 2001）。

有關促進個人發展與影響生態改變的技能是互相補充的。雖然諮商員不能單獨執行多面向方案，可是他必須意識到當事人、環境及跟別人一起工作之間的發展，而提供一系列服務的組合，這些是連續與複雜的。

提供多面向預防策略服務的想法，認爲傳統療癒是務實的。事實上，許多學校、人類服務機構與企業，正在執行的方案，都是社區諮商模式的例證。如在伊利諾州，Park Forest 的 Martha 嬸嬸年青人服務中心，和田納西州的「我的未來不是夢」，他們是如何運作。

社區諮商的具體模式

一、Martha 嬸嬸年青人服務中心

爲了滿足兒童與青少年生活的需要，以及維護他們的權益，Martha 嬸嬸年青人服務中心1972年建立於伊利諾州的 Park Forest。現在該中心已是一個有活力、蓬勃的服務中心，其發展足以提供芝加哥鄰近地區，以及伊利諾州周遭城鎮年青人與家庭一系列的方案。人類服務機構倡導許多有創意的方案，促使年青人成爲社區及貢獻的成員之一。這些初期的社區任務，都是由創立 Martha 嬸嬸中心的年青人與成年人來服務。

取名爲 Martha 嬸嬸，是反映溫暖和關懷的特質：一個人發現在家有親密的關係，社區希望年青人在 Martha 嬸嬸也可以發現到這些特質。剛開始，Martha 嬸嬸中心從簡單的服務中心，變成複雜有結構的照顧人類服務機構。其提供的廣泛地區服務範圍包括80個方案，600位專業人

員，500位社區志工。Martha嬸嬸服務中心有各式各樣的對象，包括都市、鄉村居民，和來自不同種族、民族及經濟團體。其服務地區，包括許多不同特性都市區域的工業地區。僅在2000年一年之內，Martha嬸嬸幫助12,286位年青人與他們的家庭。自1972年，超過9萬位年青人與他們的家庭，得到Martha嬸嬸提供各種的服務幫助（Aunt Martha's Fact Sheet, 2001）。

其創立原則旨在建立高度成功機構，倡導社區參與，尤其是特別關心方案計畫和方案執行的年青人。此外，每一項努力都貼進社區所有的年青人，大多數的服務都是由社區志工們所完成。Martha嬸嬸方案遵守這些原則，年青人與成年人志工成為Martha嬸嬸系統的核心。因此，Martha嬸嬸特別提供年青人機會，使他們獲得協助，維護自己的權益。

社區與年青人參與保證對年青人和社區的回應，志工參與各種機構的運作：提供服務、方案計畫和政策制定。大多數職員都是社區中長期居住的居民，他們以前都當過志工。志工訓練和督導是Martha嬸嬸方案中重要的部分，這些方案共有七個領域：

1. **諮商**：傳統個人與家庭諮商，立即回應與危機介入，物質濫用處置，青少年犯罪。
2. **教育**：早期兒童教育，生活技能訓練，學術和職業訓練方案。
3. **撫育照顧**：對親戚的照顧，家庭再團圓，特殊家庭需要與收養。
4. **健康**：再生產，胎兒期，嬰兒，對兒童、青少年、婦女、男人基本的照顧。
5. **管理服務**：對遭受虐待、被疏忽和被放棄兒童，國家收容提供照顧。
6. **預防與社區行動**：社區服務，受虐待／被疏忽兒童和預防服務，青少年服務，年青人領導訓練，年青人自助／支持團體。
7. **居住議題**：以社區為主的團體住家，專業養育家庭，緊急避難所，獨立住家方案，處遇家庭。

Martha 嬸嬸服務對在組織內和社區參與的年青人承諾，由於年青人社區疏離的經驗，在年輕團體內覺得無法扮演有意義的社會角色造成許多問題。Martha 嬸嬸的綜合取徑不僅提供有問題年青人的服務，也提供年青人經歷能力感、有用感、隸屬感、富潛能感，以期發展成健康、有生產力的成年人，成爲社區整體的成員（Aunt Martha's Fact Sheet, 2001）。

　　Martha 嬸嬸綜合取徑促使來自不同團體和背景的人，提升他們的心理健康與個人幸福，證明它是高效能的策略，足以孕育他們心理上的幸福感。如此，這個人類服機構獲得芝加哥地區許多民眾的支持，而這項支持在 1986 年特別明顯，當財務嚴重缺乏 Martha 嬸嬸董事會的董事被迫考慮將經費分配到中心方案。在宣布經費可能有缺口時，機構公共代表傾瀉而出，迫使董事會考慮，有十五位牧師提出以下的請願：

> 我們是簽署 Park Forest 的牧師，深切意識到 Martha 嬸嬸必須滿足社區需要。我們擔心最近的預算，仔細考慮到年青人服務機構經費的不足。我們強烈呼籲經費分配不能減少，以取代董事尋求方法恢復三年前對 Martha 嬸嬸的經費分配（"Clergy Asks Aunt Martha's Funding," 1986: p. A3）。

　　許多曾被 Martha 嬸嬸年青人服務中心服務過的個人、團體、組織都表示有相同的感受。三十年內，結果在經費缺少的年代，許多機構相繼成立，中心蓬勃發展獲得社區一貫的支持。成功是來自機構與社區緊密的聯繫關係，努力提供深受年青人歡迎的環境，反映當事人的實際需要和綜合性的服務。簡單的說，因爲他們在許多實務方面，具體實現社區諮商概念，在開始的二十一世紀，Martha 嬸嬸是健康、有效率。

　　Martha 嬸嬸中心將社區模式運作到實務上，有效率的進行。該機構提供方案、並在每一項服務上，運用綜合性的社區諮商方案：（1）提供預防教育；（2）對弱勢族群提供外展服務；（3）提供個案倡導和諮詢。

（一）預防教育

Martha 嬸嬸中心提供傳統服務，預防年青人可能遭遇的問題。所有的方案強調建立能力，使年青人參與問題認定、計畫與執行。

在傾聽方案部分，年青人利用戲劇表演，鼓勵他們討論有關的重要議題。例如年青人提出一個「改革」的劇本，處理有關性行為的決定；強調一些議題，如出生的決定，年輕少女的懷孕，同性戀，為自己的行為負責任。強調年青人參與「不同的人、不同的時代」劇本，這些都是用來激勵社區對年青人潛能的覺醒。「誰需要」是一系列即興小喜劇，激發觀眾參與討論酗酒和其他藥物。傾聽方案表演的設計不只提供資訊，也鼓勵年青人、父母與孩子之間的公開討論。

這些活動鼓勵年青人來 Martha 嬸嬸中心參與，不是他們有問題，而是希望他們享受參與的感覺。因為機構吸引無數的人，當他們需要尋求中心更密集的心理健康方案，個人不再被汙名化。

（二）諮商與外展服務

在訓練社區志工成為諮商員時，Martha 嬸嬸中心提供相當可行的諮商服務，這些服務包括一般諮商，中輟生諮商，物質濫用處置，二十四小時危機介入。

其他，如在職業方向經驗成長（Employment Direction Growth Experience, EDGE）是對經濟不佳的年青人提供職業訓練方案，貨車休息站方案是提供州際逃亡的外展服務，轉變為獨立是對無家可歸的年青人提供庇護之所。

（三）影響公共政策

除了提供倡導直接服務，Martha 嬸嬸中心與其他年青人服務系統合作，增加年青人接觸系統，參與社區事務的機會。學生公民素養、權利和責任中心（The Center for Student Citizenship, Rights, and

Responsibilities, CSCRR）是年青領導人才、參與和倡導方案，由 Martha
嬬嬬中心所舉辦，以促進年青人領導技能的發展。CSCRR 的活動包括下
列：

1.印製書籍，提供受到有關議題影響的年青人覺醒。
2.印製簡訊，增加方案，努力維護覺醒。
3.教育議題研討會，包括輟學的變通方案。
4.公開討論年青人提出的議題。
5.以學校爲本位，團體處理學生的權利和責任，學校出席政策，學生
在學校董事會的代表，不良組織活動。
6.談判、衝突解決、公開說話技巧訓練方案。
7.合法組織的形成，包括認定關懷年青人，協助青少年學習如何監督
法令的議題（委員或成員有時協助組織年青人如何立法，公聽會如
何作證，拜訪立法委員，草擬法令）。

中心也提出，在高中中輟生研究結果發現，建議幫助學校預防中輟
生，對在學校遭遇問題的年青人，能有較好的需求滿足。其他的努力都
跟學校政策和實務有關，包括親子團隊訓練，監督有關教育改革的法
令。

（四）個案倡導和諮詢

學校政策影響大多數 Martha 嬬嬬董事會組成的年青人，只有少數機
構的當事人需要特定和主動形式的維護服務。

有時，倡導是提供以個人爲主，例如法律志工免費提供他們初期法
律諮詢。通常，Martha 嬬嬬與年青服務機構必須一起合作，讓特殊需求
的年青人受到公平待遇和保護，保證年青人服務的品質與可行性。如
此，Martha 嬬嬬的行政與志工在機構扮演主動的角色，如同美國年青人
工作中心（American Youth Work Center），年青人網絡協會（Youth
Network Council）、伊利諾州年青共同研究（Illinois Collaboration of Youth）

和保護兒童基金年青遊說團（Children 's Defense Fund Youth Lobby），
Martha嬤嬤主任成為伊利諾州政府年青職業人力主席，成為與倡導社區
和任務的一員。

　　當Martha嬤嬤中心職員了解到問題的存在，他們參加足以採取行動
的適當系統，主動諮詢可以影響機構和系統。在Martha嬤嬤服務領域方
面，例如，受困擾的年青人不能與家人團聚，唯一可行之道是經由法院
系統獲得服務。他們提供以社區為主的變通心理健康方案，證實機構的
效率，而不只是提供服務，倡導深受困擾的年青人作為社區諮詢的來
源。

（五）Martha嬤嬤聯合作法

　　無論工作情況如何，諮商員利用社區諮商理論，意識到必須努力利
用統一的方法。他們發展出以補充方式，直接或間接，社區廣泛性、個
案為服務的介入方式。諮商專業工作者在Martha嬤嬤機構工作了解到，
組合以間接方法直接服務個案，著重創造新的公共政策，和孕育其他形
式的生態改變。

　　表1.2顯示Martha嬤嬤機構綜合性、補充性的服務領域，Martha嬤
嬤證實社區諮商架構在行動的多面向特質。而機構的職員與志工，直接
服務面臨危機的年青人，進行發展中重要問題的預防工作。他們提供服
務，培養問題解決技能，主動倡導影響社區人們的案例。

二、「我的未來是夢」方案（"I Have a Future" Program, IHAF）

　　Martha嬤嬤年青人服務中心方案強調多重發展性的關注和議題，但
是也可以運用社區諮商模式特定的議題上。IHAF方案是在田納西州的
Nashvill，服務對象清楚，強調特定的青少年。

　　雖然IHAF方案強調一個問題──都市區非裔美國貧窮，高比率的未
婚少女懷孕──其研究取徑是綜合的。

表1.2 社區諮商的四個面向：Martha 嬸嬸年青人服務中心

	社區服務	個案服務
直接	傾聽方案 研究預防懷孕	諮商 物質濫用處遇 危機介入 新機會方案 職業導向成長經驗 貨車停駛方案 轉變為獨立
間接	學生公民、權力和責任 參與伊利諾州公平學校聯盟	合法倡導 促進美國年輕人工作中心、年青人網絡委員會、伊利諾州年青人聯盟、兒童防禦經費青年遊說團 青少年犯罪變通方案

IHAF方案提供服務，鼓勵改變未婚少女高比率懷孕的環境，例如貧困城市的地區。這些服務包括外展諮商和預防教育服務，尋求影響政策，促進個案倡導，提供特定貧窮都市地區，非裔美國人的諮詢服務。這個綜合性、聯合取徑對年輕未婚少女提供在文化敏感地區的防禦，一個人如何運用社區諮商架構另一個範例（Burt, Resnick, & Novick, 1998）。

（一）外展服務與諮商

IHAF方案是由在Nashville Meharry 醫學院婦產科醫學系教職員所提出（Burt et al., 1998; Foster, Arthur, & D'Andrea, 1987），美國醫學中心的一位非裔美國人，Meharry 在歷史上曾經嘗試身體與心理照顧，包括在Nashvill 基本貧窮非裔美國人家庭的社區需求。

覺察到都市低收入地區未婚少女的長期問題，IHAF 創辦者接受經費資助，發展綜合性社區為本的方案，設計服務低收入戶地區的年青人。

第一步是發展對特定社區外展服務有關的方案，工作同仁設計與選定社區內父母與年青人有關的需求，評估這些外展努力。

　　IHAF方案評鑑500位父母，諮商員學習他們在綜合性年青方案的特定服務，是預防未婚少女懷孕（D'Andrea, Foster, & Arthur, 1987）。IHAF方案計畫者也調查過1,100位青少年，評鑑他們身體健康與教育地位，同時評估標的社區年青人經歷到的問題形態。此種外展服務不僅導致方案計畫者從特定鄰近居民獲得資訊，同時促使評鑑團隊成員與那些已經需要各種醫療、心理健康和社會服務的居民互動。

　　許多貧窮都市區非裔美國人不願意使用文件完整的傳統心理健康服務（Atkinson et al., 1998; Parham et al., 1999; Surgeon General Report, 2001）。然而，IHAF工作同仁發現，藉著他們自己有意願的擴展，經由這些開始外展服務的努力，他們蒐集有關青少年和他們家庭有用的資料，提供實際諮商與服務，給那些特別需要的人。

　　因為調查是從居民家中所提出，諮商員較有立場支持，以及提供個人與受信任環境的資訊。這些自發性諮詢服務，在早期發展時，使方案計畫者獲得父母支持，對IHAF幫助很大。

(二) 預防

　　利用從社區提出的資料需要進行評估，IHAF方案計畫者設計一套服務，減少非裔美國年青人未婚少女懷孕的比率。為了達到目的，IHAF同仁強調預防性教育和訓練介入，過去的努力偏重於已經懷孕非裔美國年青人（Burt et al., 1998; D'Andrea, 1994），IHAF方案經由影響青少年社區，將觸發資源朝向預防發展。

　　許多預防專家指出，如果年青人認清成為未婚少女懷孕實際和正面的變通方案，那麼未婚懷孕的比率會下降。依此想法，提供青少年完成教育，保證獲得職業所需要的教育、訓練和支持，預防專家一致提出是有效預防未婚少女懷孕的重要因素（McWhirter, et al.,1998）。更進一步，社區需要研究了解家長，也認定職業諮商是深受喜愛的服務，他們希望

看到在社區，能幫助未婚少女降低懷孕的比率（D'Andrea, 1995a）。結果，早期方案發展努力已經朝向提出高危險群年青團體的生涯教育計畫。

IHAF生涯發展計畫設計服務特定四項目的：

1.增進年青人生涯意識。

2.增進獲得職前技術。

3.增進參與者自我訓練的水準。

4.培養有效的問題解決技巧。

為了完成目標，IHAF諮商員設計適合低收入地區青少年，與其文化適配的課程和生涯發展課程（D'Andrea, 1995a）。

IHAF職員利用各種教育與諮商服務在生涯發展課程，包括下列各點：

1.成功和非裔美國人進行諮詢與招募，視他們為地方工商業專家。考慮他們是正面角色模範，令這些人志願分享他們在工作機會的知識，以及社區未來職業發展趨勢。

2.利用許多有結構的團體活動，在小團體討論，擁有各種生涯問題，激勵青少年批判性思考。

3.角色扮演晤談，幫助青少年發展有效溝通技巧。

4.檢視特定策略引導尋找工作，幫助青少年發展有效撰寫履歷的技能。

（三）系統變革和公共政策

雖然直接教育和諮商服務在IHAF方案扮演著重要角色，而他們的效能，大都視未婚青少年問題所處的環境而定。IHAF職員也努力蘊量環境變革，增加青少年環境的正面生活選擇，包括利用間接諮商服務，影響足以衝擊年青人生活公共政策。

IHAF職員早期的努力包括下列：

1. 因應地方和州選出公務員遊說，等候法院判定，影響田納西州都市地區非裔美國人的福利。
2. 和特定地區的人類服務機構建立網絡，提升機構之間的溝通，同時和其他社區機構發展合作關係，避免重複的服務。
3. 和非裔美國教會領導人一起工作，探索社區權益，幫助年青人變成一位成功、肯負責的成年人。
4. 招募許多商業社區的非裔美國成年人，他們已被認爲是正面的角色模範，足以和參與IHAF生涯發展方案的年青人對談。
5. 訴請來自私人企業界的支持，以保證成功完成IHAF生涯發展方案年青人有工作的機會。

（四）個案倡導與諮詢

藉著與個人、組織工作，IHAF諮商員爲特定青少年主動維護其權利和幸福，而此項方案的個案倡導策略有三個基本原則：

1. IHAF諮商員認定，直接或間接影響特定地區青少年生活環境的重要人物，被選出來的政府官員，是因爲他們的決定通常直接影響弱勢團體。同時，尊重黑人教會在非裔美國人社區扮演歷史上的重要角色，IHAF諮商員諮詢許多牧師，對特定地區青少年問題提供外展服務。
2. 諮商員利用的介入策略，是用來設計激勵社區中關鍵人物，對於青少年需要、興趣的覺醒與知識。爲了完成目標，IHAF職員與民選的官員、教會牧師、家長和其他領導人進行會議，討論社區需要評估、研究和解釋IHAF方案的結果。
3. 方案工作人了解有效的倡導應該是：和正面影響當事人生活合作互動，最後導致新的助人網絡發展。認識到這一步的重要性，IHAF職員與特定地區政府官員、非裔美國牧師、家長開會，以維護青少

年的權利與幸福。這些努力的結果導致正式、非正式的支持網絡。而這些網絡必須花費許多時間來討論執行策略，增加有利於許多參與IHAF方案非裔美國年青人的正面生活選項。

（五）多元諮商思維

如同IHAF方案，當他們反面思考特定團體，獨特種族背景時，設計服務都市地區非裔美國年青人工作得最好（Lee & Richardson, 1991; Parham et al., 1999）。過去四十年來，發展性、多元性諮商領域的進展，進行不同文化種族背景諮商時，導致許多理論模式有利於執行工作，以下簡述IHAF方案執行這些模式。

根據前述的預防教育服務，IHAF職員統整許多傳統生涯發展服務（例如，提供工作探索和晤談訓練）在情境脈絡中反應，以非洲人為中心的世界觀（Asante, 1988; Parham et al., 1999）。多元文化爭論中所抱持的立場，建立在生活的七大原則上（Kunjufu, 1986）。在提供生涯發展課程方面，IHAF諮商員一致努力統整，討論方案參與者的生活原則。

例如，七大原則之一是「生活目的」。以非洲人為中心的觀點來說，其個人目的是幫助、建立、強化一個人的家庭與社區。如此一來，IHAF諮商員引起團體討論有關責任感與他們個人和職業成就，這就是他們的第一個原則。

其他的生活原則反映自我決定的重要，強調非裔美國人反映他們自身的重要性。為他們而創造，為他們自己說話，而不是被界定、為別人所說（Kunjufu, 1986）。為了在生涯教育方案融入自我決定，IHAF諮商員幫助當事人澄清價值和自我主張技巧。

其他的生活原則融入方案中包括：團結感、集體工作和責任感、合作性經濟、創意的需求、信賴他人的重要。整體上來說，這些原則反應他們的文化價值，強調非裔美國年青人的健康發展。這些原則統整預防教育方案要素，讓青少年能夠因為個人的文化背景情境感到驕傲、有尊嚴，發展生涯技巧。

另外由IHAF諮商員提供的服務與周圍環境多元文化理論，提出多元文化思維有關的是，對不同文化背景的貧窮年青人參與白人、中等階層主流所製造出來的許多問題，減少提供服務，和效能方案的尊重（Sue & Sue, 1999）。利用社區諮商模式，提供鄰近地區的介入，強調外展服務與諮商，預防教育、個案倡導和諮詢服務，IHAF方案對當事人與他們的環境有正面的影響。

（六）IHAF 整合取徑

　　IHAF方案提供的外展、教育和諮詢服務是真正的綜合性、包容性的預防、介入與倡導，方案服務的範圍包括如表1.3所示：

表1.3　執行社區諮商四個象限：IHAF方案

	社區服務	個案服務
直接	• 與非裔美國人角色模式諮詢不斷 　請求他們提有關社區需求 • 與其心理健康機構建立網絡 　孕育其他社區年輕人方案的發展 • 與黑人宗教領袖建立網絡以發展 　建構性社區創意	個案評估 個案提示 生涯發展 教育／諮商
間接	為年青人方案遊說立法委員	諮詢／父母 與學校人員諮商

　　如同 Martha 嬸嬸服務中心，IHAF方案以社區諮商模式多面向取徑，處理實際有其適用性的生活情境。在利用許多方案評鑑策略方面，Martha嬸嬸服務中心和IHAF領導人，能以多面向取徑幫助他人，因應未來問題面臨高危險群人們的需要的確是有效。

三、倫理與社區諮商架構

當專業績效責任逐漸被需要時，諮商員持續不斷評鑑社區諮商模式方案和服務是很重要的，這些努力可以提供心理健康專業工作者，強調來自不同背景對象的心理需求諮商方案和服務是否有效的價值科學資料。雖然有效的諮商實務是科學的，它也必須合乎倫理（Ivey et al., 2002）。

美國婚姻與家庭治療學會（AAMFT）、美國諮商學會（ACA）、美國心理學會（APA）這些專業組織都強調諮商員和心理學家在工作上，必須合乎倫理的態度。爲了達成目的，這些專業組織都已經發展組織，成員在工作上必須堅守詳細的倫理標準與法規。雖然本書所提出的社區諮商理論，是建立在AAMFT、ACA或APA所認可確定的倫理標準與法規，讓我們了解到倫理決定很少是預先安排好的過程。

面臨爭論議題逐漸升高的危險，不要認爲專業倫理法規是絕對的名詞，專業工作者必須堅守其工作崗位，就像許多法律是隨著國家歷史所推進，倫理標準永遠隨著時間而變更。特別是在心理健康專業上，專業倫理被視爲定期修訂的文件，如同倫理議題的知識擴展和共識的發展（Remley & Herlihy, 2001）。由於倫理法規的可變性，自1953年開始，APA的倫理標準已經修訂到第九版本（Canter, Bennett, Jones, & Nagy, 1994; Ridley, Liddle, Hill, & Li, 2000）。

社區諮商理論體認到實務工作倫理的改變是無法避免，這是由於（1）社會的轉型；（2）典範的改變。在美國人口改變，快速文化種族的轉變，以及國家健康系統典範的改變，心理健康專業工作者竭盡全力來修正未來專業倫理。

對於快速文化種族變遷的情境，這個領域的專家依然利用現存的標準提出批評。例如Pederson（1995, 1997）指出，ACA和APA倫理法規是變革的特定需要，因爲他們（1）偏愛來自美國主流文化種族團體的道

德／倫理觀點；（2）不重視文化在倫理所決定的角色。

　　Ridley（2001）等人補充：

> 忽視和過度簡化倫理決定是值得探討的⋯
>
> 任何地方過度簡化問題，可能是因為多元文化諮商情境專業工
> 作者經常遭遇到文化價值的衝突，不熟悉當事人的行為和慣用
> 語，他們與當事人之間角色期待的差異⋯許多倫理問題的複雜
> 性，需要更多藉著倫理法規來培養批判性的反思和創造性問題
> 解決（頁166）。

四、諮商員做什麼？

　　最後，許多諮商員為其當事人提供倫理照顧而負責。在倫理決定過程的複雜性和專業倫理法規的可變性方面，一旦諮商員面對工作倫理挑戰，他們該做什麼？雖然諮商員在實際工作上強調倫理法規有不同的方式，然而社區諮商模式促使實務專業工作者考慮下列步驟，以增進倫理決定的過程。這些步驟鼓勵我們針對下列 Ridley 等人（2001）提出複雜挑戰的思考：

（一）澄清你所定義的倫理問題（ethical problem）

　　許多人以一般和誤導的方式使用**倫理（ethics）**和**倫理實務（ethical practice）**，當倫理實務、**專業倫理（professional ethics）**與品行（**morals**）和**倫理道德（morality）**混合使用時，混淆是無法避免的。Ridley 等人認為品行和倫理道德為：「可以理解是人類行為的一般與普遍的原則」──既存文化的核心價值，專業倫理是指不同專業團體明顯認可的實務標準（頁167）。

　　請記得諮商員需要花時間：（1）釐清專業倫理與一般道德問題是不同的；（2）倫理關注一個人必須具有 AAMFT、ACA 或 APA 認可的特定標準。

（二）必須清楚了解你的倫理觀點

將既有的知識和經驗針對不同背景與經驗的當事人進行諮商時，可能會質疑和不同意特殊專業學會所推動的倫理法規。在這種情況下，你的良心可能會認為進行實際工作時，無法遵守這種特殊倫理標準。

雖然某些情況下你無法確定應該採取何種倫理來反映，它卻有助於你和其他人互動時，對整體的倫理觀點更加清晰明確。使用社區諮商理論的諮商員，與當事人和其他工作夥伴互動時，為了使倫理觀點清晰明白，必須考慮遵守下列原則並融入其中：

1.善行：以善良意圖對待當事人，促進其心理健康與幸福。
2.無傷害性：沒有傷害。
3.公平：解決倫理兩難時，公平對待所有人。
4.忠誠：忠實對當事人的承諾（Herlihy & Remley, 2001）。

（三）在合理倫理決定過程中運作

Ridley 等人（2001）指出，合理倫理決定過程是使專業工作者能夠分析解決複雜的倫理問題。這樣的過程可能會增加瑕疵、不適當的倫理決定（頁172）。為了避免這種決定，諮商員必須遵守下列各點：

1.花時間對倫理法規與標準做充分詳細的了解，成為專業諮商學會認可的成員（例如：AAMFT、ACA或APA）。
2.諮詢你可能面對倫理情境有關領域的其他人。
3.如果可能，和你情境直接有關的人腦力激盪，解決你的困境。
4.採取你最後認為對情境最好的倫理回應行動。確定符合前述四項原則，支持明確的倫理觀點。

摘　要

　　社區諮商模式主張多面向取徑助人，組合直接與間接服務，幫助他人生活更有效能和滿足。此種模式強調直接服務，對問題做預防工作，而不是著重在當事人因環境不利因素造成心理健康困擾，經歷嚴重困擾時。

　　社區諮商模式可用在各種情境，三種哲學信條支持每一種情境：（1）強烈重視預防；（2）覺察到社會環境對個人發展潛在的影響；（3）清楚了解一個人必須藉著幫助他們發展技能、資源才能幫助他們自己，這才是最有效率的服務。

　　這些信條，包括五個基本假設引導社區諮商：

1.人的環境可能滋養或限制他們的發展潛能。

2.多面向服務取徑比單一面向服務取徑更具效能。

3.最後，預防勝於治療。

4.有效率的作為必須清楚敏感度的處理，尊重人類發展的多面向特質。

5.社區諮商模式可以適用和運用在任何人類服務的情境。

　　實際工作時，社區諮商架構包含四種要素，呈現不同的服務樣態：

1.直接社區服務：提供全體社區教育經驗。諮商員透過預防教育來完成。

2.直接個案服務：當事人的暫時需要被視為是未來心理發展問題即將面臨的危機。特殊型態的服務包括外展服務和對弱勢族群的服務。

3.間接社區服務：包括精緻的設計是確使社會對全體對象需要的回應。試圖促進結構性環境的改變，諮商員與標的區域關鍵人合作，共同孕育正面的系統改變，通常影響公共政策。

4.間接個案服務：主張環境介入，適應弱勢族群的特殊需要，這些服務工作基本上是在創造新的助人網絡，提供對當事人生活地區的諮詢和維護服務。

　　當代社會的壓力超乎人們的能力之外，這種情境導致美國人產生許多嚴重的心理問題（Miringoff, 1995）。

　　結果，這些不成比例問題的表現在諮商專業人員提到的弱勢族群身上（Surgeon General Report, 2001）。更複雜的是，心理健康專業工作者越來越多，傳統諮商模式的知識已經不足以因應弱勢族群一般的所有問題。

　　社區諮商模式提供傳統助人典範另一種的變通選項，就是 Martha 嬸嬸年青人服

務中心和IHAF方案所提出適合實際生活綜合性諮商架構。

最後體認到超越科學、有效能諮商倫理也是需要的，本章最後行動是說明倫理決定的重要議題，本書隱含社區諮商模式三步驟的倫理決定模式提供你倫理取徑。

 能力建立活動 1.2

發展評鑑能力

當我們運用社區諮商架構，最重要的是諮商員能夠評鑑正在運作綜合性心理健康服務的特定學校、機構。在做這項評鑑時，專業工作者最好能決定對學校或機構做許多不同團體和背景的心理需求。在進行有效的助人時，能做什麼。下列能力建立活動是在促進諮商員的評鑑技術，決定他們在工作情境中，提供綜合性的一套服務，以支持社區諮商架構。

訪問地方社區機構或學校，運用社區諮商模式做為手段，回答下列問題：

1. 直接社區服務是指什麼？
2. 創造社區諮商系統改變，機構或學校需要做什麼努力？
3. 直接個案服務是指什麼？採取此種服務需要考慮環境因素到什麼程度？
4. 機構或學校需要採取間接諮商服務嗎？
5. 學校或機構以什麼方式，強調個案獨特的文化、種族／民族的背景？
6. 在許多情況之下，你發現所評估的機構或學校的服務型態忽略社區諮商模式，如果是這樣，你能夠想起特定的服務，以提升配合目標的整體效能嗎？

 能力建立活動 1.3

培養發展能力方案

本書所提出的社區諮商理論強調發展綜合性、心理健康方案，包括直

接、間接服務，以滿足許多不同背景對象的需求。下列能力建立方案提供及協助你獲得來自社會特定團體，綜合性心理健康發展極為重要方案的計畫技能。

　　在這種背景之下，討論下述這些對象，他們的心理會受到何種社會、經濟和心理壓力，而影響他的幸福。如：身體殘障的成年人、受虐兒童、失業專業人員、同性戀、先天性免疫力不足的特定背景團體。

　　你可能注意到單是直接諮商服務，已經不能滿足這些團體的需求。一開始你的目標要清楚，發展假設性的社區諮商模式，融入如第一章所提到的四種服務。一開始重視每一項服務的重點，而不是每一項服務的細節。如此，你比較能熟悉下一章的社區諮商模式，了解每一個服務方式概念。

參考文獻

Albee, G. W. (1986). Toward a just society: Lessons from observations on the primary prevention of psychopathology. *American Psychologist, 41*, 891-898.

Amaro, H. (1995). Love, sex, and power: Considering women's realities in HIV prevention. *American Psychologist, 50*, 437-447.

American Counseling Association. (1995). *Code of ethics and standards of practice*. Alexandria, VA: Author.

American Psychological Association. (1991). *Guidelines for providers of psychological services to ethnic, linguistic, and culturally diverse populations*. Washington, DC: Author.

Arredondo, P., Toporek, R., Brown, S. P., Jones, J., Locke, D. C., Sanchez, J., & Stadler, H. (1996). Operationallzation of the multicultural counseling competencies. *Journal of Multicultural Counseling and Development, 24*, 42-78.

Asante, M. K. (1988). *Afrocentricity*. Trenton, NJ: Africa World Press.

Atkinson, D. R., Morten, G., & Sue, D. W. (1998). *Counseling American minorities* (5th ed.). Boston: McCraw-Hill.

Aubrey, R., & Lewis, J. (1988). Social issues and the counseling profession in the 1980s and 1990s. In R. Hayes & R. Aubrey (Eds.), *New directions for counsel-*

ing and human development (pp. 286-303). Denver: Love Publishing.

Aunt Martha's Fact Sheet. (2001). Aunt Martha's youth service center: Haven today... Hope for tomorrow. Chicago Heights, IL: Author. [Available: www.aunt-marthas.org]

Baker, S. B. (2001). Coping skills training with children and adolescents. *Journal for Specialists in Group Work, 26*, 219-227.

Bandura, A. (1989). Human agency in social cognitive theory. *American Psychologist, 44*, 1175-1184.

Barclay, J.R. (1983). Searching for a new paradigm in counseling. *Personnel and Guidance Journal*, 62, 2.

Barlow, D. H. (1996). Health care policy, psychotherapy research, and the future of psychotherapy. *American Psychologist, 51*, 1050-1058.

Beutler, L. E. (2000). David and Goliath: When empirical and clinical standards of practice meet. *American Psychologist, 55*, 997-1007.

Burt, M. R., Resnick, G., & Novick, E. R. (1998). *Building supportive communities for at-risk adolescents: It takes more than services.* Washington, DC: American Psychological Association.

Canter, M. B., Bennett, B. E., Jones, S. E., & Nagy, T. F. (1994). *Ethics for psychologists: A commmentary on the APA ethics code.* Washington DC: American Psychological Association.

Cheung, E. K., & Snowden, L. R. (1990). Community mental health and ethnic minority populations. *Community Mental Health Journal, 26*, 277-291.

Clergy asks Aunt Martha's funding. (1986, June 15). *Park Forest Star*, p. A3.

Coie, J., Watt, N., West, S., Hawkins, J., Asamow, J., Markman, H., Ramey, S., Shure, M., & Long, B. (1993). The science of prevention: A conceptual framework and some directions for a national research program. *American Psychologist, 48*, 1013-1022.

Conyne, R. K. (1987). *Primary preventive counseling: Empowering people and systems.* Muncie, IN: Accelerated Development.

Conyne, R. K. (1994). Preventive counseling. *Counseling and Human Development, 27*(1), 1-10.

Conyne, R. K. (2000). Prevention in counseling psychology: At long last, has the time now come? *The Counseling Psychologist, 28*, 838-844.

Dakof, G. A., & Taylor, S. E. (1990). Victims' perceptions of social support: What is helpful from whom? *Journal of Personality and Social Psychology, 58*, 80-89.

D'Andrea, M. (1988). The counselor as pacer: A model for revitalization of the counseling profession. In R. Hayes &. R. Aubrey (Eds.), *New directions for counseling and human development* (pp. 22-44). Denver: Love Publishing.

D'Andrea, M. (1994). The Family Development Project: A comprehensive mental health counseling program for pregnant adolescents. *Journal of Menial Health Counseling, 16*(2), 184-195.

D'Andrea, M. (1995a). Addressing the developmental needs of urban, African American youth: A preventive intervention. *Journal oj Multicultural Counseling and Development, 23*, 57-64.

D'Andrea, M. (1995b, March). *RESPECTFUL counseling: A new, integrated model for the counseling profession*. Paper presented at the annual meeting of the American Counseling Association, Denver.

D'Andrea, M. (2000). Postmodernism, social constructionism, and multiculturalism: Three forces that are shaping and expanding our thoughts about counseling. *Journal of Menfal Health Counseling, 22*, 1-16.

D'Andrea, M., & Arredondo, P. (1998, April). Defining the term "multicultural counseling." *Counseling Today*, 40.

D'Andrea, M., & Daniels, J. (1997, December). RESPECTFUL counseling: A new way of thinking about diversity counseling. *Counseling Today*, 30, 31, 34.

D'Andrea, M., & Daniels, J. (2001). RESPECTFUL counseling: An integrative model for counselors. In D. Pope-Davis & H. Coleman (Eds.), *The interface of class, culture, and gender in counseling* (pp. 417-466). Thousand Oaks, CA: Sage.

D'Andrea, M., & Daniels, J. (In press). *Multicultural counseling: Empowerment strategies for a diverse society*. Pacific Grove, CA: Brooks/Cole.

D'Andrea, M., Daniels, J., Arredondo, P., Bradford Ivey, M., Ivey, A. E., Locke, D. C., O'Bryant, B., Parham, T. A., & Sue, D. W. (2001). Fostering organizational changes to realize the revolutionary potential of the multicultural movement: An updated case study. In J. G. Ponterotto, J. M. Casas, L. A. Suzuki, & C. M. Alexander (Eds.), *Handbook of multicultural counseling* (2nd ed.) (pp. 222-253). Thousand Oaks, CA: Sage.

D'Andrea, M., Foster, H., & Arthur, C. (1987). *The quality of life needs assessment survey*. Nashville, TN: Meharry Medical College.

Daniels, J. (1995). Building respectful connections among culturally-diverse students in Hawaii. *Educational Perspectives, 29*(2), 23-28.

Daniels, J., & D'Andrea, M. (1996). MCT theory and ethnocentrism in counseling. In D. W. Sue, A. E. Ivey, & P. D. Pedersen (Eds.), *A theory of multicultural counseling and therapy* (pp. 155-174). Pacific Grove, CA: Brooks/Cole.

Dohrenwend, B. S. (1978). Social stress and community psychology. *American Journal of Community Psychology, 11* (2), 1-14.

Dworkin, S. H., &.Gutierrez, E. J. (1992). *Counseling gay men and lesbians: Journey to the end of the rainbow*. Alexandria, VA: American Association of Counseling and Development.

Esquivel, G. B., & Keitel, M. A. (1990). Counseling immigrant children in the schools. *Elementary School Guidance and Counseling Journal, 24*, 213-221.

Foster, H., Arthur, C., & D'Andrea, M. (1987). *The "I Have a Future" (IHAF) program*. Nashville, TN: Meharry Medical College.

Fukuyama, M. (1990). Taking a universal approach to multicultural counseling. *Counselor Education and Supervision, 30*, 6-17.

Gergen, K. J. (1992). The postmodern adventure. *Family Therapy Networker, 16*(6), 52,56 -57.

Germain, C. B. (1991). *Human behavior in the social environment; An ecological view*. New York: Columbia University Press.

Gilligan, C. (1982). *In a different voice: Psychological theory and women's development*. Cambridge, MA: Harvard University Press.

Hayes, R. L. (1994). Counseling in a postmodern world: Origins and implications of a constructivist developmental approach. *Counseling and Human Development, 26*(6), 1-12.

Herlihy, B., & Remley, T. P., Jr. (2001). Legal and ethical challenges in counseling. In D. C. Locke, J. E. Myers, & E. L. Herr(Eds.), *The handbook of counseling.* (pp. 69-89). Thousand Oaks, CA: Sage.

Herr, E., & McFadden, J. (1991). *Challenges of cultural and racial diversity to counseling*. Alexandria, VA: American Association for Counseling and Development.

Hoagwood, K., & Koretz, D. (1996). Embedding prevention services within systems of care: Strengthening the nexus for children. *Applied & Preventive Psychology, 5,* 225-234.

Ivey, A., D'Andrea, M., Ivey, M., & Simek-Morgan, L. (2002). *Counseling and psychotherapy: A multicultural perspective* (5th. ed.). Boston: Allyn and Bacon.

Johnson, J. H., & Sarason, I. G. (1979). Moderator variables in life stress research. In I. G. Sarason & C. D. Spielberg (Eds.), *Stress and anxiety* (pp. 151-167). Washington, DC: Hemisphere.

Jordan, J. V., Kaplan, A. G., Miller, J. B., Stiver, I. P., & Surrey, J. L. (1991). *Women's growth in connection: Writings from the Stone Center.* New York: Guilford Press.

Kelly, E. W. (1989). Social commitment and individualism in counseling. *Journal of Counseling and Development, 67*(2), 341-344.

Kelly, E. W. (1995). *Spirituality and religion in counseling and psychotherapy: Diversity in theory and practice.* Alexandria, VA: American Counseling Association.

King, M. L. (1963). *Strength to love.* New York: Walker.

Kobasa, S. C. (1979). Stressful life events, personality and health: An inquiry into hardiness. *Journal of Personality and Social Psychology, 37,* 1-11.

Kozol, J. (1991). *Savage inequities: Children in America's schools.* New York: Crown.

Kuhn, T. (1962). *The structure of scientific revolutions.* Chicago: University of Chicago Press.

Kunjufu, J. (1986). *Motivating and preparing black youth to work.* Chicago: African American Images.

Lator, B. (1993). *We have never been modern.* Cambridge, MA: Harvard University Press.

Lee, C. C., & Richardson, B. L. (Eds.). (1991). *Multicultural issues in counseling: New approaches to diversity.* Alexandria, VA: American Association for Counseling and Development.

Lewis, J. A., Lewis, M. D., & Souflee, E. (1991). *Management of human service programs* (2nd ed.). Pacific Grove, CA: Brooks/Cole.

Locke, D. C. (1998). *Increasing multicultural understanding: A comprehensive model* (2nd ed.). Newbury Park, CA: Sage.

Locke, D. C., Myers, J. E., & Herr, E. L. (Eds.). (2001). *The handbook of counseling.* Thousand Oaks, CA: Sage.

Marecek, J. (1995). Gender, politics, and psychology's ways of knowing. *American Psychologist, 50*, 159-161.

McCarthy, C. J., & Mejia, 0. L. (2001). Using groups to promote preventive coping: A case example with college students from migrant farm-working families. *Journal of Specialists in Group Work, 26*, 267-275.

McFadden, J. (Ed.). (1999). *Transcultural counseling* (2nd ed.). Alexandria, VA: American Counseling Association.

McWhirter, E. H. (1994). *Counseling for empowerment.* Alexandria, VA: American Counseling Association.

McWhirter, J. J., McWhirter, B. T., McWhirter, A. M., & McWhirter, E. H. (1998). *At-risk youth: A comprehensive response* (2nd ed.). Pacific Grove, CA: Brooks/Cole.

Mental health: Does therapy help? (1995, November). *Consumer Reports*, pp. 734-739.

Miller, J. B. (1987). *Toward a new psychology of women* (2nded.). Boston: Beacon Press.

Miller.J. E. (Ed.). (1992). *Coping with chronic illness: Overcoming powerlessness* (2nded.). Philadelphia: F. A. Davis.

Miringoff, M.L. (1995). Toward a national standard of social health: The need for progress in social indicators. *American Journal of Orthopsychiatry, 65*(4), 462-467.

Neville, H. A., & Mobley, M. (2001). Social identities in contexts: An ecological model of multicultural counseling psychology processes. *The Counseling Psychologist, 29*, 471-486.

Newton, F. B., & Caple, R. B. (1985). Once the world was flat: Introduction and overview. *Journal of Counseling and Development, 64*, 163-184.

Paisley, P. 0. (1996, January). *Creating community: Group work and the arts.* Presentation made at the annual meeting of the Association for Specialists in Group Work, Athens, GA.

Parham, T. A., &. McDavis, R. J. (1987). Black men, an endangered species:

Who's really pulling the trigger? *Journal of Counseling and Development, 66*, 24-27.

Parham, T A., White, J. L., & Ajamu, A. (1999). *The psychology of blacks: An African centered perspective* (3rd cd.). Upper Saddle River, NJ: Prentice Hall.

Pedersen, P. B. (1990). The multicultural perspective as a fourth force in counseling. *Journal of Counseling and Development, 64*(5), 430-434.

Pedersen, P. B. (1991). Multiculturalism as a generic approach to counseling. *Journal of Counseling and Development, 70*(1), 6-12.

Pedersen, P. B. (1995). Culture-centered ethical guidelines for counselors. In J. G. Ponterotto, J. M. Casas, L. A. Suzuki, & C. M. Alexander (Eds.), *Handbook of multicultural counseling* (pp. 34-49). Thousand Oaks, CA: Sage.

Pedersen, P. B. (1997). The cultural context of the American Counseling Association Code of Ethics. *Journal of Counseling and Development, 76*, 23-28.

Pine, G. J. (1972). Counseling minority groups: A review of the literature. *Counseling and Values, 17*,35-44.

Ponterotto, J. G., & Pedersen, P. B. (1993). *Preventing prejudice: A guide Jor counselors and educators.* Newbury Park, CA: Sage.

Price, R. H., Badger, B. C., & Keterer, R. E. (1980). *Prevention in mental health: Research, policy, and practice.* Beverly Hills, CA: Sage.

Remley, T. P., Jr., & Herlihy, B. (2001). *Ethical, legal, and professional issues in counselin*g. Upper Saddle River, NJ: Merrill/ Prentice Hall.

Ridley, C. R., Liddle, M. C., Hill, C. L, & Li, L. C. (2001). Ethical decision making in multicultural counseling. In J.G. Ponterotto, J. M. Casas, L. A. Suzuki,& C.M.Alexander (Eds.), *Handbook of multicultural counseling* (2nd ed.) (pp. 165-188). Thousand Oaks, CA; Sage.

Rigazio-DiGilio, S. A. (1994). A co-constructive-developmental approach to ecosystemic treatment. *Journal of Mental Health Counseling, 16*(l), 43-74.

Rigazio-DiGilio, S. A., & Ivey, A. E. (1993). Systemic cognitive-developmental therapy: An integrative framework. *Family Journal; Counseling and Therapy for Couples and Families, 1*, 208-219.

Romano, J. L., & Hage, S. M. (2000). Prevention and counseling psychology: Revitalizing commitments for the 21st century. *The Counseling Psychologist, 28*, 733-763.

Salzman, M. B. (2001). Cultural trauma and recovery: Perspectives from terror management theory. *Trauma, Violence, & Abuse, 2*, 172-191.

Senge, P. M. (1994). *The fifth discipline: The art and practice of the learning organization*. New York: Doubleday.

Shaffer, D. R. (1993). *Developmental psychology* (3rd cd.). Pacific Grove, CA: Sage.

Sprinthall, N. A., Peace, S. D., & Kennington, P. A. D. (2001). Cognitive-developmental stage theories for counseling. In D. C. Locke & J. E. Myers (Eds.), *The handbook of counseling* (pp. 109-130). Thousand Oaks, CA: Sage.

Steenbarger, B. N. (1991). Emerging contextualist themes in counseling and development. *Journal of Counseling and Development, 70*, 288-296.

Strickland, B. R., & Janoff-Bulman, R. (1980). Expectancies and attributions: Implications for community mental health. In G. S. Gibbs, J. R. Lachenmeyer, & J. Sigal (Eds.), *Community psychology: Theoretical and empirical approaches* (pp. 97-119). New York: Gardner Press.

Sue, D. W. (1981). *Counseling the culturally different: Theory and practice*. New York: Wiley.

Sue, D. W., Arredondo, P., & McDavis, R. J. (1992a). Multicultural counseling competencies and standards: A call to the profession. *Journal of Counseling and Development, 70*(5), 477-486.

Sue, D. W., Arredondo, P., & McDavis, R. (1992b). Multicultural counseling competencies and standards: A call to the profession. *Journal of Multicultural Counseling and Development, 20*, 64-88.

Sue, D. W., Ivey, A. E., & Pedersen, P. B. (Eds.). (1996). *A theory of multicultural counseling and therapy*. Pacific Grove, CA: Brooks/Cole.

Sue, D. W., & Sue, D. (1999). *Counseling the culturally different: Theory and practice* (3rd ed.). New York: Wiley.

Sue, S. (1988). Psychotherapeutic services for ethnic minorities: Two decades of research findings. *American Psychologist, 43*(2), 301-308.

Surgeon General Report. (2001). *Mental health: Culture, race, and ethnicity*. Department of Health and Human Services. Washington, DC: U.S. Government Printing Office.

Szymanski, E. M., & Parker, R. M. (2001). Epistemological and methodological issues in counseling. In D. C. Locke, J. E. Myers, & E. L. Herr (Eds.), *The hand-book of counseling* (pp. 455-466). Thousand Oaks, CA: Sage.

Tedeschi, R. G., & Calhoun, L. G. (1993). Using the support group to respond to the isolation of bereavement. *Journal of Menial Health Counseling, 15*(1), 47-54.

Thomas, S. C. (1996). A sociological perspective on contextualism. *Journal of Counseling and Development, 74*, 529-536.

Tierney.W. G. (1993). *Building communities of difference: Higher education in the twenty-first century*. Westport, CT: Bergin & Garvey.

U.S. Department of Health and Human Services. (2000). *Healthy people 2010* (Conference ed., Vols. 1 & 2). Washington, DC: Author. [Available: www.health.gov/healthypeople]

VandenBos, G. R. (1996). Outcome assessment of psychotherapy. *American Psychologist, 51*, 1005-1006.

Vargas, L. A., & Koss-Chioino, J. D. (Eds.). (1992). *Working with culture: Psychotherapeutic interventions with ethnic minority children and adolescents*. San Francisco: Jossey-Bass.

Vera, E. M. (2000). A recommitment to prevention work in counseling psychology. *The Counseling Psychologist, 28*, 829-837.

von Bertalanffy, L. (1968). *General system theory: Foundations, development, applications*. New York: Braziller.

Waters, E. B., & Goodman,J. (1990). *Empowering older adults; Practical strategies for counselors*. San Francisco: Jossey-Bass.

Wilson, F. R., & Owens, P. C. (2001). Group-based prevention programs for at-risk adolescents and adults. *Journal for Specialists in Group Work, 26*, 246-255.

Wirth, L. (1945), The problem of minority groups. In R. Linton (Ed.), *The science of man in world crisis* (pp. 347-372). New York: Columbia University Press.

Worell, J., & Remer, P. (1992). *Feminist perspectives in therapy; An empowerment model for women*. Chichester: Wiley.

Wrenn, G. (1985). The culturally encapsulated counselor revisited. In P. Pedersen (Ed.), *Handbook of cross-cultural counseling and therapy* (pp. 323-329). Westport, CT: Greenwood Press.

Chapter 2

預防教育

預防教育的理論基礎

　　美國人快速意識到預防的重要，它的意義是指個人需要學習執行有關正面影響日常生活的預防策略。簡單的說，許多人將預防視爲是巧妙、經濟、有趣的，如爲了避免沉溺於抽菸以取代罹患肺癌，以氟化物刷牙替代掉落牙齒，正常運動取代因壓力而生病。

　　諮商員身處教育、求職、健康、醫療系統，倡導預防方案與服務，積極影響當事人的發展。無論是在學校、大學、求職機構、人類服務機構或其他機構任職，諮商員通常對面臨困難的問題者進行諮商。其中，包括：因爲無法有效管理壓力所造成的心理困擾，缺乏心理健康知識的人，以及沒有足夠的技巧因應二十一世紀複雜快速變遷的社會人。

　　本章在討論個別諮商的限制，強調諮商員在工作時需融入預防教育策略，擴展他們的影響力。如此，我們可以提供若干個已被檢視出，對美國各種不同背景的人有效的預防諮商與發展方案。其中強調包括：在RESPECTFUL模式（參見第一章）中討論不同團體的特別需要，如不同背景團體生活中經歷到的獨特壓力，都市區高危險群的青年，居住貧窮鄉下和不同文化種族學校情境的兒童。

一、個別諮商的限制

　　對相同困擾的人運用個別諮商與心理治療服務，對助人專業者而言是一種挑戰，因爲增加他們：（1）熟悉一系列的普通問題；（2）有信心處理個人生活、例行經驗的特定心理挑戰。

　　雖然重複相同的諮商方法，可以提升諮商員在特定領域問題的能力與信心，可是往往也帶來繁冗與長期的無效。

　　專業人員通常花時間採取一對一的方式幫助當事人解決問題，如果

他們已經發展生活技能，就可以避免問題的發生。Conyne（1987）對於過度使用傳統諮商典範提出批評，他認為重複使用傳統諮商典範，使諮商工作無法有效的理由：

> 它沒有說服力量，因為治療性服務是在事後進行的方法，它無法過阻新案例的發生。使用傳統臨床服務變得越來越困難，因為成本昂貴，壟斷醫療工業，使它變得庸俗。在我們社會傳統臨床服務無法說服人心，如窮困、失業、文化差異、無家可歸和無數的人都需要獲得協助，因為專業諮商、諮商心理學和其他助人專業，受限於需要證照才能保護他們的消費者（頁12）。

體認到這些限制，使得許多諮商員重新評估個別諮商的整體效能（D'Andrea et al., 2001; Sue & Sue, 1999）。這些再評估導致他們考慮運用另類的專業角色，來促進當事人的發展。因此，許多人已經注意到，專業諮商員適合扮演**心理教育家（psychological educator）**和**生活技能訓練者（life-skills trainer）**，培養高危險群的心理健康和幸福（Donaghy, 1995; Goldstein, 1992; Robinson & Howard-Hamilton, 2000）。社區諮商模式大力支持這些變通方案，因為他們反映理論架構是建立在主動性、預防性價值的基礎上。

二、對預防的抗拒

毫無疑問，許多行政人員甚至諮商員反對在學校、機關、企業執行預防性服務，這種躊躇態度歸諸於三個因素：（1）在歷史上他們的專業認同，與提供治療性、一對一的諮商服務給面臨危機的人有關（Steenbarger & LeClair, 1995）；（2）對於治療性、個別、小團體諮商服務的經費，則是強調解決問題與個人發展的內在心理取向；（3）專業訓練方案無法強調利用預防性諮商的重要，結果使得許多諮商員在工作中缺乏必須融入預防方法，必要性的知識與技能（Romano & Hage, 2000）。

三、預防策略與諮商實務的結合

諮商員工作在統整預防性介入策略的專業諮商時產生兩點改變：（1）專業準備課程必須投入此領域研究（Conyne, 2000）；（2）專業工作者必須願意、了解運用預防性諮商的好處，以擴展他們提供服務當事人的型態（Romano & Hage, 2000）。

第二點的改變，需要從個別治療的方法變為綜合性和有效的運作方式。對許多專業工作者而言，毫無疑問，這種改變讓他們需要重新界定或擴展他們的專業認同，包括社區健康教育工作者和諮詢者的新角色（Albee, 2000）。

在本書中，**預防性諮商（preventive counseling）**與**預防性教育（preventive education）**交互使用，它們主要是促進個案的發展與問題預防。第一章，我們提出三種預防性諮商的型態，初級、次級、三級預防，除此之外，預防性諮商與預防性教育特別提供初級預防性的介入。

四個元素組成社區諮商模式架構，預防性教育是屬於直接社區諮商服務，它所呈現的是主動介入，促進面臨危機者的賦能。例如，包括最近失業的家庭成員，父母離婚的兒童，父母酗酒的子女，貧困長大的人，種族或文化受到歧視的受害者。

四、多元文化的思維

預防性諮商是在幫助人發展有效處理日常生活壓力的方法，對生活不滿意，刺激提升壓力程度，所有人都經歷相同的需要。馬斯洛的人類需求層次，提出所有人何以有需求可用的概念架構。

依據馬斯洛的觀點（1970），當個人有需求，且經歷一段時間沒有獲得滿足時，他們會感到有壓力（例如需要食物）。而當他們個人的安全感和自尊，受到一段時間的威脅時，也有同樣的情形發生，他們很清楚普

遍存在的壓力。甚至，因為不同型態的互動遭受歧視和壓迫，許多有色人種有其獨特的壓力（D'Andrea, Locke, & Daniels, 1997; McNeilly, 1996）。

有色人種在美國受到一段長時間的壓迫、歧視、邊緣化，雖然在專業諮商的修辭詞彙中，包含文化差異，不過大多數的專業工作者認為種族主義和偏見，將持續成為許多人在機構的壓力來源（D'Andrea et al., 1997; Hwang, 2000）。

在美國過去十年，種族引起的暴力逐漸抬頭，是壓力破壞的來源（Boland, 1992; D'Andrea, & Daniels, 1995; Harvey, 1991）。除了身體的暴力。有色人種想要擁有實現其能力的獨特環境，卻必須例行性面對限制他們在職場（Arbona, 1990; McWhirter, 1992），教育上（Carter & Wilson, 1993; National Research Council, 1991），經濟上（Kozol, 1991）的潛能。有色人種在種族社會中經歷獨特壓力，以及許多傳統治療諮商滿足人需求服務的無效能，使預防性諮商介入特別顯得有用、合乎倫理，幫助高危險群多元文化對象（D'Andrea et al., 1997; Sue & Sue, 1999）。

不論提供不同背景對象，預防性或治療性諮商諮商員在二十一世紀應該成為有文化能力服務的提供者。體認這項議題的重要性，社區諮商模式強調合乎倫理的諮商實際工作，當多元社會需要專業工作者時，應發展多元文化與發展學會（Association for Multicultural Counseling and Development, AMCD）提出的特定能力（Arredondo et al., 1996; Sue, Arredondo & McDavis, 1992）。

以此發展這些能力，諮商員最能幫助不同背景的人，學習預防他們生活上的問題，這與協助個體擴展他們適應生活技能的細目有關。有些預防策略發現，經由許多個案對象，包括壓力管理課程，健康成長計畫，生活技能訓練，親職教育課程，消除偏見課程，及不同學校為主的介入，特別是對於高危險的兒童和年青人，表2.1說明社區諮商模式策略。

表2.1　預防教育策略和社區諮商模式		
	社區服務	個案服務
直接	壓力管理 促進健康 生活技能訓練 生活計畫 親職教育 消除偏見方案 兒童主要預防工作	
間接		

壓力：概覽[1]

　　壓力是生活上無法避免的。雖然人們會注意到不利影響的壓力，可是有些壓力卻是成長與發展過程中必然會發生的。社區諮商模式不是在設計幫助人「免於壓力的生活」，而是幫助創造機會，讓個體擴大發展廣泛性壓力管理能力，運用在生活中的不同情境。

　　支持此種諮商方法，有兩個前提：（1）當個體學習如何管理他們獨特的生活壓力時，個人最能理解他們個人健康與幸福的最理想程度；（2）生理疾病和心理困擾通常可以藉由加強個人有效處理環境的能力和生活危機來避免（Conyne, 2000; Romano & Hage, 2000）。

　　Romano 和 Hage（2000）認為，壓力管理課程對於預防諮商與教育介入最適合，心理健康專業人員在企圖訓練別人管理對壓力生活情境之前，應該了解壓力最佳定義是什麼。

　　Ivancevich 和 Matteson（1980）界定壓力是「經由個人人格特質和心

---

[1]資料來自 *Counseling Programs for Employees in the Workplace*, by J. A. Lewis and M. D. Lewis (Pacific Grove, CA: Brooks/Cole, 1986).

理過程，適應性的反應，是任何外在活動、情境或事件，對個人特殊性生理與心理要求，所造成的結果」（頁8-9）。以此定義作爲指引，接著下一段將提出三種不同的壓力理論，對於懂得利用廣泛個案計畫預防性介入的人是很有幫助的。

一、壓力理論

在過去三十五年壓力知識爆增許多，在這個階段，專業社區文獻討論的三種理論模式已經普遍被運用：壓力是指生理反應模式（Selye, 1976）、生活事件模式（Holmes & Rahe, 1967; Romano, 1992）、環境互動模式（Lazarus & Folkman, 1984; Lewis, Sperry & Carlson, 1993）。

1. **生理反應模式（physiological response model）**：是指個體對於環境要求的身體反應。Selye（1976）認爲，可以分爲適應性壓力與非適應性壓力，例如：悲傷，無法避免，對大多數人界定的不同壓力身體有反應。一般生理反應的對話，例如：「我的心臟蹦蹦跳」、「他的頸子很痛」、「我的胃絞痛不舒服」。

2. **生活事件模式（life events model）**：生理模式引起我們對壓力的身體反應，其他人著重在特定生活的壓力。生活事件模式認爲不同階段的個人發展過程，某些可與預期事件形成壓力。除此之外，已經發展出某些工具來評估一個人生活事件產生壓力的程度，如貝克適應量表（The Holmes 和 Rahe Readjustment Scale）是評量成年人壓力程度最著名的評量工具（Holmes & Rahe, 1967）。同樣的，工具已經發展爲評估大學生壓力的程度（Marx, Garrity, & Bowers, 1975）和兒童與成年人（Coddington, 1972）。

3. **環境互動模式（environmental-interactional model）**（Lazarus & Folkman, 1984）：此理論是指個人對潛在危機和個人因應及時事件衝擊的評估。（Romano, 1992）。Lazarus 和 Folkman（1984）認

爲，**因應（coping）**是指處理評估個人負擔過重來源的外在、內在要求。此定義指壓力與個人解釋威脅個人事件，情境的問題有關。個人視感受情境爲壓力的程度與因素數量有關，如處理壓力的能力。而先前處理同樣壓力情境的成功經驗，使他們期待能控制事件感受的程度，對於負荷過重、衝突事件的感受，自我強制要求或是遭受他人強制的要求（Ivey, D'Andrea, Ivey, & Simek-Morgan, 2002; Lewis et al., 1993）。

二、壓抑反應的文化特殊性

許多事件和互動造成與壓力有關問題挑戰個人的幸福，然而，少數不普遍的經驗，只有一些被視爲有威脅的情境才會對他產生壓力。

壓力與情境脈絡有關，例如：性別（Jordan, Kaplan, Miller, Striver, & Surrey, 1991）、年齡（Craig, 1992）、社經階層（Bassuk, 1993; Knitzer & Aber, 1995）、文化種族民族背景（Slavin, Rainer, McCreary, & Gowda, 1991）。當計畫介入管理時，除了考慮這些變項的重要性之外，諮商員通常處理個案時，會強調更多因素（D'Andrea, 1995）。

一些研究者提出，心理壓力的傳統模式很少或完全沒有注意到個人文化、種族和民族背景在壓力情境所扮演的角色（Ivey et al., 2002; Slavin et a.l, 1991）。美國快速變遷的多元文化，讓諮商員必須擴展他們理解來自種族、民族觀點的壓力。

過去試圖擴展已經主宰心理健康專業思維的非文化框架，對於壓力，Slavin（1991）等人已經發展出更寬闊文化敏感度的理論框架。藉由認定一些與許多有色人種在生活例行性經歷到的有關文化的議題，研究者對壓力的文化民族決定因素，提供更精確、綜合性了解。

研究發現壓力增加，但白種人諮商員未發現的四個因素如下：

1.許多人在美國經歷壓力，只因爲他們是代表性不足的團體，所以被

認定爲「少數族群」。例如：

非裔美國青少年發現，他們只是在旅館、百貨公司、教室的一員，很難發現到精通處理頭髮的美髮師，他們只能發現自己代表他們的種族在教室討論（Slavin, et al., 1991, p. 158）。

2.這些研究者認爲，壓力的發生來自於有色人種受到歧視和偏見，歧視可能是公開有意圖的，如對種族輕蔑的侮辱，或是沒有明顯理由被警察攔阻下來，或是隱蔽看不到的，如白人神氣十足的態度（D'Andrea, 1996; Locke, 1998; Ridley, 1995）。

3.不成比例的非白色人種文化，多數屬於低社經階層，沒有政治或財政的打擊，可是這些經濟上不利的人，都是屬於生活上發生壓力事件的弱勢族群，例如犯罪受難者，在家庭生活受到政府機構的驅離、干涉，沒有足夠的錢吃飯，沒有能力保障足夠的醫療。因爲這些因素交互影響，Slavin 等人（1991）認爲，這些因素的發生容易促發壓力情境。

4.有些文化團體經歷與他們團體文化有關的不同壓力，例如，寮裔美國婦女可能因爲家長對既定婚姻的期望，而感受到壓力（Slavin et al., 1991）。

社區諮商模式不只是強調環境壓力的交互面向，也認識到個人對情境的解釋經常是由文化所決定的。然而特殊文化、種族、民族團體可能發現某件事有壓力，但其他人可能不是這樣解釋。

當運用社區諮商架構幫助當事人學習有效因應生活挑戰的方式時，諮商員必須從**環境（environmental）──互動（interactional）──文化（cultural）**或**情境觀點（contextual perspective）**加以去了解。這樣的作法，讓心理健康專業人員更了解，當事人文化、種族、民族背景與他們生活經驗獨特的壓力有什麼關係。

三、壓力反應的普遍性

然而一個人的文化背景、性別、社經地位和年齡通常影響個人發現壓力情境的型態。對於威脅事件的心理反應，不顧壓力的性質，發生自動反應或「迎擊或逃逸」的反應，這說明了一般人對壓力心理反應的複雜性。

> 在下視丘，即在大腦中央有一小束神經細胞。它是發號施令的中心，透由神經系統散布警訊，肌肉就會緊張，血管壓縮，皮膚下面的小微血管關閉在一起，腦下垂體分泌荷爾蒙，經由血管，刺激甲狀腺和腎上腺，腎上腺放出三十種額外的荷爾蒙到身體的每一個器官。這種自動性的壓力反應，造成脈搏速率的急劇上升，血壓飆高，腸胃停止所有忙碌的消化活動，聽覺和味覺變得敏銳，身體發生許多改變，這些都是我們前所未聞的（Veninga & Spradley,1981, p. 11）。

當面臨壓力情境挑戰時，這些身體反應刺激個人採取適應行動，然而這些壓力反應產生緊張，他們消耗能量無法恢復。時間超過太久，最後將導致身體與心理的耗盡，如果發生這種情形，壓力反應不適應性，不是幫助解決問題，反而造成問題。

持續的壓力影響很多方面，通常在壓力之下，個人發現身體有下述的症候，如循環問題、頭痛、長期高血壓，甚至有心臟血管疾病。壓力也會影響身心健康，結果是導致憂鬱與焦慮。

壓力管理介入

　　壓力的困難來自外在環境、個人知覺、文化因素、生理反應的組合，我們可以從前述重點提供介入，以減少壓力。諮商員可以幫助個體，檢視在生活上的壓力，探討他們的反應，作有目的的決定，來管理或是減少他們的壓力。

　　表2.2列出打破壓力循環的方法，諮商策略可以幫助當事人完成下列：

1.發展領悟與技能，幫助他們改變環境的新方法。

2.改變他們解釋外在事件的心理歷程。

3.以他們生活的方式來改變健康。

4.學習新方法，修正他們對壓力的身體反應。

表2.2　改變壓力循環：介入模式

	內在過程	
外在過程	心理	生理
改變環境	改變心理過程	改變生理過程
諮商著重決定與問題解決	認知改變	放鬆訓練
時間管理諮商	價值澄清	自我假設訓練
人際技巧訓練（自我肯定、領導能力、助人）	目標設定訓練	冥想訓練
	生活型態評鑑與諮商	目標設定訓練
自我管理訓練	問題解決技術訓練	環環回饋訓練
支持團體		感覺意識訓練

備註：來自J. C. Barrow和S. S. Proson (1981). "A Model of Stress and Counseling Interventions," *Personnel and Guidance Journal, 60*, p. 7. Copyright 1981 ACA (formerly the American Personnel and Guidance Association) 允許採用。

一、控制環境

我們可以藉著有效控制環境降低壓力，爲了達到目標，第一步，諮商員可以幫助當事人檢視，改變他們的壓力。雖然他們總是感到有壓力，不過個體可以藉由發展，執行問題解決，時間管理以及日常生活上的人際技巧。

另一種重要的機制，人們依賴心理學家所提出與他們有關的**社會支持系統（social support systems）**，因應壓力（Koeske & Koeske, 1990）。人們的社會支持系統，包括家庭成員、親戚、朋友、教堂成員、工作夥伴。這些人不只提供生活壓力的緩衝器，同時激勵、強化改變（Ivey et al., 2002; Koeske & Koeske, 1990）。

助人發展策略達到擴展他們支持網絡的目的，對集體主義價值重於個人主義的人很重要。然而，歐洲美國人重視個人主義，而非歐洲背景的人則較偏好集體主義導向（Carter, 1991; Sue & Sue, 1999）。如此強化既存的支持網絡和鼓勵人參與支持團體，能夠幫助多元文化的當事人，改變與他們環境有關的情境（Parham, White, & Ajamu, 1999）。

非裔美國人、亞裔美國人、拉丁美洲人、美國原住民，及來自太平洋群島團體的人，通常他們所經歷到的壓力直接與他們是美國少數團體的成員有關。如同前面所描述，種族差異、民族主義都是持續呈現許多壓力的潛在來源。

從預防觀點來看，社區諮商模式強調文化是基礎的壓力，藉著提供他們文化上的自助、政治或社會活動團體，促使他們創造社區、州、國家層級的改變，幫助被壓迫個案的社會支持。個案參加這種團體，提供一種強而有力的方式幫助他們，成爲廣泛環境改變努力的一部分（McWhirter, 1994; Parham et al., 1999）。

二、改變心理過程

　　除了學習影響外在環境，人們可以學習管理壓力技能與技術，提供足以控制他們對環境情境的反應。例如，諮商員教導當事人如何重新建構他們對生活壓力的思考方式。

　　Ellis（1993）已經撰寫許多有關思考障礙的形式，這些形式容易導致人們自我引發壓力。根據 Ellis 理性情緒行為理論，當人們錯誤運用思考解釋他們的情境和經驗時，壓力反應可以成為自我引發性。

　　Beck 和 Weishaar（1995）提出造成壓力思考功能障礙的型態有：

1.**全有或全無的思考**：導致人思考的二元論；意思是說他們視情境或人，不是好人就是壞人，不是對就是錯，而沒有中間選項。
2.**完美主義思考**：造成人們相信事情不是不理想，就是不被接受。
3.**過度類化**：對其他沒有證據的人或經驗的過度類化。
4.**悲情化**：對事情或身體的感覺比實際可相信的資訊還糟糕。
5.**自我懲罰思考**：當事情發生不如自我期待時，就過度譴責自己。

　　每一種錯誤思考型態提高自我引發壓力的程度。因此，諮商的目的在幫助當事人，建構他們學習對自己、他人和生活事件如何思考的方法。這麼作，是為了讓個人從他們經驗中獲得較強的內在控制感，這種過程是屬於**認知再建構（congnitive restructuring）**或**理性再建構（rational restruturing）**（Ivey et al., 2002; Neimeyer, 1993）。

　　利用認知改變技術可以幫助當事人改變他們的心理過程，包括下列五個步驟：

1.諮商幫助當事人覺察他們認知與情緒引發的中間過程。
2.當事人覺察思考功能障礙的不合理性。
3.諮商幫助當事人了解不實際認知影響當事人不適應的情緒，以及刺

激情緒反應的方式。

4.諮商員探索改變他們錯誤的思考方法。

5.諮商員支持當事人評估這些努力的結果。

三、改變生活型態

另一種壓力管理的重要元素與個人維持健康生活型態能力有關，然而，對諮商員來說，提供當事人有關抽菸、利用藥物、酗酒、營養不足危險的資訊，抑制運動可能都不是新的，唯有認定過著健康生活型態與管理壓力的關係才是（Romano, 1992）。

教育心理和生活技能的訓練介入，對瀕臨高危險群的對象是非常重要的，他們可以從學習有效處理壓力獲得好處。當提供這些服務時，諮商員必須幫助當事人了解，不健康生活型態的行為所顯示的壓力，例如利用酗酒減低社會壓力（Romano, 1992），教育心理的介入，鼓勵人們發展寬廣的健康，而壓力管理的處理，在學校、企業機構特別有用。

教育心理的介入幫助當事人改變建構的生活，包括：戒菸方案、減重、健康營養、親職教育、自我肯定訓練、衝突解決過程、中小學綜合性健康課程、促進問題解決和做決定等。

四、改變對壓力的生理反應

一個人不可能永遠控制環境因素或個人認知反應，諮商員幫助個人學習身體對壓力反應的介入。雖然這些技術是屬於雙回饋訓練、放鬆訓練、心靈想像、自我假設、冥想，而人們有建設性的處理壓力，可以避免長期的負面影響壓力，這些壓力足以傷害身體健康與心理幸福。

當他們經歷壓力，**雙回饋訓練（biofeedback training）**教導個人控制生理功能。關於生理功能比科學家所想的自動，可以利用這些工具提供即時回饋，當事人在控制和增加冷靜的狀態時，因為壓力帶來所造成

的生理症候（Heil & Henschen, 1998; Wolpe, 1990）。

　　同樣的，**放鬆訓練（relaxation training）**可以幫助人們控制來自嚴重長期疾病的生理緊張，諮商員可以利用不同的放鬆訓練技術幫助所有年齡的個案，改變他們對壓力的生理反應（Forman, 1993; Taylor, 1998）。

　　心靈想像（mental imagery）藉由肌肉放鬆有關的技術，教導人們使用相關舒適、安逸的圖像情景來放鬆。按照這種方法，當事人在心靈中想像這些活動，改變緊張和放鬆主要的肌肉。一旦當事人學習如何區分緊張放鬆狀態，當緊張集中在肌肉時，他們才會意識到誘發生理的放鬆（Forman, 1993; Gould & Damarjian, 1998）。

　　希望盡力達到放鬆狀態的第一步是**自我假設（self-hypnosis）**，這種技術與放鬆訓練是不同的，在自我假設中個體想像所建議的都已經變成事實。

> 主體成功進行需要改變進入特殊的心智框架，然而，一般指引我們的心智過程，轉向因應外在世界，在我們自我互動中重建或界定，從客觀宇宙中改變你的注意力，轉成爲你內在建構的想像宇宙。這麼做，確實會讓你忘記「實在的世界」，將注意力轉移，你所想到、感受到、想像到的暗示，是你爲自己所創造的內在實體（Straus, 1982, p. 51）。

　　用在自我假設訓練的暗示與改變行爲，修正我們的態度和知覺，學習管理特定的環境壓力。自我暗示最重要的情境是絕對的冷靜與全然的放鬆，深度放鬆的暗示是單獨面對自己的沉默，閉上眼睛，對解除壓力、緊張和身心受傷的舒緩最有幫助（Barber, 1982, p. v）。

　　另一種解除壓力、緊張有效的工具與**冥想（meditation）**有關，冥想經驗產生內在冷靜與清明的最佳意識狀態，它提供自我賦能和愉悅。冥想有許多方式，包括受人歡迎的調息冥想、超越的冥想技術和精緻的方法（Jaffe & Scott, 1984; Wallace, D'Andrea, & Daniels, 2001）。

　　調息冥想是對控制與壓力心理反應最容易的一種方式，這項技術每

天大約只要花10到20分鐘，有四項基本步驟：

1. 當事人必須安置在平靜、安全地方，以避免受到干擾。
2. 當安置在舒適的情境位置時，必須閉上眼睛，有意識的將從外在世界的注意力轉移到自己的調息。他們的注意力應該特別專注在肺部空氣的吸入與呼出，以這種方式引導他們的注意力，繼續專注剛開始的調息型態。假如他們的心思開始飄忽，應該再注意自己的調息。
3. 專注調息一段時間後，當個人從鼻子嘴巴吸氣時，開始默數「1」。當他們開始吐氣時，他們說：「然後」。再繼續下一次的吸氣，他們繼續數「2」，靜靜吐氣，他們說：「然後」。當他們數到「4」，他們再數一次，只要他們覺得舒適就繼續依照這種過程，專注、放鬆約10到15分鐘。
4. 他們慢慢打開眼睛，靜坐幾分鐘，反省他們內在的感覺，重要的是要提醒當事人（特別是剛開始冥想），剛開始練習思考會分散。對這些正常的分心他們不要覺得有挫折感，當事人需要諮商員的鼓勵，接納他們，順其自然，轉移注意力到調息上面（Wallance et al., 2001）。

這些或其他的冥想技術，大多來自東方宗教團體傳統，結果，他們證實對來自亞洲背景的人特別有效。過去幾十年來美國人所接受，不斷受到歡迎的各種冥想，提供學者額外的資源來幫助其他人學習，改變身心對壓力反應。

五、壓力管理工作坊

在學校、工商業界、社區情境提供壓力管理工作坊，對不同年齡與背景的人來說，培養重要的生活技能是一種實際的方法。壓力管理工作坊通常運用預防教育形式，設計提供安全、相互支持的環境，有利於個

案發展對因應壓力的理解與技巧。雖然需要配合工作坊，滿足參與者獨特的發展與文化需求，多數人分享下列特質：

1. **認清壓力**：壓力管理一開始確實讓個人認會到生活中所發生的壓力，促進自我覺察和建立壓力管理團體內的相互支持，而工作坊領導者將參與者分為小團體，要求他們列出一些代表性的工作、學校、社會壓力清單。在小團體內分享他們的壓力之後，工作坊參與者再與團體成員討論，對問題解決的樣態、及潛在的解決方法。

2. **認知建構**：工作坊領導者邀請他們尋找，如何處理壓力情境，深入參與自我覺察。為了完成這個覺察，領導者要求參與者列出最近他們感到焦慮的事件，藉分析情境及反應，當事人可以發現他們認為是威脅、壓力的事件較傾向哪些？一小段的講述討論可以幫助他們對生活壓力變通方案的處理。

3. **減低壓力**：工作坊領導者通常提供一般人對壓力的生理反應情形，一旦參與者知道身體對於壓力有更多的反應，他們較能置身於學習因應特殊生活壓力的新方法。藉著強調解除焦慮的方法，提升放鬆的能力，這也是工作坊參與者有機會探索對他們最好的方法。

4. **認定成功策略**：此項運作需要參與者討論他們成功處理生活壓力的方式。當他們討論這些策略，參與者通常注意到減弱壓力的策略，經由改變對身體放鬆方式的想法，學習解決環境問題，這項練習提供參與者討論他們成功的經驗，而不是討論他們的問題。它提供鼓勵，制衡早期工作坊強調壓力與問題。

5. **壓力管理計畫**：創造個人化的壓力管理計畫，提升工作坊長期的益處，諮商員鼓勵每一位參與者選擇與壓力有關的情境，並提出處理的立即性策略，追蹤階段，幫助監控，以促進處理壓力的成功經驗。

提升健康方案

一、概覽：整全的方法

現代有許多問題是可以預防的，為了預防健康問題，當事人通常需要協助發展新的態度與行為，以提升個人幸福。假如，只是因為在傳統治療健康服務花費龐大的費用，此舉並沒有減少美國每年成千上萬人的健康問題，而利用預防性教育介入的重要性已是不言而喻的。

在一個世紀之前，國人因感染疾病而導致死亡，到二十世紀，健康型態改變了，因為科學的進步，如：肺炎、麻疹、小兒痲痺症、流行性感冒、肺炎，對國人來說不再是殺手。雖然這些疾病大多數已經減少，可是其他對人體健康與幸福威脅的疾病卻已經增加。這跟許多人的健康及其生活型態的情境有著密切的關係。其中包括肺癌，它是主要的心血管疾病，藥物與酒精濫用，服用藥物造成車禍（Lewis et al., 1993; Romano & Hage, 2000）。甚至是感染性疾病在現代也都明顯增加，如罹患愛滋病（AIDS）與個人的生活型態有密切關係。

現代，多數死亡是可以避免，至少已經緩和改變生活的方式（Conyne, 2000; Witmer & Sweeney, 1992）。對美國人來說，單是心血管疾病就占了一半，而癌症和意外事件則是死亡的主要原因，通常傳統醫療介入預防所回應的情形並不多（Lewis et al., 1993; Romano & Hage, 2000）。

專家注意到，個人終其一生改善他們的健康狀態和減少醫療花費成本（Zimpfer, 1992）。這些提升健康作為，包括：減少抽菸，酗酒，減少過多熱量，每天適當運動，定期篩檢可以早期防範的疾病，如：高血壓，某種癌症，遵守交通規則，繫安全帶（Lewis et al., 1993）。

在社區諮商模式，諮商員爲了培育這些模式，發展方案設計，促進特定對象的幸福。在學校、社區機構、醫院、工商業發展時，提升健康方案對許多人有極大的影響。

比方案情境更重要的是提升幸福的整全方法，需要兩種基本考慮。第一，影響當事人健康與幸福的生理、環境、心理與文化因素。第二，在其核心，鼓勵當事人爲健康負起責任的整全方法。如此一來，預防方法的關鍵因素就是個人幸福和控制幸福的能力感。

幸福（wellness） 是指思考個人福祉的整全方法。Witmer 和 Sweeney（1992）提出：

> 幸福的概念包含與身心、精神、社區整體有關的主題。個人和
> 家庭努力善盡每天的工作責任、友誼、感情關係上的滿足，同
> 時還必須維持一種觀點：不僅知道適當的健康是什麼和正常是
> 什麼，而且了解最適當的健康與功能是什麼（頁140）。

提升健康方案設計促進「最佳功能」，指導諮商員培育對福祉的最佳理解，幫助當事人發現他們有能力經由個人創新來預防疾病的發生，鼓勵當事人負起責任，滿足他們自己健康的需求。使用這些方法，諮商員能夠幫助當事人獲得個人權力提升，也就是Kobasa（1979）所提出的「心理耐力」（psychological hardiness）。

許多人引用「心理耐力」是幫助當事人遠離長期疾病的最重要因素（Lichtenberg, Johnson, & Arachtingi, 1992; Romano & Hage, 2000）。Kobasa（1979）也指出，當人們面對較大壓力時，區分健康與生病的因素，包括對世界活力充沛的態度，強烈的自我承諾，生活意義感與內在自我控制力。

過去十五年，其他學者已經補充Kobasa看法，指出對自己有信心，相信他們的作爲可以控制事件，展示心理堅忍力的社區情境經驗到相互支持，保護對抗心理壓力與疾病（Albee, 2000; Lewis et al., 1993）。

上述觀察認爲，促進健康方案應該設計完成下列兩項主要目的：

1.幫助當事人發展培養日漸加強的心理耐力。

2.幫助他們獲得維持最佳健康和幸福的生活技能。

促進健康方案包括特別議題的服務，戒菸團體，減重方案，運動課程。重要的是，強調健康方案是在幸福概念，下列的討論說明不同地理區域團體身心問題被認定是危險的兩種促進健康方案。

二、都市地區促進健康：危險年青人的健康中心

窮困兒童少有接觸優質的健康醫療照顧，因為經濟、個人的窮困和缺乏低成本的預防服務，父母可能因為延宕尋求對子女初級、預防的健康照顧。當健康問題嚴重時，這種延宕通常會造成必須依賴大成本的醫院急診室。

體認到提供最年幼身體健康與心理幸福服務的重要性，伊利諾州的芝加哥發展Martha嬸嬸學校健康中心（SLHC），以照顧高危險群兒童、年青人的幸福。這種創舉是以社區為主的方案，滿足芝加哥高原地經濟較落後地區，學區170所學校特定學生的需求。

在密集評估學生健康需求之後，SLHC方案計畫者發現他們面臨許多健康問題。計畫者認定，假如學生能夠接觸初級預防性的健康照顧服務，他們應該就能避免這些問題。然後，學校護士、社會工作者、諮商員、家長和其他人可以督導辦公室，參與評估學生需求的研究設計，以提供學生需要醫療的知識。

結果顯示，芝加哥高原地年青人身心健康殘酷的圖像，下列提出評估最重要健康選項的簡要說明，然後與諮商員、社會工作者、學校護士討論，和SLHC方案一起合作，提升學區內170所學校學生的身心幸福方案。

（一）接受醫療照顧

學區內170所學校的許多學生缺乏定期的醫療照顧，除了芝加哥高原地有可用的醫療照顧外，學校護士預估學區內有20%的學生需要外界醫

療追蹤服務,但卻未接受過照顧。缺乏追蹤的主要原因歸諸於有限的健康照顧服務,提供接受醫療賠償給付。為了重視這個問題,在1995年秋天,SLHC方案提供所有學生以社區為主的健康服務。

方案計畫者成功從華盛頓國民小學、初中,學區行政辦公室交叉路口的一棟建築物,協商租賃到一個地方。簡單的說,社區健康中心開放了,對學區學生提供許多各種免費初級預防性服務。除此之外,社區健康中心也提供他們所需要的特別服務。

需要評估的結果指出,學生相當依賴學校護士滿足他們的健康需求。為此,學校護士長提出,多數護士每天需要看學校30%的學生,她進一步評估對不同健康需求的學生,護士每位只能看七分鐘。包括看完提出意見,提供追蹤服務,完成記錄。體認到護士角色所扮演的重要性,SLHC諮商員、社會工作者開始與他們合作,支持並執行他們的責任,定期解除他們每天所需擔負的整體責任。

(二)免疫作用

另一個從需求評估中的重要發現,許多學生需要但是沒有接受提升免疫力的醫療方法。需求評估結果指出,學生有8%進入一到五年級,他們一開始並沒有遵守按照免疫的規定作法。進一步,這些芝加哥高原地的學生面臨特殊的危險,在州內有高比率得到麻疹。

為了重視這個問題,SLHC諮商員:(1)必須對學生家長說明兒童接受免疫力的重要性;(2)發展執行提供免費或低成本的免疫做法。

(三)青少年懷孕

雖然學年度只有兩個月需要評估,八年級有三位女生已經懷孕,九年級中有五位懷孕,前一年的九年級有十二位懷孕。雖然青少年懷孕並不是新鮮事,學校人事提出迫切需要預防懷孕服務。許多老師與家長強烈提議,服務時應重視自制禁慾的重要,和促進有效決定技能的發展。

在晤談這些提議時,SLHC諮商員和社會工作者,重視預防教育的

廣泛性經驗、家庭計畫諮詢，以發展教育介入關懷此項議題。SLHC護士同意，對懷孕高危險群的學生，提供一對一的健康性教育服務。提供意見和轉學服務給未懷孕年青人，他們需要卻沒有理解身爲家長及照顧好嬰兒的服務。

（四）個人健康與營養

另一種被教師、學校、諮商員、護士和社會工作者一致認定的需要是，學生對於基本個人健康與良好營養長期缺乏的知識。他們認爲學生的健康與營養通常與健康有關，如：頭痛、胃痛、耳朵感染、發疹和頭蝨。

爲了強調這些關注，SLHC諮商員與其他學校職員提倡一種合作性的冒險事業，重視特別與學生健康與營養有關的預防議題。他們計劃透過學生個人和團體，增加他們對健康與營養的覺醒。其他被認定與指示的地方資源，是針對那些被發現有糖尿病、肥胖、營養不良、體質過敏或其他需要食物療法教育服務的學生。

（五）壓力

因爲貧窮和其他環境，學區內有許多兒童與青少年加速罹患情緒與生理壓力疾病，如家庭成員犯罪、家暴和藥物濫用以及拙劣的住宿情況。一個指標顯示：初中有10%的學生自動尋求學校諮商員的個人諮商。然而，專業工作者認爲比起學生自我尋求協助，還有更多學生需要服務，他們一致認爲，同一時間內約有二十位學生因壓力正在等待有關的諮商。

SLHC職員發展若干策略，幫助學生滿足這些諮商服務的需要，這些服務包括學校諮商員對學生提供及時的服務，協助提供學生，家庭神經病、精神病、心理的及性的心理健康教育服務。

除了這一點，SLHC職員開始與學校人事密切合作，以幼稚園到八年級學生爲對象，發展一個月一次的預防工作一覽表。其主題涵蓋適合

各年齡的團體，包括：傳染性病和人體免疫缺損病毒／愛滋病預防、酒精／藥物菸草、營養教育、個人安全、衝突解決、生氣管理、暴力預防、做決定、同儕壓力和拒絕策略。

（六）多元文化議題

SLHC察覺到參與學校服務，有80％的學生來自於多元種族的背景，職員體認到提供文化敏感服務的重要性。他們特別注意到，學區內有三分之一的學生來自拉丁美洲，這說明社區內有效人類服務存在著潛藏的溝通障礙。為了強調關心，家長同意小冊子格式翻譯為西班牙文，提升SLHC職員與家長之間的溝通。

另一種潛在的障礙，是與多元諮商覺醒、知識技能的職員水準有關（Arredondo et al., 1996; Sue et al., 1992）。SLHC職員已經體認到，方案整個效能與工作者提供多元文化敏感度的能力息息相關。因此，他們執行兩個策略：第一，方案計畫者優先招募僱用雙語／兩種文化的工作同仁；第二，SLHC職員必須參加Martha嬸嬸定期舉行的文化意識覺醒訓練，作為他們持續性的個人與專業發展的一部分。

SLHC對居住在經濟失業人口眾多的貧窮地區的高危險群年青人，提供一個綜合性健康促進方案的最佳範例。對於提供服務給多數學生、家庭有幫助可用的資訊，社區諮商員需要評估證明它是重要的。

雖然以都市為主的介入是重要的，許多諮商員仍住在郊外或鄉村。住在鄉村的身心需求與住在都市的相對是不一樣的。因為不同標的團體通常有不同的需求，心理健康專業工作者在發展執行促進健康方案時，應該評估他們特定對象的需求（Braucht & Weime, 1990; Heil & Henschen, 1998）。

在討論美國都市地區迫切提供更有效的健康提升服務，Human 和 Wasem（1991）提出，許多諮商員只是缺乏對鄉村個案獨特需求精確的了解，下列討論是檢驗用在南非偏僻遠處的策略，如何幫助計畫者在北卡羅來納都市發展的健康促進方案。

三、鄉村地區促進健康：麥迪生郡健康方案

對高危險群對象住在鄉村情境提供一個優質的健康促進方案，就是麥迪生郡健康方案（Madison County Health Project, MCHP）。這個以社區為基礎的健康倡導開始於1989年，位在北卡羅來納州多山的西方地區，麥迪生郡包括456平方公里的都市地區，那裡住了16,953人口，有6,514戶人家（Landis, Trevor, Futch, & Plaut, 1995）。在歷史上，麥迪生郡基本上是農業家庭，以種植菸草當作主要農作。

在1980年代，經濟傷害許多鄉村地區，包括麥迪生郡。那時一般菸草需求量減少，美國菸草主要是來自於國外較便宜的供應者。在麥迪生郡因為連續缺乏就業機會，導致年青人離去，遠走到較好求職的地方。結果，不成比例的貧窮家庭學齡兒童，和年長者則留在麥迪生郡，對於面對健康問題與缺乏可用資源的所有個體的關注，則形成了MCHP的建立。

（一）五個階段過程：MCHP 發展的五個階段

1.所謂社區的探索，意指特定地區居民與指導，提出認定特殊資源和社區內關鍵的助人者。
2.認定麥迪生郡地區一般特殊健康問題。
3.健康需要的優先次序。
4.設計與執行健康促進介入。
5.持續評估對健康促進方案的效能（Landis et al., 1995; Nutting, 1990）。

有兩位醫生Sidney和Emily Kark加以運用這些介入指南依照同樣的策略，投入南非鄉村促進健康預防方案（Plaut, Landis, & Trevor, 1991）。

如同前面芝加哥為基礎方案所描述，MCHP協調體認評估社區是邏

輯開始的重點。試圖蒐集郡內居民生理、心理健康意義的資訊，協調者決定著重在團體，調查、研究他們。

他們選擇這種方法有許多的理由：(1) 若干個MCHP計畫委員會指出，因為過去許多標的團體被其他研究者「調查過多感到厭煩」，他們沒有意願參加傳統社區需要評估計畫（Landis et al., 1995）；(2)雖然消耗時間，焦點團體提供鄉村貧窮許多有關克服困難的方法。這些障礙包括：傳統研究過程中不認識研究者，對他們懷疑、不信任，害怕自我揭露，邊緣化的內在感受，高文盲比率和害怕評估過程。

他們覺得一對一會受到研究者的傷害和脅迫，而代表性焦點團體讓他們感到安全感，他們可以自在的表達想法和感受（Crabtree, Yanoshik, Miller, & O'Conner, 1993）。雖然MCHP同仁遭受懷疑，特別是參與的男士們（甚至敵對），焦點團體可以引起居民們提出有關健康照顧，和他們偏愛的各種介入需求有關價值性的資訊。

1.需求評估

最高比率的特定健康關懷包括：郡內年長者受到疾病的痛苦，青少年和成年人的酗酒問題，郡內許多農夫的壓力問題（例如：頭痛和胃痛），關懷社區年青人的問題，自從他們畢業之後幾乎沒有高中學生的問題（特別是臨床上的憂鬱症）（Landies et al., 1995）。利用評估結果作為指南，MCHP社區顧問委員會（Community Advisory Board, CAB）在麥迪生郡倡導基層的介入。

（1）**年長者（elderly）**：為表達對年長者身心健康的關懷，在郡內不同人類服務機構的代表者開始開會討論，一起工作說明這項需求。自1991年開始，彼此合作對年長者每年推出一系列的展覽會。

健康展覽會提供65歲以上各種服務，包括流行性感冒、肺炎、接種疫苗、血壓篩檢、眼力聽力檢查。他們可以參加壓力管理工作坊，對年長者來說，社區資源被認定是安全的，已經發展成為免費。

健康展覽會提供他們社交、會見老朋友的機會，加強社區成員的社會支持系統認同，每年有500位參加展覽會。

（2）**青少年（adolescents）**：在提出認定特定地區的青少年健康照顧需求，社區諮商員、教育工作者幫助他們統整一系列高中學長的公開討論會。這些討論會是在檢驗青少年健康議題，包括：酒精、藥物、菸草的誤用和濫用，AIDS、其他性病和與健康有關的問題。

（3）**新生兒父母（new parents）**：除了這些方案與服務，新生兒父母也接受預防教育和支持服務。從大郡地區招募婦女參加「社區志工」。這些訓練過的志工，提供家長地區內不同的緊急服務機構資訊，志工受訓之後，與新生兒父母們討論有關新生兒接受預防的醫療服務，社區志工告訴他們，郡內醫院有醫療診所的時間表，鼓勵家長提出需求。郡內也提供新生兒父母家庭安全工具箱，包括實際的東西，如額頭溫度計，電子插座帽子，煙火監測器，幫助他們照顧自己。

（4）**兒童（children）**：最近MCHP提倡另一種預防方案，說明郡內兒童的需要。大多數人的飲水來自水井或山泉水，水中缺乏氟化物，對兒童健康有負面的影響，為幫助預防嚴重的牙齒問題，必須提倡以學校為主的口腔預防課程，包括小學生牙齒內放置封緘劑。

MCHP補充社區諮商模式，提供服務，強調預防教育是基本健康預防策略。諮商員發現有五步計畫，MCHP方案計畫者依此發展他們的方案與服務，以利於考慮提倡社區內促進健康方案之用。

誠如前述，促進心理健康方案的成功，根本上與協助當事人關心理健康發展維持正面態度有緊密關係，除了積極態度，需要學得廣泛生活技能維持健康的生活方式，了解到提升此能力的重要性，社區諮商模式已重視生活技能方案。

生活技能訓練：提升個人能力

　　每一個人在生活中會面對無數的挑戰、衝突、混亂和困難的選擇。人們如何反映影響他們身體健康與心理幸福，為了掌握不同環境需求，和不同發展階段他們所遭遇的壓力，人們需要依賴許多的生活技能。

一、生活技能的界定與重要性

　　生活技能（life skills）是指個人面臨挑戰與壓力時，提升個人能力，滿足個人和生產的生活。雖然獲得廣泛性的生活技能並不能保證個人的成功與滿足，可是沒有這些技能，很明顯的可能會經歷他們無法控制、不健康的心理壓力（Danish, Nellen, & Owens, 1998）。

　　助人專業應該幫助人們發展生活技能，而提升他們自我賦能與幸福感的概念，已經不再是新鮮事。事實上，教導期待行為的重要性，促進心理健康，在過去二十世紀為美國教育所支持。1920 年代，品性教育運動展現首次有組織幫助年青人，在公立學校中有系統獲得有效決定和解決問題的生活能力（Goldstein, 1992）。

　　品性教育運動成為其他生活技能方案的先驅，包括在 1970 年代、1980 年代執行的道德教育與價值澄清課程（Kirschenbaum, 1975; Kohlberg & Turiel, 1971）。這些方案特別為幫助學生發展認知推理能力，以作為負責任決定之需要（Ivey et al., 2002; Lickona, 1991）。

　　在 1970 年代，其他有創意生活技能訓練方案也受到熱烈歡迎。當公立學校開始質疑許多傳統諮商與心理治療介入時，這些通常所謂的「心理技能訓練」（Goldstein, 1992）或「慎思心理教育」（Mosher & Sprinthall, 1971）方案在諮商與輔導獲得強烈支持。

　　在當前各種生活技能訓練方案盛行於美國校園、社區學院、大學、

心理健康機構，有些方案偏重於家庭計畫（Pransky, 1991），領導能力訓練（Wallance et al., 2001），公開演說和自信訓練（Powell & Collier, 1990），生涯規劃（Herr & Neils, 1994）、電腦訓練（Gerler, 1995）和多元訓練（Lee, 1995; Salzman & D'Andrea, 2001）。

然而，成千上萬的人購買自助書本，學習如何了解人的潛能，發展健康生活型態，獲得有效人際技巧，成為有效決定者和生活計畫者。對於快速變遷、複雜、科技社會和生活技能訓練有日漸增加的需求，一般公立學校諮商員必須對受到歡迎及重要的工作領域有清晰的了解。

二、有效生活技能的訓練課程

實徵性研究支持生活技能訓練的效能穩定的增加中，特別設計以促進當事人社會、問題解決能力。研究者指出，強調預防和個人能力的發展——是生活技能訓練課程的核心——本質上已經提升不同背景和年齡層人的成功適應和個人滿意（Albee, Bond, & Monsey, 1992; Albee & Ryn-Finn, 1993; Bond & Compas, 1989; Commission on Prevention of Mental / Emotional Disorders, 1987; Salzman & D'Andrea, 2001）。

Bloom（1984）主張特別是在社會情境，個人能力的程度可以緩和許多生活事件壓力的負面影響。從他的研究，Bloom提出結論：

> 人類許多不幸事情的發生都是缺乏能力的結果，缺乏對自己的控制能力，缺乏有效的因應策略，和無效能所伴隨而來的低自尊，這種觀點來自於處理社區內個人社會議題的能力建立，是許多不同領域研究分析的結果（頁270）。

甚至不了解獨特生物學、社會學、心理學資源的特定問題，一個人尚未發生官能障礙，伴隨著其他，強化因應技能和一般能力，來預防問題。有效的預防介入策略，包括：壓力管理（Baker, 2001; Romano, 1992），促進健康（Gebhardt & Crump, 1990; Winett, 1995），親職教育

（D'Andrea, 1994），消除偏見（Ponterotto & Pederson, 1993; Salzman & D'Andrea, 2001），學校為本位（Baker, 1996; McCarthy & Mejia, 2001），社區為本位（Danish et al., 1998; Goldstein, 1992; Wilson & Owens, 2001）的生活技能訓練。

三、促進人際內和人際間關係的能力

從理論與實務觀點來看，生活技能基本上屬於預防性。它不像身為學生的當事人，可以培養不同人際內和人際間關係能力，並從中獲益。

人際內關係能力（intrapersonal competencies）是指允許個人與環境有建設性、責任感、肯定的態度協調（Kieffer, 1984; McWhirter, 1994）。這還包括：不限於發展正面的自尊感（Bowman, 1992），自我效能管理（Bandura, 1982）和自我管理技能（Jaffe & Scott, 1984; Wallace et al., 2001）。生活技能訓練人際內關係，包括廣泛的決定能力和個人面對壓力情境的因應能力。

另一方面，**人際間關係能力（interpersonal competencies）**，包括有效與他人溝通的能力提升，如此一來，個人必須學習與他人對話，以反映出對別人觀點的理解，和尊重與他人互動（Salzman & D'Andrea, 2001; Selman, 1980）。McWhirter（1994）指出，介入是在設計幫助個人從不同的文化背景發展人際技能型態，提升個人努力朝向自我指導的能力，增加人際能力感和精熟，在工作上跟其他人作有效的溝通（頁51）。

包括以學校為本位，對不同文化背景對象領導訓練的介入（Fertman & Long, 1990），以學校為本位的衝突解決，冥想訓練，多元種族背景青年人暴力的預防（D'Andrea & Daniels, 1996; Larson, 1994），對不同文化背景成年人個案的公開談話（Powell & Collier, 1990; Wallace et al., 2001），和亞裔美國人果斷的訓練（Sue & Sue, 1999）。雖然在過去若干年許多心理和生活技能訓練模式已經出現，然而發展性的取徑（Gazda, 1984; Ivey, 1993）與社區諮商模式是一致的。

四、Gazda 生活技能訓練模式

Gazda 和其他設計的訓練模式（Danish et al., 1998; Gazda, 1984; Gazda, Childers, & Brooks, 1987），他們所謂的生活技能模式，成功運用發展理論到建立個人能力上。這項模式強調四種基本技能：（1）人際溝通和人類關係；（2）問題解決和作決定；（3）生理和心理維持度；（4）認同感發展。

（一）假設

Gazda 與他的同事認為有 300 多種的生活技能，依據年齡範疇和與年齡有關的發展加以分類，以下為支持生活技能分類的基本假設摘要：

1. 人類發展有七個領域：心理、生理——性、職業／生涯、認知、自我、道德和感情。這些階段是所有人必須經歷的過程，導向有效生活，有些與年齡有關，有些無關。
2. 滿足過程是指經由成功完成每一階段的發展任務。
3. 發展任務的完成是依據每一階段的精熟生活技能。
4. 每一個人經由學習生活技能經歷許多代理人（父母、手足、老師、同儕團體、社會機構等）。
5. 在某個年齡中特定生活技能很容易獲得協助。
6. 雖然個人遺傳學習潛能，想要達到潛能的最大限度，則依賴他們的環境和生活經驗。
7. 當個人完全獲得基本的生活技能時，他可以達到理想的功能。
8. 神經病和官能性心理疾病則是來自於生活技能發展的失敗。
9. 生活技能經有效的教導，提供個體發展做好準備，大多數保證心理健康和治療精神官能症令人滿足，是經由直接教學和生活技巧的訓練（Gazda, 1984, p. 93）。

（二）四個步驟

配合一般原則，Gazda生活技能訓練課程是根據第一假設，分析人類七大領域面對不同年齡、階段，適合其發展任務的因應行為，以培養他們能力。Gazda和他的同事利用小團體情境教導適合參與者生活技能的需要與優勢。相同的方法運用到預防和治療運作上，不管受訓者功能障礙程度如何，訓練的目標是相同的。陪伴參與者經由受訓學得能力，成為訓練者。這種訓練形式包括四個步驟：

步驟一：訓練一般生活能力

1.說明：必須教導訓練者解釋訓練一般生活能力的目的。
2.展示：訓練者示範必須精熟的行為或反應。
3.作為：受訓者練習團體情境技能。
4.轉換：受訓者收到家庭作業，嘗試將新技能運用到生活上。
5.回饋：訓練者與受訓者評估學生達成技能的過程。

步驟二：鼓勵受訓者幫助其他同學，在團體訓練同儕一起成功學習發展技能，與訓練夥伴的師傅訓練者（通常是指從第一階段結訓的同仁或受訓者）。

五、準備課程：Goldstein的問題解決課程

另一種生活技能訓練的系統取徑是Goldstein的準備課程（Prepare Curriculum, PC）（Goldstein, 1992）。PC建立已有二十多年研究的有效介入，以促進兒童和青少年心理能力與社會行為（Spivack & Levine, 1973; Spivack & Shure, 1974; Salzman & D'Andrea, 2001; Strain, 1981）。雖然設計教導人際關係不良的年青人一系列社會技能，PC提供有用的預防框架。

PC包含十個課程，提供年青人參與結構性活動，設計培養他們的認知、人際道德、發展，這些課程包括訓練下列領域：問題解決、人際關係、情境知覺感受、控制生氣、道德推理、壓力管理、同理心、合作學習和實作、理解和參與團體（Goldstein, 1992）。

這些課程目的主要在達成建立下列技能：

1.幫助年青人發展實際的方式，達到個人和人際目標對自我概念、情緒、衝突，讓他們的希望和目標獲得較好理解。

2.幫助他們學習更有效的方式，獲得幫助和合作，以適應他們的個人和生涯目標。

3.幫助年青人學習，感動對他們重要他人的心。

4.幫助他們了解他人自我概念、情緒、衝突、問題、慾望和目標。

5.幫助年青人學習，有效幫助他人，提供他人適合改變建設性建議。

6.幫助年青人以建設性和持續的方式，理解和解決自己與他人之間的問題，此種方式需要所有的實體，包括考慮有情感人的需要，親密滿足所有方面的需要。

7.增加參與者的能力，豐富他們在愛情上、工作上、玩樂上與重要他人的人際關係，意思是說能夠發現他們在人際關係的經驗，有更多方式享受和生產力。

8.幫助參與者增加能力類化、轉換在每日生活上的這些技能，並持續一段時間。

9.幫助參與者增加能力，教導他人必須完成九大目標的必要技能（Goldstein, 1992, pp. 8-9）。

PC框架提出有效生活必須依賴個人理解、同理他人、回饋他人理解的能力。簡言的說，訓練模式教導年青人有效回應他人，為了完成此項，認知和行為結構有系統的組合已經完成，如下列所示：

1.表達性技能是在促進自我理解和有效理解他人的溝通能力。

2.情感性技能是在幫助年青人了解如同其他人所了解的世界，在情感
上認同別人的感受，並表達對他人的尊重。

3.模式可轉換幫助他們學習表達性技能和情感性技能。

4.人際衝突與問題解決技巧可以培養他們的忍耐力、理解力和對各種
人的尊重。

5.成長能力幫助年青人學習從他人獲得反映，豐富人際關係和個人的
成長。

6.類化和持續力激勵年青人學習新行為，統整成為他生活的一部分。

雖然傳統諮商與治療可以滋潤許多人的態度與行為，Goldstein
（1992）強調，建立此種訓練與教育比臨床、治療還要重要。結果，諮商
員以下列做為訓練者：（1）激勵；（2）解釋；（3）表現；（4）範例
／提示；（5）在訓練階段監督技能實作；（6）提供學習者成功完成作
業；（7）評量家庭作業；（8）在日常生活上提供學習者自動運用技
能；（9）在每日生活上督導換技能；（10）督導學得持續力的技能。

六、以學校為本位的預防性生活技能課程

關心基本預防的人已經體認到課程必須重視兒童、青少年發展性和
文化上的需求，因為學校是執行社區諮商架構的理想環境。

在這種情境之下，年青人有許多機會討論利用各種生活技能，練
習，接受回饋學習這些技能的基本原理。更進一步，以教室為基礎努力
提升生活技能發展是可以期待的，因為許多學生發現這些團體情境很吸
引人，而不是和學校諮商員的不常互動（Baker, 1996）。

關於根據教育情境發展性預防的許多正面觀點，Weissberg 和 Allen
（1986）解釋：

以學校為本位的預防取徑，減少學生受到汙名化的可能性，因
為學生接受訓練，無需被貼上情緒困擾或心理疾病的標籤。沒

有直接介入促進適應性人際行為，許多有社會人際問題兒童的
適應更差或是最好，保留未改變、未處置兒童成為後來問題的
弱勢者（頁157）。

學校本位課程允許諮商員協助兒童，有效達成適合其年齡的生活和
技能。重要的是，因為他們重視一群不能展現必要能力的課程，例如促
進能力建立。

為了協助當事人在快速變遷，多元社會學得各種型態工作技能。許
多諮商員在學校已經執行發展性諮商與輔導課程，而這些課程則是強調
預防性策略（Baker, 1996; Muro & Kottman, 1995; Myrick, 1987）。雖然各
校重點不同，多數學校卻是以發展輔導課程為本位，強調下列：自我尊
重，激勵成就，決定和目標設定，人際問題解決，衝突解決和多元文化
意識覺醒。

七、以學校本位的多元文化主義課程

誠如第一章所描述，二十一世紀主要面臨的是心理健康專業的挑
戰，與促進各種文化、種族、民族背景的建立倡導有關。因為未來社會
繁榮與均衡都是依賴此項任務來完成，學校幫助學生，包括文化多元和
避免落入偏見與刻板化印象。

為了提升正面發展結果，夏威夷的諮商員執行培養小學生對不同文
化的意識和尊重。超過200位的非裔美國人、歐裔美國人、夏威夷人、日
裔美國人、亞裔美國人、菲律賓人、韓國人、薩摩亞人學生來自三年級
以上的不同班級，參與多元文化輔導課程（Multicultural Guidance
Program, MGP）（Daniels, 1995; Salzman & D'Andrea, 2001）。發展性輔導
課程包括年青人可以主動參與10堂不同的學習活動課程，強調他們自己
和同學文化背景的正面觀點。研究者指出，在參與MGP之後對兒童同理
心和社會技巧有重要的發現。（D'Andrea & Daniels, 1995; Salzman &
D'Andrea, 2001）。

另外一項以學校為本位的基本預防課程，Locke 和 Faubert（1993）對一群傳統上身心被認為是高危險群的問題學生，開辦一系列的教育心理課程。從北卡羅來納鄉村的非裔美國高中學生取得正確軌道方案的目標。

利用以非洲中心為觀點的設計方案課程，這些諮商員參加一個小團體的聚會。參加完方案之後，學生對於他們的文化背景，學業進步，發展新的領導與社會技能，感到驕傲和覺悟（Locke & Faubert, 1993）。

八、暴力預防與衝突解決

在美國暴力已成為流行現象，資料顯示有許多殺人犯和暴行紀錄（Federal Bureau of Investigation, 2000），家暴指數的提升（Browne, 1993; Kilpartrick, Edmunds, & Seymore, 1992），對不同種族、民族背景仇恨犯罪的升高，（D'Andrea & Daniels, 1994）以及中、小學生逐漸增加的暴力行為（Elliott, Hamburg, & Williams, 1998; Johnson & Johnson, 1995）。

雖然，公立學校支持對暴力逞兇的嚴厲懲罰，不過這樣的回應性政策，幾乎沒有減少學校與社區的破壞性衝突，因此還需要探索和執行其他的解決方式。暴力預防和人際衝突有效的解決，需要使用一系列的複雜生活技能，這些技能必須從小學到成年人加以養成。

為了幫助遏阻暴力浪潮，許多諮商員倡導衝突解決和公立學校同儕團體的冥想，這些課程用許多方式反映在社區諮商模式。首先，幫助所有年齡層的學生發展一種生活技能，在未來用和平、彼此尊重的方式解決人際衝突。其次，他們利用教育心理培養學生社會與道德發展。第三，這些課程是基本預防，因為它們幫助兒童與年青人，學習以非暴力的方式處理，在他們日後生活中可能發生的人際衝突（D'Andrea, 2001）。

Johnson 和 Johnson（1995）提出執行學校本位的衝突解決訓練，以減少暴力的課程架構，此種模式包括三種要素：

1.幫助老師和學生在教室、學校內學習創造合作性的情境脈絡方式。

2.教導學生協商和冥想技巧。

3.在學校內執行同儕團體的冥想。

D'Andrea 和 Daniels（1996）強調學校計畫預防教育，對學生獨特的發展與文化需求回應的重要性。他們也指出，因為衝突解決能力與若干重要生活技能密切相關，應該同時被注意。按照這種看法，他們提醒諮商員幫助學生發展壓力與生氣管理技能，學習有效的問題解決和作決定的能力，學習運作工作策略和發展堅定溝通，而不是攻擊態度的必要技能（D'Andrea & Daniels, 1996）。

摘 要

　　社區諮商核心元素包括對社區或學校的需要認定，以及對許多尚未顯示功能障礙行為的人執行預防課程賦能。預防教育課程特別能幫助所有年齡的人，學習生活技能型態和能力，以隔絕壓力的負面影響，幫助維持他們的身心健康。

　　當我們在社區或學校進行諮商工作，課程若能配合當事人獨特的個人和文化需要運作是最理想。一個人可以認定若干預防取徑，對高危險群作承諾。對一群廣泛當事人對象來說，多數有用的介入策略，包括壓力管理訓練，促進健康與幸福，生活技能訓練，以學校為本位的心理健康課程。

能力建立活動2.1
學習發展工作坊

　　社區諮商必須經常發展執行工作坊，以培養生理健康與心理幸福。假如他們的計畫能按部就班就會有效完成。在本章，對於不同情境發展生活技能的工作坊，我們列舉一般必須記住的策略大綱。我們也提出壓力管理工作坊的詳細說明，記住這些資訊，想想特定主題和你必須告知的聽眾，以下列步驟逐步發展工作坊：

　　1.考慮你必須告知的聽眾，注意他們的發展性、文化性特徵與需求。

　　2.敘述工作坊的特定目標。

　　3.選擇你認為最適合你目標的活動種類，考慮演講、團體討論、個案會議、創意使用電腦、其他媒體方式、角色扮演、模擬或其他預防策略來配合參與者發展性、文化性的需求。什麼活動將提升參與者主動參與，確保他們在工作坊的興趣？

　　4.計畫工作坊必須確實考慮，包括自己的技能，可能對你有用的資源。

　　5.在分析的基礎上發展設計工作坊的細節。

　　6.設計一般評鑑元素，幫助你決定適合的工作坊目標。

能力建立活動2.2
發展你所思考到的預防教育

在第一章章末，你已鼓起勇氣發展社區諮商課程大綱，配合特定對象的需求（能力建立活動1.3）。現在思考，你認為適合在社區或學校情境特定對象所需要的重要預防教育服務。在一張紙上，列出你在社區或學校情境幫助的特定對象，能力建立活動1.3，獲得知識種類和技能，以利於未來他們實現心理健康與個人幸福，所要發展執行特定的預防教育活動。

參考文獻

Albee, G. W. (2000). Commentary on prevention and counseling psychology. *The Counseling Psychologist, 28*, 845-853.

Albee, G. W., Bond, L. A., & Monsey, T. V. C. (Eds.). (1992). *Improving children's lives: Global perspectives on prevention.* Newbury Park, CA: Sage.

Albee, G. W., & Ryan-Finn, K. D. (1993). An overview of primary prevention. *Journal of Counseling and Development, 72*, 115-123.

Arbona, C. (1990). Career counseling research and Hispanics: A review of the literature. *The Counseling Psychologist, 18*(2), 300-323.

Arredondo, P., Toporek, R., Brown, S. P., Jones, J., Locke, D. C., Sanchez, J., & Stadler, H. (1996). Operationalization of the multicultural counseling competencies. *Journal of Multicultural Counseling and Development, 24*(1), 42-78.

Baker, S. B. (1996). *School counseling for the twenty-first century* (2nd ed.). New York: Merrill-Macmillan.

Baker, S. B. (2001). Coping-skills with chiidren and adolescents. *Journal for Specialists in Group Work, 26*, 219-227.

Bandura, A. (1982). Self-efficacy mechanism in human agency. *American Psychologist, 37*(2), 122-147.

Barber, T. X. (1982). Foreword. In R. G. Straus (Ed.), *Strategic self-hypnosis* (p.v).

Englewood Cliffs, NJ: Prentice Hall.

Bassuk, E. (1993). Social and economic hardships of homeless and other poor women. *American Journal of Orthopsychiatry, 63*(3), 340-357.

Beck, A. T., & Weishaar, M. E, (1995). Cognitive therapy. In R. J. Corsini & D. Wedding (Eds.), *Current psychotherapies* (5th ed.) (pp. 229-261). Itasca, IL: Peacock.

Bloom, B. L. (1984). *Community mental health* (2nd ed.). Pacific Grove, CA: Brooks/Cole.

Boland, M. L. (1992). "Mainstream" hatred. *The Police Chief, 59*, 30-32.

Bond, L A., & Compas, B. E. (Eds.). (1989). *Primary prevention and promotion in the schools.* Newbury Park, CA: Saee.

Bowman, J. (1992, March). *Empowering black males through positive self-esteem.* Paper presented at the annual convention of the American Association for Counseling and Development, Baltimore.

Brauchr, S., & Weime, B. (1990). Establishing a rural school counseling agenda: A multiagency needs assessment model. *The School Counselor, 37*, 179-183.

Browne, A. (1993). Family violence and homelessness: The relevance of trauma histories in the lives of homeless women. *American Journal of Orthopsychiatry, 63*(3), 370-384.

Carter, D. J., & Wilson, R. (1993). *Minorities in higher education.* Washington, DC; American Council of Education, Office of Minorities in Higher Education.

Carter, R. T. (1991). Cultural values: A review of empirical research and implications for counseling. *Journal oj Counseling and Development, 70*(1), 164-173.

Coddington, R. R. (1972). The significance of life events as etiologic factors in the disease of children-II: A study of a normal population. *Journal of Psychosomatic Research, 16*, 205-213.

Commission on Prevention of Mental/Emotional Disorders. (1987). National Health Association report. *Journal of Primary Prevention, 7*(4), 175-241.

Conyne, R. K. (1987). *Primary preventive counseling: Empowering people and systems.* Muncie, IN: Accelerated Development.

Conyne, R. K. (2000). Prevention in counseling psychology: At long last, has the time now come? *The Counseling Psychologist, 28*, 838-844.

Crabtree, B. F., Yanoshik, M. K., Miller, W. M., & O'Conner, P. J. (1993). *Successful focus groups: Advancing the state of the art.* Newbury Park, CA: Sage.

Craig, G.]. (1992). *Human development* (6th ed.). Englewood Cliffs, NJ: Prentice Hall.

D'Andrea, M. (1994). The family development project: A comprehensive mental health counseling program for pregnant adolescents. *Journal of Mental Counseling, 16*(2), 184-195.

D'Andrea, M. (1995, April). *RESPECTFUL counseling: An integrative framework for diversity counseling.* Paper presented at the annual meeting of the American Counseling Association, Denver.

D'Andrea, M. (1996). White racism. In P. B. Pedersen & D. C. Locke (Eds.), *Cultural and diversity issues in counseling* (pp. 55-58). Greensboro, NC: ERIC/CASS Publications.

D'Andrea, M. (2001). *Comprehensive school-based violence prevention training: Testing the effectiveness of using a developmental-ecological training model.* Unpublished manuscript, University of Hawaii.

D'Andrea, M., & Daniels, J. (1994). The different faces of racism in higher education. *Thought and Action, 10*(1), 73-89.

D'Andrea, M., & Daniels, J. (1995). Helping students learn to get along: Assessing the effectiveness of a multicultural developmental guidance project. *Elementary School Guidance and Counseling Journal, 30*(2), 143-154.

D'Andrea, M., & Daniels, J. (1996). Promoting peace in our schools: Developmental, preventive, and multicultural considerations. *School Counselor, 44*(1), 55-64.

D'Andrea, M., Daniels, J., Arredondo, P., Ivey, M. B., Ivey, A. E., Locke, D. C., O'Bryant, B., Parham, T., & Sue, D. W. (2001). Fostering organizational changes to realize the revolutionary potential of the multicultural movement: An updated case study. In J. G. Ponterotto, J. M. Casas, L. A. Suzuki, & C. M. Alexander (Eds.), *Handoook of multicultural counseling* (2nd ed.) (pp. 222-254). Thousand Oaks, CA: Sage.

D'Andrea, M., Locke, D. C., & Daniels, J. (1997, March). *Dealing with racism: Implications for counseling.* Paper presented at the annual meeting of the American Counseling Association, Pittsburgh, PA.

Daniels, J. (1995). Building respectful connections among culturally-diverse students in Hawaii. *Educational Perspectives, 29*(2), 23-28.

Danish, S. J., Nellen, V C., & Owens, S. S. (1998). Teaching life skills through sport: Community-based programs for adolescents. In J. L. Van Raalte & B. W. Brewer (Eds.), *Exploring sport and exercise psychology* (pp. 205-228). Washington, DC: American Psychological Association.

Donaghy, K. B. (1995). Beyond survival: Applying wellness interventions in battered women's shelters. *Journal of Mental Health Counseling, 17*(1), 3-17.

Elliott, D. S., Hamburg, B. A., & Williams, K. R. (Eds.). (1998). *Violence in American schoois.* New York: Cambridge University Press.

Ellis, A. (1993). *Fundamentals of rational-emotive therapy.* Newbury Park, CA: Sage.

Federal Bureau of Investigation. (2000). *Uniform crime reports.* Washington, DC: US. Department or Justice.

Fertman, C. I., & Long, J. A. (1990). All students are leaders. *School Counselor, 37*, 391-396.

Forman, S. G. (1993). *Coping skills interventions for children and adolescents.* San Francisco: Jossey-Bass.

Gazda, G. M. (1984). Multiple impact training: A life skills approach. In D. Larson (Ed.), *Teaching psychological skills: Models for giving psychology away* (pp. 87-103). Pacific Grove, CA: Brooks/Cole.

Gazda, G. M., Childers, W. C., & Brooks, D. K. (1987). *Foundations of counseling and human services.* New York: McGraw-Hill.

Gebhardt, D. L., & Crump, C. E. (1990). Employee fitness and wellness programs in the workplace. *American Psychologist, 45*(2), 262-272.

Gerler, E. R. (Ed.). (1995). Applications of computer technology [Special issue]- *Elementary School Guioance and Counseling Journal, 30*(1).

Goldstein, A. P. (1992). *The prepare curriculum: Teaching prosocial competencies* (5th ed.). Champaign, IL: Research Press.

Gould, D., & Damarjian, N. (1998). Imagery training for peak experience. In J. L. Van Raalte & B. W. Brewer (Eds.), *Exploring sport and exercise psychology* (pp. 25-50). Washington, DC: American Psychological Association.

Harvey, W. B. (1991). Faculty responsibility and racial tolerance. *Thought and Action, 7*(2), 115-136.

Heil, J., & Henschen, K. (1998). Assessment in sport and exercise psychology. In J. L. Van Raalte & B. W. Brewer (Eds.), *Exploring sport and exercise psychology* (pp. 229-255). Washington, DC: American Psychological Association.

Herr, E. L., & Niles, S. G. (1994). Multicultural career guidance in schools. In P. Pedersen & J. C. Carey (Eds.), *Multicultural counseling in schools* (pp. 177-194). Boston: Allyn and Bacon.

Holmes, T., & Rahe, R. (1967). The social readjustment rating scale. *Journal of Psychosomatic Research, 11*, 213-218.

Human, J., & Wasem, C. (1991). Rural mental health in American. *American Psychologist 46*(3), 232-239.

Hwang, P. O. (2000). *Other-esteem: Meaningful life in a multicultural society.* Philadelphia: Accelerated Development.

Ivancevich, J. M., & Matteson, M. T. (1980). *Stress and work: A managerial perspective.* Glenview, IL: Scott, Foresman.

Ivey, A. E. (1993). *Developmental strategies for helpers: Individual, family, and network interventions.* North Amherst, MA: Microtraining Associates.

Ivey, A. E., D'Andrea, M., Ivey, M. B., & Simek-Morgan, L. (2002). *Theories of counseling and psychotherapy* (5th ed.). Boston: Allyn and Bacon.

Jaffe, D. T., & Scott, C. D. (1984). *Self-renewal: A workbook for achieving high performance and health in a high-stress environment.* New York: Simon & Schuster.

Johnson, D. W., & Johnson, R. T. (1995). *Reducing school violence through conflict resolution.* Alexandria, VA: Association for Supervision and Curriculum Development.

Jordan, J. V., Kaplan, A. G., Miller, J. B.. Stiver, I. P., & Surrey, J. L. (Eds.). (1991). *Women's growth in connection: Writings from the Stone Center.* New York: Guilford Press.

Kieffer, C. H. (1984). Citizen empowerment: A developmental perspective. *Prevention in Human Services, 3*(2/3), 9-30.

Kilpatrick, D. G., Edmunds, C. S., & Seymore, A. K. (1992). *Rape in America; A report to the nation.* Arlington, VA: National Victims Center and Medical University of South Carolina.

Kirschenbaum, H. (1975). Recent research in values education. In J. R. Meyer, B.

Burnham, & J. Chotvat (Eds.), *Values education: Theory, practice, problems, prospects* (pp. 207-241). Waterloo, ON: Wilfrid Laurier University Press.

Knitzer, J., & Aber, J. L. (1995). Young children in poverty: Facing the facts. *American Journal of Orthopsychiatry, 65*(2), 174-176.

Kobasa, S. C. (1979). Stressful life events, personality, and health: An inquiry into hardiness. *Journal of Personality and Social Psychology, 36*, 1-11.

Koeske, G. F., & Koeske, R. D. (1990). The buffering effect of social support on parental stress. *American Journal of Orthopsychiaery, 60*(3), 440-451.

Kohlberg, L., & Turiel, E. (1971). Moral development and moral education. In G. S. Lesser (Ed.), *Psychology and educational practice* (pp. 18-45). Chicago: Scott, Foresman.

Kozol, J. (1991). *Savage inequalities: Children in America's schools*. New York: Crown.

Landis, S., Trevor, J., Futch, J., & Plaut, T. (1995). *Building a healthier tomorrow: A manual for coalition building*. Asheville, NC: Mountain Area Health Education Center.

Larson, J. (1994). Violence prevention in the schools: A review of selected programs and procedures. *School Psychology Review, 23*, 151-164.

Lazarus, R. S., & Folkman, S. (1984). *Stress, appraisal, and coping*. New York: Springer.

Lee, C. C. (Ed.). (1995). *Counseling for diversity: A guide for counselors and related professionals*. Boston: Allyn and Bacon.

Lewis, J. A., Sperry, L., & Carlson, J. (1993). *Health counseling*. Pacific Grove, CA: Brooks/Cole.

Lichtenberg, J. W, Johnson, D. D., & Arachtingi, B. M. (1992). Physical illness and subscription to Ellis' irrational beliefs. *Journal of Counseling and Development, 71*(2), 157-163.

Lickona, T. (1991). *Educating for character: How our schools can teach respect and responsibility*. New York: Bantam.

Locke, D. C. (1998). *Increasing multicultural understanding: A comprehensive model* (2nd ed.). Newbury Park, CA: Sage.

Locke, D. C., & Faubert, M. (1993). Getting on the right track: A program for African American high school students. *School Counselor, 41*, 129-133.

Marx, M. B., Garrity, T. F., &. Bowers, F. R. (1975). The influence of recent life experiences on the health of college freshmen. *Journal of Psychosomatic Research, 19*, 87-98.

Maslow, A. (1970). *Motivation and personality* (2nd ed.). New York: Harper & Row.

McCarthy, C. J., & Mejia, 0. L. (2001). Using groups to promote preventive coping: A case example with college students from migrant farm-working families. *Journal for Specialists in Group Work, 26*, 267-275.

McNeilly.E. (1996, March 18). Stress of racism may kill, study finds. *Honolulu Advertiser*, p. A7.

McWhirter, E. H. (1992). *A test of a model of the career commitment and aspirations of Mexican American high school girls.* Unpublished doctoral dissertation, Arizona State University, Tempe.

McWhirter, E. H. (1994). *Coumeling for empowerment.* Alexandria, VA: American Counseling Association.

Mosher, R. L, & Sprinthall, N. A. (1971). Deliberate psychological education. *The Counseling Psychologist, 2*(4), 3-82.

Muro, J. J., & Kottman, T. (1995). *Guidance and counseling in the elementary schools: A practical approach.* Dubuque, IA: Brown & Benchmark.

Myrick, R. (1987). *Developmental school guidance and counseling: A practical approach.* Minneapolis: Educational Media.

National Research Council (1991, June). *Doctorate records file.* Washington, DC: Author.

Neimeyer, R. A. (1993). Constructivism and the cognitive psychotherapies: Some conceptual and strategic contrasts. *Journal of Cognitive Psychotherapy, 7*(3), 159-171.

Nutting, P. A. (1990). *Community-oriented primary care in the United States: A status report.* Albuquerque: University of New Mexico Press.

Parham, T. A., White, J. L, & Ajamu, A. (1999). *The psychology of blacks* (3rd ed.). Upper Saddle River, NJ: Prentice Hall.

Plant, T., Landis, S., & Trevor, J. (1991). Combining sociology with epidemiology: Community-oriented primary care in a rural mountain county. *Clinical Sociology Review 7*, 87-105.

Ponterotto, J. G., & Pedersen, P. B. (1993). *Preventing prejudice: A guide for coun-*

selors and educators. Newbury Park, CA: Sage.

Powell, R., & Collier, M. J. (1990). Public speaking instruction and cultural bias. *American Behavioral Scientist, 34*(2), 240-250.

Pransky, J. (1991). *Prevention: The critical need*. Springfield, MO: Burrell Foundation and Paradigm Press.

Ridley, C. R. (1995). *Overcoming unintentional racism in counseling and therapy*. Newbury Park, CA: Sage.

Robinson, T. L., & Howard-Hamilton, M. (2000). *The convergence of race, ethnicity, and gender: Multiple identities in counseling*. Upper Saddle River, NJ: Prentice Hall.

Romano, J. L. (1992). Psychoeducational interventions for stress management and well-being. *Journal of Counseling and Development, 71*(2), 199-202.

Romano, J. L., &. Hage, S. M. (2000). Prevention and counseling psychology: Revitalizing commitments for the 21st century. *The Counseling Psychologist, 28*, 733-763.

Salzman, M., & D'Andrea, M. (2001). Assessing the impact of a prejudice prevention project. *Journal of Counseling and Development, 79*, 341-346.

Selman, R. L. (1980). *The growth of interpersonal understanamg*. Orlando: Academic Press.

Selye, H. (1976). *The stress of life*. New York: McGraw-Hill.

Slavin, L. A., Rainer, K. L., McCreary, M. L., & Gowda, K. K. (1991). Toward a multicultural model of stress process. *Journal of Counseling and Development, 70*, 156-163.

Spivack, G., & Levine, M. (1973). *Self-regulation in acting out and normal adolescents* (Report No. M-4531). Washington, DC: National Institute of Mental Health.

Spivack, G., & Shure, M. B. (1974). *Social adjustment of young children*. San Francisco: Jossey-Bass.

Steenbarger, B. N., & LeClair, S. (1995). Beyond remediation and development: Mental health counseling in context. *Journal of Mental Health Counseling, 17*(2), 173-187.

Strain, P. (Ed.). (1981). *The utilisation of classroom peers as behavior change agents*. New York: Plenum.

Straus, R. G. (1982). *Strategic self-hypnosis*. Englewood Cliffs, NJ: Prentice Hall.

Sue, D. W, Arredondo, P., &. McDavis, R. J. (1992). Multicultural counseling competencies: A call to the profession. *Journal of Counseling and Development, 70*, 477-486.

Sue, D., & Sue, D. W. (1999). *Counseling the culturally different: Theory and practice* (3rd ed.). New York: Wiley.

Taylor, J. (1998). Intensity regulation and athletic performance. In J. L. Van Raalte & B. W. Brewer (Eds.), *Exploring sport and exercise psychology* (pp. 107-132). Washington, DC: American Psychological Association.

Veninga, R. L., & Spradley, J. P. (1981). *The work/stress connection: How to cope with job burnout.* Boston: Little, Brown.

Vera, E. M. (2000). A recommitment to prevention work in counseling psychology. *The Counseling Psychologist, 28*, 829-837.

Wallace, R., D'Andrea, M., &. Daniels, J. (2001). *The rainbow circle of excellence: Lessons from a championship season.* Honolulu: Watermark.

Weissberg, R. P., & Allen, J. P. (1986). Promoting children's social skills and adaptive interpersonal behavior. In B. A. Edelstein & L. Michelson (Eds.), *Handbook of prevention* (pp. 153-175). New York: Plenum.

Wilson, F. R., & Owens, P. C. (2001). Group-based prevention programs for at-risk adolescents and adults. *Journal for Specialists in Group Work, 26*, 246-255.

Winett, R. A. (1995). A framework for health promotion and disease prevention programs. *American Psychologist, 50*(5), 341-350.

Witmer, J. M., & Sweeney, T. J. (1992). A holistic model for wellness and prevention over the lifespan. *Journal of Counseling and Development, 71*(2), 140-148.

Wolpe, J. (1990). *The practice of behavior therapy* (4th ed.). Elmsford, NY: Pergamon Press.

Zimpfer, D. G. (1992). Psychosocial treatment of life-threatening disease: A wellness model. *Journal of Counseline and Development, 71*(2), 203-209.

Chapter 3

弱勢族群外展服務

◎ 弱勢族群的定義

◎ 外展服務方案的建立

◎ 危機介入與自殺預防

雖然第二章提到預防諮商策略，建構社區諮商模式的主要因素，很顯然，諮商員有倫理責任，說明從不同來源經歷到許多壓力的需求。當諮商員利用社區諮商架構，強調他們服務對象的生活能力預防問題時，他們體認到有些人可能有額外的需求。人長期處在壓力之下，不論是慢性壓力，如貧窮，或是來自及時的壓力，家庭遭逢變故，可能比一般對象較容易發生生理或心理健康問題。

本章著重：（1）弱勢族群對象需求；（2）諮商員所能做的事情就是協助這些人實現心理健康與個人幸福潛能。為此，我們討論課程與服務，設計說明來自RESPECTFUL模式（見第一章）所說的不同團體的需求。包括遭逢父母離異的成年人與兒童，住在都市地區拉丁裔未婚懷孕的青少年，受虐婦女，目睹家暴的兒童，因為某些創傷或其他經歷威脅他們幸福需要危機諮商的人。

弱勢族群的定義

當個體經歷到同樣的壓力一段時間之後，稱他們為**弱勢族群（vulnerable population）**。諮商員一般的工作與弱勢族群有關，例如：貧窮、遊民、失業、離婚成年人、單親兒童、隔代教養、未婚懷孕少女、愛滋病，老年人、因年齡、種族歧視、性別歧視的社會邊緣人。雖然他們彼此情況不同，可是他們同樣所承受的環境壓力遠遠超過個人資源與因應能力之外。

許多研究提出廣為人接受的肯定信念：長期遭受嚴重壓力的人，往往面臨生理與心理健康的高危險問題（Stokols, 1992; Surgeon General Report, 2001）。這是真的，是否壓力與即時危機有關，如青少年意外的懷孕，或是根深蒂固有破壞力的長期壓力，如一般易受種族歧視或性別歧視影響者。

一、心理健康的方程式

一個人可以利用下列方程式，說明個人資源與心理發展過程中生活環境之間的問題：

$$心理健康 = \frac{因應技巧 + 自我尊重 + 社會支持 + 個人權力}{器質功能 + 壓力 + 無能感}$$

上述方程式顯示，George Albee 和國家健康學會（National Mental Health Association, NMHA）委員會在心智情緒障礙防治工作（Prevention of Mental-Emotional Disability）中所引用的（1986, p. 13），我們增加兩個因素。

(一) 部分定義

前一章我們討論過這種方程式的因應技巧、社會支持、自我尊重。但是對器質功能、無能感、個人權力尚未定義清楚，也未進一步說明對個人心理健康與心理幸福的影響。

器質功能（organic factors）：指涵蓋個人心智與身體功能的生物條件。例如個體生下來認知缺陷與自然的腦傷。上述情形與環境無效率、不適當回應所形成的壓力，將影響個人整體心理幸福，結果將增加個人的無助與無能感。

McWhirter（1994）認為，**無能感（powerlessness）**是因為社會條件或權力動能，將他們安置在沒有價值地位的社會上，造成個人無法自己的生活。這些權力動能妨礙許多人無法獲得生活技能，引導他們獲得滿意、生產性的生活。這些權力通常支持一個人的信念：自己的能力發展與個人能力足以預防負面的情境。

最後，利用這項公式，**個人權力（personal power）**起源於兩種重要的過程。首先，它反映個人能控制自己生活的信念，導致積極、提升

健康的表現，Bandura（1989）認為個人權力是「自我效能」。

其次，個人權力大多依賴面對發展性環境挑戰，有效談判而學得各種不同的生活技能（Salzman & D'Andrea, 2001）。

許多環境因素影響一個人發展廣泛性生活技巧的能力。例如：當一個人生活在貧窮諸多複雜的變項中，負面將影響個人理解生涯、經濟、教育、社會和心理潛能的能力（Langston, 1995; Persell, 1993）。

（二）協助面臨危機的團體

社區諮商模式提出美國生活的文化、經濟、政治、心理情境顯著影響美國所有公民。然而，誠如許多多元文化諮商專家指出，歷史上從西方社會獲益的都是白種人（Banks & McGee Banks, 1997; Scheurich, 1993; Sheurich & Young,1997; Sue & Sue, 1999）。

進一步的說，在美國文化、經濟、政治、社會機制下，兩種特殊團體：有色人種與婦女，被貶抑與邊緣化（Banks & McGee Banks, 1997; Ivey, 1995）。這樣的處境侵蝕這些團體的自我權力，增加無力感，強化弱勢族群的身心問題（McWhirter, 1994）。

諮商員利用社區諮商模式幫助當事人獲得個人權力有兩種根本的方法。首先他們提供不同的直接諮商服務，提升自我效能的發展，並培養廣泛生活能力。其中包括幫助當事人學習有效適應策略，提供肯定訓練，提升決定與解決問題的能力，幫助個人在大學或是生涯的研究，教導個人解決衝突的技能發展課程，對生活歷經壓力和轉變的人提供外展服務。這些壓力和轉變包括：婚姻破裂，單親家庭父母，失業，各種歧視，偏見不公的社會政策與運用。

其次，諮商員試著影響直接衝擊他們生活的系統（如：家庭、學校、工作地點、大學、教堂、鄰居代理人、休閒中心）。

二、幫助當事人學習適應策略

諮商員了解潛在的壓力情境，幫助避免或減輕許多問題的發生，協助弱勢族群提供外展服務。**外展服務（reaching out）**是指諮商員必須離開辦公室，直接到當事人的家庭、學校、教會、鄰近社區和工作地點，幫助他們學習與因應生活壓力的新方法。表3.1是指弱勢族群符合社區諮商模式的外展方案與服務。

表3.1 外展策略與社區諮商模式

社區服務	個案服務
直接	對弱勢族群的外展服務： 高危險情境 危機
間接	

如表3.1所示，是直接個案服務的外展方案，這項方案主要是針對在特殊時間，弱勢族群的個體或團體比一般人承受更多壓力的人，因此，需要密集性的方案。

當諮商者認定某種情況是特殊壓力，必須介入協助健康的個人發展資源來適應，則必須進行預防性外展服務。當來不及預防因應，而問題或危機發生時，諮商員必須利用外展服務提供支持與協助。

諮商員可以協助他們學習比較好的方式，來因應新的困難情境，幫助當事人有意義改善他們的福祉。任何對個體有要求的情境，對個體而言都有壓力，然而情境是否造成壓力則端視下列情形而定：個人對自己的能力能否掌控新的要求，以往處理同樣情境的成功經驗，個人覺得控制事件的程度，個人承受過度負擔或有衝突需求的感覺，以及自己設定表現的標準（Lewis, Sperry & Carlson, 1993）。

Lazarus（1980）提出個人發現壓力的三種形式：（1）表現受傷和失

落；（2）情境威脅到自己的福祉；（3）情境被視爲對個人生命潛在的
積極挑戰，例如：遷居、生孩子、開始新的生涯。

> 受傷、失落、威脅和挑戰的差異非常重要，不止影響因應過
> 程，有效將適應技巧運用在社會轉變中，而且對身心健康有分
> 歧的結果。關於威脅、挑戰先前事件一種運作的假設是：假設
> 一個人所處的環境充滿敵意、危險，缺乏掌握的資源時必定帶
> 來威脅，當環境需求是困難而無法處理時，必須依賴掌握成熟
> 的技能（Lazarus, 1980, pp. 47-48）。

Stensrud 和 Stensrud（1983）強調，當諮商員幫助弱勢族群學習使用
較好的方式控制他們的生活時，心思必須保持清晰，視壓力爲挑戰，不
是受傷、失落、威脅，在壓力情境內發現自己的意義。（頁216）培養這
些態度，幫助當事人獲得希望感，即使是在面對困難的情境或生活轉變
中（Snyder, 1995）。

選擇促進當事人積極的因應能力方法，減少與壓力有關的失能，諮
商員必須考慮上述因素，避免成爲潛在危機的中介機制。一旦心理健康
實際工作者覺察個人的特徵有利於成功因應的情境，他們就會意圖設計
諮商策略，孕育當事人也有相同的情境。

研究者提出影響個人成功適應情境的若干因素如下：

1. 成功者有強烈的社會支援系統：同伴的支持效力足以抵擋壓力情境
   的影響，這些關係提供個人的效度和實際的幫助。例如面對困境
   時，成功的適應者會轉向告訴家人、朋友、同伴，尋求資訊、建
   議、具體資源與情緒上的滋養。
2. 成功因應者對環境有一股控制感：當我們說「自我效能」或「內
   控」，我們知道對環境有效適應的作爲，是因爲他們相信自己的作
   爲對世界有影響力。不同信念系統的個人關心當他們有需要時，能
   力所能施展的權力與控制。除此之外，特定情境的控制感受到壓力
   的評估，或當個人、環境資源出現不足所影響。

3. 成功因應者具備解決問題的資訊與工具：個人成功的因應至少部分
   是依據解決問題的能力和發展適當的新作為，上述因素與一般生活
   能力與特定情境知識有關。

4. 成功因應者相信他們能適應新的情境：務實的信賴感來自於充裕的
   個人財物資源效力，以及過去同樣轉變成功因應的經驗。信心的建
   立則是來自於眼前的情境與過去經驗之間形成的實體，例如過去雖
   然被解僱，卻沒有受到失業的困苦，已經成功找到新工作。因此，
   過去我們利用安全保障失業的計畫技術，還是有效的運用在現階段
   的情境（Ivey, D'Andrea, Ivey, & Simek-Morgan, 2002; Lewis &
   Lewis,1986; Sue & Sue, 1999）。

上述因素彼此都有關聯，個人的支持系統幫助他們解決問題，增加
控制感與信心，有信心的人比較可能有強烈的社會支持系統，有效運用
解決問題的技巧。

諮商員了解社會支持系統成為協助當事人面對環境壓力的緩衝器，
他們變成「緩衝機制的建立者」（Aubrey & Lewis, 1988, p. 298）。當個案
面臨危險階段，諮商員可以為他們創造新的機會發展生存、成長所必須
的社會資源。例如，諮商員可以幫助當事人或同儕支持團體的協助，他
們同時建立新的社會支持系統，提供技術發展脈絡，幫助他們經歷對生
活的控制感。按照這種方式，諮商員幫助當事人，創造維持緩衝現在與
未來的壓力（Aubrey & Lewis, 1988）。

緩衝機制的建立可以協助人們處理預期的轉變，料想不到的危機，
或者是持續不斷的壓力。然而，提供外展服務的關鍵是，認識一種可能
導致個人危機的壓力與情境的能力。例如，研究顯示某些生活事件對個
人提出沉重的要求，在 Holmes 和 Rahe （1967）的研究發現，許多特殊
壓力生活事件[1]依序排列如下：

---

[1] 資料來自"The Social Readjustment Rating Scale, " by T. Homles and R. Rahe, *Journal
of Psychosomatic Research* 1967, 11. Copyright 1967 Pergamon Press. Reprinted with
permission of Elsevier Science Inc.

老伴死亡

離婚

分居

入獄

家中親密成員死亡

個人生病

結婚

解僱

再婚

退休

家人健康發生變化

懷孕

性困擾

家裡增加新成員

財務狀況發生變化

親友死亡

工作發生變化

與老伴發生爭執

貸款

工作責任的變化

兒女離家

打官司

個人傑出的成就

老伴開始或結束工作

開學或學期結束

個人習慣的調整

與老闆發生爭執

工作時間與工作情境的改變

居住的改變

求學的改變

休閒改變

社會活動的改變

睡眠習慣的改變

家人相聚的改變

飲食習慣的改變

假期計畫的改變

犯法

排在壓力最前面都是個體面對危機的緊急處境。從老伴死亡到離異，入獄，個人受傷，退休，家中增加新成員等都將為家中財富帶來負擔，造成預料之外的危機處理。

外展服務方案的建立

社區諮商架構的成功助人方案是建立在人能掌控因應的高危險情境和資源，的確，對弱勢族群的外展服務方案應該堅守下列六點：

1. 利用所有可以支持當事人的可用資源，包括：家庭成員，大家庭成員，同輩團體，工作夥伴，教會弟兄和其他適應成功的人。
2. 提供當事人機會幫助自己及其他人。
3. 告訴當事人新角色和他們面臨新情境的本質。
4. 幫助當事人發展因應技巧，有效管理特定情境。
5. 利用方法提升當事人對情境和生活的控制感。
6. 提供服務，當事人正確了解和真誠的尊敬，回應文化統整。這樣的行動，幫助當事人有效學習因應生活挑戰時，獲得信心和控制感。

許多服務當事人的不同方案已經成功幫助當事人面對高危險情境，

這些方案一般都是以不同型態外展服務，協助弱勢族群賦能。

以下所討論的方案主要在設計特定危險民眾的賦能。這些不同對象，包括正在處理婚變的成年人、兒童，年青人正轉變爲成年人，高危險學生和受虐婦女。

討論方案之前，先思考本章前面已經提出的指標，請記住此項公式，你將注意到遵守方案增強他們的主要價值（適應技巧、自尊、社會支持、個人權力），以維護他們遭受負面情境的力量。下面提到的方案，普遍或是部分理由是因爲他們即時介入與重要價值的組合結果。

許多用強調弱勢族群外展介入的模式，請記得，諮商員運用社區諮商模式，必須採用這些方案適應特殊需求與當事人的特性。

一、助人因應婚變

婚變和離婚是成年人生活上最大的壓力（Sprenkle, 1990），這不足爲奇，因爲婚變讓人面臨身心健康問題，一旦婚姻破裂，社會支持系統遭受嚴厲破壞，家人必須因應他們生活的徹底改變。檢視一些現象學的臨床研究，Bloom（1984）提出一些與婚變和離婚的問題：

> 當焦點聚集在婚變時，研究發現一些小而重要的問題需要被認定。薄弱的支持系統列出許多婚變的心理反應，孩子教養問題，再社會化，財務，教育與就業計畫，住宿，家務法定權利的維護（頁272）。

剛離婚者普遍反應是生氣、憂鬱、孤獨、財政問題、不平衡，無法理解對配偶的依賴（Sprenkle, 1990）。這些問題增加各種身心問題的可能性，如同Cherlin（1992）研究指出，離婚者常表現出更多的心理疾病，身體疾病，意外跌倒，酗酒，自殺。

（一）成年人方案

　　一般人同意婚變是一種高危險的情境，諮商員可以發展方案，使用介入預防協助他們度過轉變。確實這些方案應該重視：（1）「培養持續不斷的支持機制」；（2）「配合實際情境建立與解決問題有關的技巧」（Cowen, 1958, p. 36）。Bloom、Hodges和Caldwell（1982）發展這些方案。雖然這些方案已經發展二十年，不過卻是許多離婚諮商員服務和方案顯示所建立基礎的刻板化印象。

　　Bloom（1982）等人將焦點集中在Boulder，Colorado離婚的人的六個月預防方案。他們使用大眾媒體、郵件投遞提供參考資源，為發展方案招募一百五十三位，其中一百一十一位參加介入方案，五十二位為控制組。參與離婚方案提供兩種服務：專業助人的個人協助和研究離婚不久團體的關注。

　　每一位參與者指派一位專業諮商員，提供情緒支持、介入可能的危機、聯繫個人與其他方案組員的關係，如「方案代表」。這些專業人扮演積極的外展角色，聯繫參與者，發展個人與團體互動的機會，提供其他方案的參考資訊和適當的社區代理人，對參與介入方案的個案持續追蹤（Bloom et al., 1982）。

　　如上面所描述，鼓勵方案參與者參加規劃的程序，研究離婚所面臨的一般實際問題，他們應該遵守：

1. 生涯規劃與求職：此項研究協助參與者尋找或改變工作，擬定長程生涯計畫和發展市場需要的能力。
2. 法定和財務議題：在律師的指導，他們必須探索建立信譽的途徑，合法貸款，孩子的保護與探訪，孩子的支持、離婚訴訟過程和其他議題。
3. 孩子教養和單親父母：參與者在團體中可以討論他們的反映、探訪議題、行為問題，幫助孩子適應離婚後的方式。

4.住宿與家務：這個團體是由家庭經濟學者指導，如發現新的居住地方，修理房子，金錢管理，購物、準備食物和時間管理。

5.社會化與自尊：這些團體幫助參與者處理他們孤獨、自我概念的受傷、社會與個人的不足感。

本方案正式評鑑指出：參與介入方案者與離婚後六個月的控制組比較，顯然其身心問題較少。參與介入團體者的心理問題顯然隨著時間而減少，伴隨的心理壓力適應不良和焦慮也減弱了（Bloom et al., 1982）。

一項離婚研究指出：參與者完成加入半年方案有長期的影響，研究結果提出：「早期的收穫是一段時間之後維持或增加」，其中提出方案達到初級預防，進一步提出隨著婚姻而瓦解的心理疾病（Cowen, 1985, p. 36）。

（二）兒童方案

研究指出離婚家庭的兒童有許多認知、情緒、行為、心理問題（Amato, 1993; Behrman & Quinn, 1994; Carbone, 1994），在了解兒童從完整家庭到離異家庭轉變過程的特殊需求，諮商員必須發展預防性外展服務計畫。

「離婚適應計畫」的介入，是提升離異家庭兒童社會技巧，避免發展負面自我概念，學業失敗，結構式初級預防方案（Stolberg & Garrison, 1985, p. 113）。為從未接受過心理健康服務兒童的方案設計，需從以學校為本位的兒童支持團體（Children's Support Groups, CSGs）和以社區為本位的單親父母支持團體（Single Parent's Support Groups, SPSGs）為考量。

兒童支持團體教導七至十三歲兒童認知行為技巧，情緒支持幫助他們適應父母的離婚，在高度結構十二個階段方案，兒童直接討論與離婚有關的議題和接受解決問題，控制生氣、溝通與放鬆技巧的訓練。

單親父母支持團體方案是提升兒童適應能力與改善為人父母技巧，

以及離婚後身爲照顧者的調適。支持與技巧建立方案也有12星期之久，協助離婚後母親發展新的技巧與態度，照顧他們的孩子。配合這些研究團體的個人發展主題包括：「社會我」、「有用的我」、「有性能力的我」、「控制我的感覺」。爲人父母的主題包括：「與孩子溝通」、「與前任配偶對於教養兒童的溝通」（Stolberg & Garrison, 1985）。

好的研究方案評估四種不同團體的兒童結果是：（1）兒童單獨參加兒童支持團體；（2）兒童參加兒童支持團體，父母參加單親父母支持團體；（3）只有父母參加單親父母支持團體；（4）控制組，兒童沒有接受處遇。研究發現，第一組只有參加兒童支持團體兒童的自我概念和社會技巧獲得眞正的改善。

持續追蹤第三組，發現他們心理調適比其他兒童表現好，若將兩種組合介入不一定有明顯的改變。

在Pedro-Carroll 和Cowen離婚介入方案兒童支持團體的修訂版，幫助青年人發展新技巧，提升對父母離婚的適應能力，包括提升兒童情緒適應與發展的介入，活動包括團體討論與角色扮演，鼓勵兒童探索對父母離婚的情緒反應。

在前面三個階段，兒童專注於彼此認識，分享一般經驗，討論與父母離婚有關的焦慮與感受。第四至第六階段著重問題解決、認知技巧的建立，這些團體階段主要在教導年青人解決人際問題和與父母離婚有關負面的情感。

在這個階段，諮商員特別幫助兒童了解不必爲父母的離婚負責，諮商員著重在提升年青人了解能力之外不能解決的各種問題型態（例如父母復合），和能力之內的（例如適當的彼此溝通）。一旦兒童了解擺脫父母衝突的重要性，他們開始努力表達和控制他們的生氣，最後階段，兒童有機會評估團體經歷討論結束的感受。

方案評估指出參與方案者比控制組更能從中獲得顯著的適應力，Pedro-Carroll和Cowen（1985）認爲，這些收穫歸納於支持性的團體情境和允許兒童突破孤獨感，說出他們對父母離婚的感受，研究者認爲方案

的技巧建立與提升正面的結果同等重要，他們指出：

> 支持性環境對協助兒童認識、表達處理他們對父母離婚的感受
> 是很重要，本身不夠獲得處理父母離婚具體挑戰的特殊能力也
> 是同樣需要。方案所提供的人際問題解決策略，包括溝通與控
> 制生氣技巧，解決和不能解決之間差異的壓力，脫離父母不和
> 諧的壓力，這些介入正面的影響，反映在支持與建立技巧的組
> 合上（頁609）。

(三) 繼親家庭方案

有效的適應技巧必須面對父母再婚所帶來的新壓力，而繼親家庭則是來自父母的再婚。顯示有希望，不易達成的介入領域：

> 因為再婚家庭一開始就有孩子，但並沒有足夠時間，家庭必須
> 以更成熟的方式處理必要的任務，因為他們缺乏一套經驗，再
> 婚家庭典型的受限或不實際的期待，使他們沒有能力或對他們
> 幾乎不了解事件的激烈反應（Hayes & Hayes, 1988, pp. 473-
> 474）。

如此複雜的家庭需要澄清與穩定成員角色和關係，以務實的期待取代迷思，限制兒童的發展，認識兒童對無監護權父母的忠誠。Hayes 和 Hayes（1988）認為諮商員能幫助混合式家庭完成下列任務：

1. 鼓勵家庭成員認識以及減少再婚家庭可能帶來的迷思。
2. 幫助混合式家庭成員了解新家庭系統與過去家庭的差異，以及與非新家庭系統成員的關係。
3. 幫助成員更有效的溝通技巧。
4. 幫助混合式家庭成員，尤其是兒童，對喪失以前的關係感到悲傷，鼓勵新關係的發展。

5.提供混合式家庭成員公開討論的機會，檢驗他們與新家庭成員關係的差異性，探索他們眼前新父母的感情。

6.提供結構性父母訓練方案和列出一系列閱讀書籍，家庭成員可以作爲自我結構的設計。

7.最新研究發現和臨床證明：了解混合式家庭的組織過程對他們是有幫助的。

8.認定父母的工作和責任需要扮演的哪些角色。

9.經營社區中再婚的父母或是學校中再婚家庭的兒童團體。（頁474-475）

綜合處理混合式家庭的方法是一種適當的預防性外展服務模式。

二、家庭發展方案：協助未婚懷孕少女

每一年，美國約有一百萬名的未婚懷孕少女（美國人口調查局，2000），研究發現在學學生未婚會產生許多負面的結果，其中包括在學期間的輟學，年青人對政府的依賴，試圖處理個人與社會發展，同時要滿足嬰兒二十四小時的需求（疾病控制與預防中心，2001; Hanson, 1992）。

社區諮商模式強調外展和預防性服務特別適合弱勢族群，因爲它強調正面性預防，例如協助年輕父母發展新的因應技巧，提供服務超越危機導向和復原性介入導向，在本質上，著重提升、增加當事人技巧與能力。

不只是檢視未婚少女個人缺陷或心理上的問題，使用社區諮商模式的諮商員解釋這種現象是發展的危機，可能導致負面或正面的結果（Brodsky, 1999）。以下討論家庭發展方案（Family Development Project, FDP），主要是在處理社區諮商模式如何應用在居住於經濟不利地區非裔美國人未婚少女的幸福。

在田納西州 Nashville Meharry 社區諮商模式心理健康中心，家庭發展方案完全是私人捐助經費，其輔導指引是以社區諮商模式爲基礎，方

案發展是建立在下列理論上：

1. 青少年與環境互動，對他們心理健康與個人發展有負面和正面的影響。
2. 多面向方法比單一服務方法效果好。
3. 外展、預防性、教育服務促進年輕母親的個人發展比事後治療性服務更爲恰當。
4. 對弱勢族群提供服務時，諮商員必須對標的團體獨特文化種族特徵的民衆有高度敏感度，並加以回應（D'Andrea, 1994, p. 186）。

（一）家庭發展方案直接社區服務

計畫家庭發展方案的第一步是來自特定領域學校社區的關鍵人物不斷懇求支援與支持，依照這種想法，方案諮商協調者與特定領域關鍵人物組織「社區會議」，了解他們對學校與社區內未婚少女需求初級預防性方案的感受。

參與這些會議包括一位助產科醫生、一位臨床心理師、一位有執照的助產士、幾位社會工作者、三位學校諮商師、四位高中老師和家庭發展方案協調者（D'Andrea, 1994）。

在社區開會期間，參與者不只是指出這些方案的重要性，也表示願意規劃家庭發展方案的意願。在幾次會議之後，重視初級社區評估和計畫方案議題，所有人都同意預防性諮商方案最適合滿足社區內未婚懷孕少女的需求。

一項預防方案，家庭發展方案強調在生命面臨危機，但未呈現明顯心理問題的青少年。方案的發展希望提供面臨危機的年輕團體，發展爲人父母的基本技巧，初爲父母能夠學習照顧嬰兒的方法，以提升兒童整體健康，避免潛在的問題。

參加方案規劃會議者無異議通過，家庭發展方案應該著重初級預防，他們也提出許多未婚少女懷孕時經歷個人危機，不久生下嬰兒。因此必須了解與支持家庭發展方案必須有適當的治療性諮商服務。

有些建議提出：必須發展綜合性方案計畫，此項計畫包括：預防性教育、外展諮詢、個別諮商、方案研究與評估。

　　在有限的財政資源，方案計畫者同意他們立即招募、訓練社區專業人員，為強調此項需求，家庭發展方案協調者與地區大學若干官員組織會議。外展服務認定大學生在此項方案中願意幫助青少年。在大學的同意下，家庭發展方案諮商人前往拜訪田納西大學的大學生尋求支持，結果從教育、心理、社會工作學系有十五位非裔美國婦女志願參加。

　　這些學生同意參加三十二小時的訓練（每週八小時，共有四週），包括與他們早期兒童、青少年發展經驗有關的議題，訓練階段介紹志工社區諮商架構，幫助他們個人諮商與晤談技巧。

　　成功完成訓練計畫，大學生開始直接對了解家庭發展方案的青少年提供服務，方案協調者對整個方案的志工提供臨床督導（D'Andrea, 1994）。

（二）家庭發展方案的直接個案服務

　　參與家庭發展方案的青少年都是參考Meharry醫學院助產醫學學者和Nashville都會學校系統諮商中心，它們認定參與者參與方案的資格，必須是低於聯邦規定貧窮的標準，在十二到十八歲之間，第一次懷孕，住在公寓社區，最近剛進入高中。

　　一旦參加這項方案，必須指派青少年一位專業人員，直接負責個案管理。專業服務包括與青少年進行晤談，評估他們的個人關注與需求（如醫療、飲食居住和財務），評估他們教育需求和發展計畫，幫助他們避免中途輟學和認定社區資源。

　　其他家庭發展方案諮商者藉著與方案協調者的諮詢，蒐集他們晤談的資訊，專業人員對每一個參與者發展個別行動計畫，這些計畫包括介紹地方人類服務代理人，如政府對低收入戶的醫療補助和都會區公共住宿診療室，學校諮商師、老師對有關學生學業成績進步的諮詢，進行個別諮商提供青少年額外的機會，探索他們在支持性、信任的環境中個人

關注、興趣和目標（D'Andrea, 1994）。

　　所有參與家庭發展方案的青少年都參加一系列的親職教育課程，這些課程開在每個星期三晚上且持續二小時，由於課程時間與晚餐時間重疊，因此提供交通和營養的晚餐。

　　這些課程幫助青少年了解照顧健康的父母，嬰兒誕生過程，及檢視如何促進嬰兒整體健康和福祉的方法，尤其是特別關注未婚少女，幫助她們因應養育孩子壓力的一些事情，這些親職教育課程可以提供青少年機會，學習有助益的社區資源。最後課程提供相互支持的資源，參與者感到自在討論一般興趣、關注、挫折、個人害怕、目標和其他同樣接受挑戰的價值。結果課程會議演變成後來提供「賦能團體」，建立新的關係，在孩子出生後幾個月仍維持良好關係。

（三）家庭發展方案的間接個案服務

　　家庭發展方案利用生態系統方法促進參與者的發展（Neville & Mobley, 2001），例如參加家庭發展方案親職教育課程，青少年變成新的人類系統整體部分，提供機會增加自尊感與個人權力，直接個案服務促進正面的發展結果。

　　除了這些服務之外，家庭發展方案人員在追求提升未婚少女隸屬的自然社會支持網絡。為達成目標，諮商員與專業人員開始外展諮詢服務，包括拜訪青少年家庭，向學校人事諮詢。他們努力的主要目的在培養青少年獲得較大支持與尊重的環境。

　　整個家庭發展方案人員已經進行家庭訪問，專業人員至少一個月拜訪一次。他們最常的拜訪次數是一個月二至三次，青少年的父母支持女兒資源性、專業性和服務的需求，並提供給許多父母自身挫折與關心的適合委員會。例如許多父母希望他們的女兒讀完高中畢業，為強調他們的關心，家庭發展方案人員通常與學校老師或諮商員諮詢有關他們的學校表現，發現這些青少年需要個別指導的協助已經達到老師的期待與學業表現。

當青少年因為嬰兒的降臨必須短暫中途輟學時，這種需要特別明顯。因為這樣，所以家庭發展方案的諮商員和專業人員特別辛勞，繼續不斷的家庭訪視和持續與老師接觸，維繫新媽媽與學校的聯繫，這些努力是在預防青少年避免過長時間的輟學。

（四）家庭發展方案的間接社區服務

　　方案評鑑是家庭發展方案重要的一部分，這些評鑑指出，參與家庭發展方案的人在懷孕期間，與沒有參加方案的控制組相互比較，明顯有較高的正面自我概念，及提升社會支持水準（D'Andrea, 1994）。

　　經由這些正式評鑑的努力，諮商員與專業者從許多其他資源獲得許多資訊，包括參與者與父母、老師、學校諮商員的看法，他們強烈支持方案。青少年認為他們自己從嬰兒需求中學習很多，獲得許多為人父母有用的技巧。他們也從轉換為人父母過程中學習許多因應多重壓力的新方法，年輕父母一致表達感謝方案提供的外展服務和服務人員顯現的真誠關心。

　　老師與學校諮商員指出，對未婚少女方案提供無數很重要的心理健康服務，甚至超出學校所能提供的資源範圍之外。學校人員也認為方案的成功是由於家庭發展方案諮商員與專業人員對工作所顯現的高度投入，他們為青少年倡導和持續提供無數的外展服務。

　　這些評鑑有三個重要理由：（1）他們提供方案計畫者無數的資料，這些資料足以評估家庭發展方案整體的效能；（2）這些評鑑提出有關方案最有價值資訊的優點與缺點；（3）評鑑結果提出家庭發展方案成功的事證，足以說服公眾部門和私人部門額外提供的經費。

　　正式、非正式評鑑結果顯示：家庭發展方案人員運用策略列出本章所提出的方程式的許多因素，特別是提供無數個人預防性外展諮詢性服務的方案結果。許多弱勢族群說出他們已經發展新的因應技巧，提升自尊，獲得較多的社會支持和個人權力感的增強。

三、重視拉丁美洲人的心理健康需求

美國對種族的區分有一段很長的傳說，持續在不同的個人、機構和社區的文化種族、國內的校園中彰顯出來（Jones, 1997）。更糟糕的是，有時候人們因種族歧視導致身體暴力，經歷一段敏感性歧視和偏見所承受的心理壓力（Atkinson, Morten, & Sue, 1998; Locke, 1998; Sue & Sue, 1999）。

儘管關心弱勢者，美國心理健康照顧系統已經無法有效重視來自不同文化種族背景民眾的心理需求（Atkinson et al., 1998; Surgeon General Report, 2001），結果當非歐洲背景的個體需要心理服務時，必須面對負面的兩種選擇：

1. 選擇缺乏無文化敏感或適當態度的處遇。
2. 甚至當明顯需要心理服務時，全然拒絕心理健康實務工作者（Sue & Sue, 1999）。

幸運的是，過去六十年來，許多機構明顯增加提供不同文化種族背景者的獨特需求。在此模式方案，IBA用設計支持居住在美國東部主要都市的拉丁美洲人需要。

IBA是一個私人非營利機構，建立於1968年用來增加拉丁美洲人社區，位在波士頓南方末端，稱之為Villa Victoria。在1960年代，拉丁美洲人聚集，反抗城市提議取代多數住在Villa Victoria地區的居民，因此提出IBA。

社區聚集說服支持另一項計畫：對中低收入的拉丁美洲人建造居住單位，最後建立八百五十七間公寓，居住三千位居民（Merced, 1994）。

自1986年開始，IBA現在已改變許多，今日這個社區組織致力於下述三個目標：

1.促進 Villa Victoria 地區居民的心理、社會、經濟福利。

2.維護拉丁美洲人全區。

3.保留豐富的拉丁美洲人文化和波士頓地區的藝術遺產（IBA Factsheet, 1994）。

社區組織利用整體方法，包括大範圍的外展、教育、諮商服務，促進居住在 Villa Victoria 地區的居民心理和文化福祉。這些服務的目的是在培育住在社區青少年與成年人的領導技巧，提供居民導向的社區改造，組織其他社會文化意識的方案，提升該地區家庭的賦能，下列討論主要在檢視 IBA 人員所提供的服務，並解釋這些服務是否符合社區諮商模式。

（一）IBA 直接社區服務

IBA 的任務是依據：當鄰居發生重要心理、社會、經濟問題，社區成員是解決的理想代理人信念而來。這些組織哲學來自社區健康的三個基本前提，欲使社區的整體健康獲得改善，當地居民必須：（1）盡力邁向提升心理健康的生活型態；（2）參與計畫，提升社區的價值；（3）避免落入身體、心理健康問題的危機（IBA Factsheet, 1994）。

爲了幫助 Villa Victoria 地區的居民達成上述目標，IBA 對住在社區的兒童、青少年、成年人提供領導者訓練服務和同輩團體諮商方案，重點放在訓練反映 IBA 對於教育的強烈投入，和重視地方居民組織，提升他們對整個社區的驕傲感與責任感的價值。

在 IBA 年青人方案中，年青人學習幫助同伴了解不當生活導致的危險，以及因應不同發展和文化壓力的途徑。同輩團體諮商方案議題包括酗酒、抽菸和其他藥物、缺乏安全性關係、逃學、暴力的各種方式、與種族歧視有關的議題，對身體與心理的影響。年青人與成年人一起工作學習如何統整所有的方案，包括：工作坊、舞會、鄰居視聽計畫，其他傳遞正面訊息，鼓勵同伴之間健康的選擇（Merced, 1994）。

（二）IBA 直接個案服務

除了提拱領導能力訓練和預防教育服務，IBA 也對青少年與成年人提供一對一和小團體的諮商服務，支持團體，學業教導，危機介入服務，成年人的翻譯，娛樂計畫藝術課程，這些直接服務補足社區全部的預防方案，外展協助、支持個人、教育、社會需求或有問題的個體（Merced, 1994）。

（三）IBA 間接社區服務

嘗試對社區居民賦能，他們必須面對造成當事人身體健康與心理許多不利的環境因素。許多官員認為問題，包括處理不同形式的種族歧視、貧窮和文化障礙、高失業率，缺乏敏感度和回應性等因素。

IBA 諮商員利用若干間接社區服務，處理負面環境的條件，Merced（1994）提出下列看法：

> IBA 參與居民的活動，與其他社區人民組織建立聯盟關係，與人類服務提供者、註冊者合作，教育公民人，訓練居民成為社區領導人，支持社區成員努力成為程式執行委員會的候選代表，引導、反對或支持影響 Villa Victoria 社區的政策（頁 2）。

（四）IBA 間接個案服務

許多 IBA 居民已經克服那些沒有價值感的經驗，生活負面社會汙名，強諸於身上的長期心理健康困擾，或已經歷反社會行為，非法暴力、行為的個案特別的真實，在社會他們經歷價值的貶抑，腐蝕他們的個人權力與提升他們無力感。

體認到環境動力對個案心理福祉的長期負面影響後果之後，IBA 諮商員保證他們會得到該有的待遇和服務，支持當事人的權利，IBA 諮商員花費時間和精力，為住宿服務、權力福利、家庭服務、健康照顧服

務、適當的學校服務和當事人的法定協助,與其他社區官員辯護。

在社區諮商模式方面IBA在行動上表現出傑出的範例,由於這些團體長期處在無情的社會、政治、環境的壓力之下,受制於心理壓力,因此它對不同文化團體提供廣泛的心理健康服務。從IBA諮商員所提供直接、間接個案與社區的服務中我們知道,其他實務工作者更能了解介入型態在發展不同個案綜合文化適當服務的重要性。

四、促進受暴婦女的幸福

雖然家暴在社區甚至全國已經存在很久,直到最近美國開始重視這項問題,對於每年受暴婦女的回應,許多人類服務機構和庇護所已經建立,重視受暴婦女及其孩子的需要。

Hage(2000)指出自1970年代起,因受暴婦女運動美國有一千五百家暴罹患者的受難庇護所成立,受暴婦女的庇護所已經進入兩個階段:第一階段或第二階段的庇護所。

Donaghy(1995)解釋第一階段與第二階段的差異,第一階段基本上偏重於短期即時照顧,第二階段是受暴之後,整合受暴婦女與社會的關係(頁4)。逐漸增加受暴婦女庇護所的數量,適合「轉換型第二代」介入策略,提供婦女轉向獨立的生活機會(Roberts, 1996; Sullivan, 1991)。

隨著趨勢,幫助受虐婦女獨立生活,逐漸提升受暴婦女的整體福祉。對受虐婦女庇護所採取福祉的觀點,利用多面向介入提升當事人的因應能力,社會支持,個人權力感的全力投入,需要諮商員與社區直接、間接的服務。

Donaghy(1995)討論家暴受難者的模式方案,此項方案起源於Wisconsin－Stevens Point大學,如同本書所提出的各種方案,它反映出社區諮商架構的目標與目的,這項方案顯示諮商員能夠利用預防性和福祉策略,對受暴婦女提供治療性與支持性諮商。

在討論適合美國受暴婦女可用的方案型態時,Roberts(1996)指出

一般支持團體的期望是，很少有對家暴存活者提供福祉導向的方案。如同 Donaghy（1995）所說預防性和幸福諮商策略，呈現一種對受暴婦女賦能的新思考方法，在討論利用幸福方法時，她指出：

> 幸福課程的益處是反映預防導向其中的一種要素，它不只是提升個人的幸福，減少未來的意外，而且增進個人幸福感，減少婦女陷入經濟、情緒的不利地位中（頁7）。

諮商受虐婦女的幸福方法，一開始是評估每一位個案的需要，在評估需求的同時，諮商員設計諮商策略來配合當事人的獨特情境。

（一）評估受虐婦女需求

諮商員對受虐婦女庇護時利用幸福模式，導出對當事人整體性的評估，包括下列：

1. 評估每一位婦女受虐的歷史。
2. 認定每一位個案短期、長期的需求與目標。
3. 評估受虐婦女整體的幸福狀態。

無結構的面談提供很好的機會，蒐集評估資訊，Donaghy（1995）推薦兩種結構性的評估工具，輔助評估過程：生活型態評估問卷（Lifestyle Assessment Questionnaire, LAQ）（Elsenrath, Hettler, & Leafgren, 1988）和衝突略量表（Conflict Tactics Scale, CTS）（Herzberger, 1991; Straus, 1989）。結果這些工具提供許多有用的資訊，當諮商員與當事人一起發展行動計畫時，他們彼此分享，課程執行者也發現這些工具有利於評鑑幸福課程對這些對象的影響。

這些資訊提供個人幸福的五個層面：生理、情緒、智性、職業／生涯和精神，下列討論檢驗這些層面的進一步細節，和提出社區諮商服務，幫助家暴受害者實現生活中身體健康與心理幸福。

1.幸福的生理面向

幸福的生理面向包括直接間接影響個人生理健康的行為與因素。營養、酒精與藥物濫用，壓力來源、身體運動的頻率、性活動、身體的尊重、睡眠量都影響身心健康。

進一步來說，受虐婦女整體的身體健康包含未來易受家暴威脅的影響，而實際暴力與心理壓力伴隨家暴而來，負面影響當事人身體健康與對身體的尊重。

提升受虐婦女身體健康介入，包括幫助她們學習暫時約束，增加個人安全感，提供壓力管理工作坊，到安全有運動設施的YMCA和其他機構，提供直接諮商服務，幫助她們說明議題、計畫改善對身體尊重的策略。

2.幸福的情緒面向

情緒幸福包括以健康態度擁有並表達自己情緒的個人能力（Donaghy, 1995, p. 10）。為了幫助她們建立幸福，協助她們表達情緒和對配偶暴力的反映，這對諮商員進行受虐婦女的個別、團體諮商階段來說是很重要的工作。

當提供機會檢視幸福的情緒面向，受虐婦女不只領悟到自身的重要和人際需要，也開始改變她們與環境中的人際關係。因為家庭成員與朋友通常對她們的改變感到訝異與困擾，提供她們重要的間接個案服務（例如諮詢）。藉由和家人與親友分享情緒，改變受虐婦女的經驗，諮商員幫助擴展家人的理解，鼓勵他們繼續支持。

3.幸福的智性面向

當強調受虐婦女其他更多需要時，很容易忽視她們智性發展。然而認知智性發展對她們的幸福是很重要的，這種幸福與提升個人知識與啟蒙水準的正式和非正式方法有關（Donaghy, 1995, p. 10）。策略諮商員可能利用下列方式，刺激此面向的發展：

（1）和社區教育專業者建構受虐婦女庇護的一般教育階段（General Education Degree, GED）課程。

（2）提供特別偏重人際議題的教育心理工作坊。

（3）提供同儕諮商小團體，讓受虐婦女討論關心的議題與彼此學習經驗。

（4）利用讀書療法，幫助她們理解施暴人際關係的原動力。

4.幸福的職業／生涯面向

幸福的職業提供個人職業／生涯經驗和技能，過去與現在職業生活滿足，過去與現在的收入水準。如同Donaghy（1995）強調：

在受虐情境中許多缺乏技術、失業的受虐婦女，由於經濟上依賴施暴者，許多婦女的障礙是無技術、勞工薪資，不足以應付她們生活及兒童額外照護的費用所需，因此她們生活上需要依賴福利系統（頁9）。

諮商員提供職業／生涯諮商服務，鼓勵、協助她們申請職業訓練課程，支持職業幸福。諮商員也可以從大社區招募志工，提供教導撰寫履歷，幫助個案發展求職的晤談技巧。

5.幸福的精神面向

幸福在心理學領域是最難以捉摸，最少被討論的面向，在定義幸福的心理面向，Donaghy（1995）認為：

因為精神帶來許多不同的意義，個體以不同的方式接受它。精神以傳統和教會情境來表達，或是以自然方式經驗處理，或者片刻的沉靜冥想，亦或者是日復一日的簡單活動，如更換嬰兒尿布（頁9）。

McFadden（1992）增加自我內在經驗的精神健康幸福，對他人有意義、健康的人際關係，與環境的聯繫，或是較高的幸福感。當復原時，

受虐婦女可能需要與她們的精神再聯結。諮商員可以幫助她們提出簡單的需要，認識個人整體幸福精神面向的重要性。社區諮商倫理並不允許諮商員對當事人強制任何宗教信仰，相反的，他們鼓勵受虐婦女花時間，反映自己的精神發展。

五、目睹家暴兒童的外展服務

對目睹家暴兒童心理影響有完整的研究文獻（Alessi & Hearn, 1998; Carlson, 1996; Hage, 2000），許多兒童面臨心理問題危機，包括解決問題時明顯的攻擊行為，語言暴力，高度焦慮，偏向生理感受，表達父母衝突經驗的責任感（Alessi & Hearn, 1998）。

社區諮商模式強調對目睹家暴兒童弱勢團體的外展服務，事實上，過去數十年，兒童目睹家暴介入已經成為早期介入與預防的新領域（Hage, 2000）。利用 Wilson、Camerson、Jaffe 和 Wolfe（1986），Hage（2000）發展的模式，他們提出諮商員對面臨危機的兒童如何提供有效的外展服務。

在說明外展服務時，Hage（2000）強調，諮商員提供促進目睹家暴兒童心理健康時，需要運用預防、教育、支持服務。Hage（2000）提出的介入策略是心理教育，團體導向取徑設計 8 到 13 歲兒童在兒童階段目睹家暴的情形，Hage（2000）指出，適合的兒童需要參加十週的團體活動，強調學習如何表明他們的情感，如何有效處理憤怒，如何在衝突環境中獲得安全，以及促進社會能力的技巧（Hage, 2000, p. 806）。諮商員可以利用團體模式幫助兒童了解家暴的本質，以及不必為父母離婚負責。

雖這些諮商策略滿足弱勢團體兒童的需求，沒有研究了解兒童克服家暴對他們影響的介入策略，究竟對他們長期心理發展有何影響。因此，Hage（2000）強調諮商員必須評估方案與服務的倫理需求，包括長期研究、質性研究與量化研究，以評估這些介入實質上對促進弱勢族群心理健康的幫助。

危機介入與自殺預防

　　我們已經針對這個模式的特定對象提出建議與策略，一般對象的個人也經歷不同的壓力，當評估個人（例如：因應技巧、自尊、社會支持、個人權力感）和低危機感時，通常看不清或低估他們的潛在能力，變得憂鬱或想自殺，提供當事人面對危機社區諮商架構的實際策略，包括計畫與執行自殺預防方案。

一、危機的定義

　　危機的重要階段是個人處理世界的正常方法突然消失，個人危機可能來自於生活突然改變或來自不同問題的組合。諮商理論有不同的危機型態，差異是建立在既存危機的不可預測和嚴重的程度上。

　　Poland（1990）認為，危機概念是一連續體，從正常發展轉換（如：進入學校、開始青春期、結婚、退休），未預期事件（如：突然失去工作，受傷失去能力，親密家人的死亡）。生活危機可能是短暫時間內（在特定階段），短暫時間之間（個體從一個發展階段到另一階段），短暫時間之外（獨立於發展階段）（American Association of Suicidology, 1989）。

　　若不管案例，危機中的人會發現他們身陷困境，他們的確需要別人的幫助，探索即時的問題，發現適當的資源，發展實際的計畫有效處理危機。身在危機的人需要別人的支持、鼓勵，因應他們的無助感與挫折（Ivey et al., 2002）。

　　雖然壓力呈現高度的危機情境，它們卻無意指任何病症。處在任何情境的人，在任何時間，發生個人危機，需要問題解決能力，和尚未發展的其他資源。

　　個人危機通常是短暫的，他們對個人身體心理幸福有長時間的影

響，長期負面結果發生大多依賴個體對危機回應的方式而定。幫助當事人想起危機是一系列可預測階段的過程，對諮商員來說它是有用的。

二、危機階段

在危機第一階段，人面臨新的意外事件，造成焦慮、憂鬱或是其他壓力。第二，個體時常發現平時問題解決的方式不管用。第三，使許多人嘗試方法處理即時問題。最後，個體變得更明顯，假如新方法有效或經驗持續，甚至或許新方法無效時，壓力會更大。

慎思個人危機潛在性正面、負面結果，Aguilera和Messick（1981）進一步指出：

> 中國人性格顯現「危機」一字，是危險也是轉機，危機是危險，是因為它威脅擊潰個體導致自殺或心理崩潰。它也是個機會，因為正當危機時，個體比較容易接受治療的影響。因此快速有技巧的介入，不只預防嚴重長期無能為力的發展，也幫助個體在危機之前高層次均衡功能的新的因應型態（頁1）。

危機時，適時的介入是很重要的。因此，危機諮商服務主要是對危機結果的正面影響。當然這種諮商是暫時的，目的在幫助當事人：（1）再獲得生活的控制感；（2）發展他們需要的資源，提升危機過後的幸福感。危機介入可能發生緊急情況，為那些目的特別設計，如家暴中心，廣泛委託組織，如社區心理健康中心，學校諮商課程。

無論情境如何，諮商員必須遵守的原則是一樣的：

1. 著重特定有時限的處境目標，注意指導幫助當事人減少生活現存壓力的程度，與壓力諮商有關的時間限制能提升並維持當事人的動機，檢視處理危機達到特定目標的新方法。
2. 危機介入必須幫助當事人，釐清和正確評估他們對來源的知覺和壓

力的意義。這種諮商提供主動的直接方法，促進當事人對所知覺壓力的認知再建構。

3.危機諮商設計幫助當事人發展有效、適合的問題解決機制，以返回壓力之前的功能層次。

4.因為危機諮商是現實導向，特別設計當事人澄清認知知覺，抗衡否認扭曲，提供情感支持，而不是提供錯誤的再保證。

5.無論如何處理來自不同文化、種族背景，危機介入策略通常包括當事人成員的既存關係網絡，幫助決定與執行有效的因應策略。

6.危機介入可以提供進一步諮商和未來發展服務的前奏（Ivey et al., 2002）。

　　所有原則指出危機諮商在實際與實務上的重要性，因此，諮商員必須注重當事人眼前的情境，鼓勵當事人遇到問題時，認清明顯的重點。

　　因為當事人在認定問題和解決問題變通方案有其困難，諮商員應該準備採用直接方法，有組織解決問題過程，幫助當事人認清相關環境永久性的支持，這個過程包括下列步驟：

1.**評估危機本質**：危機諮商的第一步是諮商員盡可能學習危機突然出現，已經規劃的因應機制是什麼，個人通常遵循因應型態是什麼。當然，諮商員可以質疑「在生氣中的個人或家庭」評估情境的嚴重性。

2.**幫助當事人認清及時性問題**：誠如前面所述，處在危機中的當事人，通常不易實際評估危機，諮商員幫助當事人實際具體的架構問題。

3.**事情在掌控中**：他們必須面對危機中的問題，一旦當事人將問題分析清楚，他們就能夠增加對問題的控制與個人能力。採取行動解決問題，開始重獲均衡感與個人權力感。

4.**認清支持的附加來源**：當事人開始說出危機，諮商員應該鼓勵他們認清來自家人、朋友和其他人的社會支持來源，一旦找出支持來

源，當事人就能獲得情緒支持與協助。

5.**認清個人優勢**：在危機中，個體可能喪失積極的特質，幫助他們認清個人的資源是可以增加他們的資產和自我責任感。

6.**探索情感**：正常情形，危機激起深度情緒，假如當事人能夠認清、表達，他們是可以有效處理。

7.**發展策略以因應情境**：諮商員應該協助當事人增加解決問題的能力，當危機諮商階段運用與當事人不是在危機時一樣的策略。然而，當嘗試問題解決策略，危機中的當事人需要有具體的方向和情感上的支持。

8.**計畫預防未來危機**：當事人回到較無壓力功能時，諮商員鼓勵他們掌握危機情境，認清預防問題的可能方式。如果解決技巧伴隨著增加個人資源層次，危機可以增進個體的成長（Ivey et al., 2002; Lewis & Lewis, 1986）。

三、自殺預防

危機諮商模式的早期發展是在1950年代後期和1960年代早期，隨著自殺預防日漸受到注意，自殺預防的現代方法是建立在洛杉磯自殺預防中心（Los Angeles Suicide Prevention Center）的 Farberow 和 Shneidman（Farberow, 1974; Farberow & Shneidman, 1961）破釜沉舟的工作上。該中心發展24小時電話危機熱線，首次訓練志工提供電話危機諮商。

在中心工作人員研究發展電話諮商的有效方法之後，他們廣泛分享資訊，使得危機介入方案遍及全國。在美國發生所有年齡層和背景的自殺數字與自殺意圖升高，在那時被視為緊急的國家問題，必須研究和主動性的預防評量。

因為介入發展科學方法已突破陳規，洛杉磯自殺預防中心不只視為模式，而且開啟自殺思想與行動本質的重要研究。這個研究開始於 Farberow 和 Shneidman（1961）發現上百名自殺紀錄的分析，McGee

（1974）提供兩項關於先前研究的結論：

> 我們講故事必須包括某些要素，就像許多自殺紀錄，兩位行爲
> 科學家在洛杉磯郡醫學檢驗師驗屍官辦公室偶然發現，伴隨著
> 這項發現而察覺到科學價值，使得 Norman Farberow 和 Edwin
> Shneidman 首次探索人過生活的心理過程。他們分析思考過程，
> 認清「自殺的邏輯」，調查情感狀態和揭開矛盾之處，分析溝
> 通，發現自我破壞的徵兆。因此，他們認爲自殺是可以預防的
> （頁5）。

這些有創意的研究持續努力，Shneidman 詳細發展檢討心理歷史，提供理解選擇自殺選項的思考。Shneidman（1987）提出這些發現，Shneidman 研究提出的資料有高度個人化的本質，他提出下列結論：

> 我已經學到，自殺不是自我破壞的怪物，或是不易了解的行
> 動。自殺的人利用特殊的邏輯思考，導致他們認爲死亡是解決
> 問題的唯一方法。這種型態確實存在，假如我們深入探究是有
> 步驟阻止自殺的（Shneidman, 1987, p. 56）。

Shneidman 研究發現，發展許多預防自殺的指南，例如，他們指出，因爲自殺的人在生活經歷到無法忍受的痛苦，諮商員應該幫助他們盡可能減少壓力，有時需要在自殺預防策略中涵蓋重要他人。

更進一步，因爲 Shneidman（1987）研究發現指出：自殺的人行爲舉止透露出不同的需求，心理健康專業工作者必須記得對每一位當事人說明危機介入。因爲自殺的人無法發現解決問題的變通方案，諮商員必須重複指出其他選項的確是有用的，最後因爲許多自殺的人有意的暗示，諮商員學習從自殺警訊中精確解讀並及時介入。

雖然所有年齡的人意圖自殺，過去幾十年發生在青少年的自殺確實嚴重提升（Recklities, Noam, & Borst, 1992），事實上，過去三十年美國青少年自殺實際數字已提升30%（National Institute of Mental Health,

2000）。

> 欲畫出青少年自殺受難者的剖面圖幾乎不可能，有些情況通常
> 與青少年家庭離婚痛苦，親子溝通障礙，雙生涯家庭，藥物酒
> 精濫用，家長，學業，同儕壓力，漂浮無根和家庭流動，害怕
> 未來工作，機會，個人人際關係有關（Peach & Reddick, 1991, p.
> 108）。

研究指出有些年青人比其他人更傾向自殺，危險群年青人特徵包括
下列：

1.自殺的先前企圖。
2.自殺的特徵（剪斷頭髮、用菸蒂燙傷自己、其他的自我虐待）。
3傾向社會孤獨（沒有朋友或只有一位朋友）。
4.學校失敗紀錄或逃學。
5.重要他人家庭關係或人際關係（家人或男女朋友）的決裂。
6.談及自己或別人的自殺。
7.親密朋友或親戚的自殺受害事件。
8.家無一物。
9.死亡的偏見。
10.最近重要失落或紀念某人。
11.突然殘暴行為。
12.比平常畏縮，不與人溝通、孤獨（Friedrich, Matus, & Rinn, 1985;
　　National Institute of Mental Health, 2000）。

學校是執行自殺預防方案的最佳場所，專業諮商文獻指出有效的、
以學校為本位的自殺預防方案必須是綜合性和系統性的。當學校發展自
殺預防方案時，將社區諮商架構視為指引，學校諮商員則能夠執行直
接、間接服務：

1. 直接個案服務：對認定自殺危險的學生提供個人、小團體諮商和教育指導服務。
2. 間接個案服務：提供職前訓練，幫助老師認定自殺危險的徵兆，製作書面說明，提供行政人員諮商教師評估自殺而致命的學生，和提供父母可用的資料。
3. 直接社區服務：發展、分送學生自殺預防資料，執行以教室為主的預防計畫，引導全校性心理篩選活動，認定面臨危險的學生。
4. 間接社區服務：與學校行政人員、老師合作發展書面過程，著重認定有自殺危機的學生，諮詢大社區內對自殺有專業知識技術的人。

> ## 摘　要
>
> 　　除了發展與執行預防功能障礙教育方案，利用社區諮商模式框架，提供給弱勢團體較密集性的諮商服務。一個人可以利用器官因素、壓力、因應技巧、自我尊重、社會支持，個人權力感的無能感方程式加以概念化。任何因素的改變會影響個人在任何時間受到的傷害程度。當當事人生活環境打垮因應資產時，他們可能需要額外的幫助。
>
> 　　嚴重的壓力可能造成許多身體、心理和社會問題，在這些壓力、高危險情境，無須特殊困擾的壓力即可以介入。個體是否可以因應長期或嚴重壓力，依賴他們的支持系統，自我效能感，問題解決技巧。社區諮商模式幫助心理專業工作者設計高危險個體計畫策略，提升這些當事人的生活技能和個人權力感。
>
> 　　許多以社區、學校本位的課程已經開始處理弱勢族群的外展服務，本章提到的案例包括下列：
>
> 　　1.課程設計幫助家庭度過分離、離婚。
> 　　2.課程協助懷孕的青少年轉換為人父母。
> 　　3.代理人投入配合拉丁人的心理與文化需求。
> 　　4.創造幸福課程處理家暴受難者。
> 　　5.處理受到家暴逼迫年青人的團體方法。
> 　　6.危機介入和預防自殺策略。
> 　　這些案例適應他們面對自己社區和學校情境的一般方法。

 能力建立活動 3.1
發展策略處理弱勢族群

　　考慮到特殊弱勢族群，在一張紙上列出特殊危險轉移可能發展問題的對象成員。其次，你已經在紙上列出每一種轉移情境，指出他們是否可以預防，現在直接注意這些你已指出可以預防的情境或轉變，簡要說明你身為諮商員可以做的事情，避免未來問題的發展。最後，列出一些事情，幫助這些人發展新的因應策略和個人優勢，使他們有效處理這些情境和轉變。

能力建立活動 3.2
擴展你的能力，提供弱勢族群外展服務的想法

當你完成能力建立活動 1.3（第一章），再思考一次，你正在諮商的特定團體利益，想想心中的特定個案對象，寫下造成弱勢族群未來心理問題的因素；其次，列下一些能提供幫助特定對象的人，未來可以避免危機情境的外展服務。

參考文獻

Aguilera, D. C., & Messick, J. M. (1981). *Crisis intervention: Theory and methodology*. St. Louis, MO: Mosby.

Alessi, J. J., & Hearn, K. (1998). Group treatment of children in shelters for battered women. In A. R. Roberts (Ed.), *Battered women and their families: Intervention strategies and treatment programs* (pp. 49-61). New York: Springer.

Amato, P. R. (1993). Children's adjustment to divorce: Theories, hypotheses, empirical support. *Journal of Marriage and the Family, 55*, 23-38.

American Association of Suicidology. (1989). *Postvention guidelines, school suicide prevention program committee*. Boulder, CO: Author.

Atkinson, D. R., Morten, G, & Sue, D. W. (1998). *Counseling American minorities* (5th ed.). Boston: McGraw-Hill.

Aubrey, R., & Lewis, J. A. (1988). Social issues and the counseling profession. In R. Hayes & R. Aubrey (Eds.), *New Directions for counseling and human development* (pp. 286-303). Denver: Love Publishing.

Bandura, A. (1989). Human agency in social cognitive theory. *American Psychologist, 44*(9), 1175-1184.

Banks, J. A., & McGee Banks, C. A. (1997). *Multicultural education: Issues and perspectives* (3rd ed.). Needham Heights, MA: Allyn and Bacon.

Behrman, R. E., & Quinn, L. S. (1994). Children and divorce: Overview and analysis. *The Future of Children, 4*(1), 4-14.

Bloom, B. L. (1984). *Community mental health: A general introduction*. Pacific Grove, CA: Brooks/Cole.

Bloom, B. L., Hodges, W. E., & Caldwell, R. A. (1982). A preventive program for the newly separated. *American Journal of Community Psychology, 10*, 251-264.

Brodsky, A. E. (1999). "Making it": The components and process of resilience among urban, African-American, single mothers. *American Journal of Orthopsychiatry, 69*, 148-160.

Carbone,J.R. (1994). A feminist perspective on divorce. *The Future of Children, 4*(1), 183-209.

Carlson, B. (1996). Children of battered women: Research, programs, and services. In A. Roberts (Ed.), *Helping battered women: New perspectives and remedies* (pp. 172-187). New York: Oxford University Press.

Center for Disease Control and Prevention. (2001). *National vital statistics reports: Births 1999* (DHHS Publication No. [PHS] 2001-1120). Hyattsville, MD: U.S. Department of Health and Human Services.

Cherlin, A. (1992). *Marriage, divorce, and remarriage*. Cambridge, MA: Harvard University Press.

Cowen, E. L. (1985). Person-centered approaches to primary prevention in mental health: Situation-focused and competence-enhancement. *American Journal of Community Psychology, 33*, 31-48.

D'Andrea, M. (1994). The Family Development Project (FDP): A comprehensive mental health counseling program for pregnant adolescents. *Journal of Mental Health Counseling, 16*(2), 184-195.

Donaghy, K. (1995). Beyond survival: Applying wellness interventions in battered women's shelters. *Journal of Mental Health Counseling, 17*(1), 3-17.

Elsenrath, D., Hettler, B., & Leafgren, F. (1988). *Lifestyle assessment questionnaire* (5th ed.). Stevens Point, WI: National Wellness Institute.

Farberow, N. L. (1974). *Suicide*. Morristown, NJ: General Learning Press.

Farberow, N. L., & Shneidman, E. S. (1961). *The cry for help*. New York: McGraw-Hill.

Friedrich, M. C., Matus, A. L., & Rinn, R. (1985). *An interdisciplinary supervised student program focused on depression and suicide awareness*. New York: New York Department of Education.

Hage, S. M. (2000). The role of counseling psychology in preventing male violence against female intimates. *The Counseling Psychologist, 28*, 797-828.

Hanson. S. L. (1992). Involving families in programs for pregnant teens: Consequences for teens and their families. *Family Relations, 4I*, 303-311.

Hayes, R. L., & Hayes, B. A. (1988). Remarriage families; Counseling parents, stepparents, and their children. In R. Hayes & R. Aubrey (Eds.), *New directions for counseling and human development* (pp. 465-477). Denver: Love Publishing.

Herzberger, S. D. (1991). Conflict tactics scale. In D. J. Keyser & R. C. Sweetland (Eds.), *Test critiques* (Vol. 8, pp. 98-103). Austin, TX: PRO-ED.

Holmes, T., & Rahe, R. (1967). The social readjustment rating scale. *Journal of Psychosomatic Research, 11*, 121-128.

IBA Factsheet. (1994). *IBA VIVA!* [Brochure]. Boston: Author.

Ivey, A. (1995). Psychotherapy as liberation: Toward specific skills and strategies in multicultural counseling and therapy In J. G. Ponterotto, J. M. Casas, L. A. Suzuki, & C. M. Alexander (Eds.), *Handbook of multicultural counseling* (pp. 53-72). Newbury Park, CA: Sage.

Ivey, A. E., D'Andrea, M., Ivey, M. B., & Simek-Morgan, L. (2002). *Counseling and. psychotherapy: A multicultural perspective* (5th ed.). Boston: Allyn and Bacon.

Jones, J. M. (1997). *Prejudice and racism* (2nd ed.). New York: McGraw-Hill.

Langston, D. (1995). Class and inequality: Tired of playing monopoly? In M. L. Andersen & P. H. Collins (Eds.), *Race, class, and gender: An anthology* (pp. 17-100). Dubuque IA: Wm. C. Brown.

Lazarus, R. (1980). The stress and coping paradigm. In L. A. Bond & J. C. Rosen (Eds.), *Competence and coping in adulthood* (pp.28-74). Hanover, NH: University Press of New England.

Lewis, J. A., & Lewis, M. D. (1986). *Counseling programs for employees in the workplace*. Pacific Grove, CA: Brooks/Cole.

Lewis, J. A., Sperry, L, & Carlson, J. (1993). *Health counseling*. Pacific Grove, CA: Brooks/Cole.

Locke, D. (1998). *Increasing multicultural understanimg: A comprehensive model* (2nd ed.). Thousand Oaks, CA: Sage.

McFadden, S. (1992, April). *The spiritual dimensions of a "good old age."* Paper presented at the 38th Annual Kirkpatrick Memorial Conference on Mental Health and Aging, Ball State University, Muncie, IN.

McGee, T. F. (1974). *Crisis intervention in the community*. Baltimore: University Park Press.

McWhirter, E. H. (1994). *Counseling for empowerment*. Alexandria, VA: American Counseling Association.

Merced, N. (1994). *Description of IBA's community counseling strategy*. Boston: Inquilinos Boricuas en Acción.

National Institute of Mental Health. (2000). *Suiciae facts*. Washington, DC: U.S. Government Printing Office. [Available: www.nimh.gov/research/suifact.htm]

National Mental Health Association Commission on the Prevention of Mental-Emotional Disabilities. (1986). *The prevention of mental-emotional disabilities: Report of the National Mental Health Association Commission of the Prevention of Mental-Emotional Disabilities*. Alexandria, VA: National Mental Health Association.

Neville, H. A., & Mobley, M. (2001). Social identities in contexts: An ecological model of multicultural counseling psychology processes. *The Counseling Psychologist, 29*, 471-486.

Peach, L., & Reddick, T. L. (1991). Counselors can make a difference in preventing adolescent suicide. *School Counselor, 39*, 107-110.

Pedro-Carroll, J. L., & Cowen, E. L. (1985). The children of divorce intervention program: An investigation of the efficacy of a school-based prevention program. *Journal of Consulting and Clinical Psychology, 53*, 603-611.

Persell, C. H. (1993). Social class and educational equality. In J. A. Banks & C. A. Banks (Eds.), *Multicultural education: Issues and perspectives* (2nd ed., pp. 71-89). Boston: Allyn and Bacon.

Poland, S. (1990). *Suicide intervention in the schools*. New York: Guilford Press.

Recklitis, C. J., Noam, G. G., & Borst, S. R. (1992). Adolescent suicide and defensive style. Suicide and Life-Threatening Behavior, *22*(3), 120-129.

Roberts, A. R. (Ed.). (1996). *Helping battered women: New perspectives and remedies*. New York: Oxford University Press.

Salzman, M., & D'Andrea, M. (2001). Assessing the impact of a prejudice prevention project. *Journal of Counseiing and Development, 79*, 341-346.

Scheurich, J. J. (1993). Toward a discourse on white racism. *Educational*

Researcher, 22, 5-10.

Scheurich, J. J., & Young, M. D. (1997). Coloring epistemologies: Are our research epistemologies racially biased? *Educational Researcher, 26,* 4-16.

Shneidman, E. S. (1987, March). At the point of no return. *Psychology Today,* 54-58.

Snyder, C. R. (1995). Conceptualizing, measuring, and nurturing hope. *Journal of Counseling and Development, 73*(3), 355-360.

Sprenkle, D. H. (1990). The clinical practice of divorce therapy. In M. R. Textor (Ed.), *The divorce and divorce therapy book* (pp. 37-91). Northvale, NJ: Jason Aronson.

Stensrud, R., & Stensrud, K. (1983). Coping skills training: A systematic approach to stress management counseling. *Personnel and Guidance Journal, 62,* 214-218.

Stokols, D. (1992). Establishing and maintaining healthy environments: Toward a social ecology of health promotion. *American Psychologist, 47*(1), 6-22.

Stolberg, A. L., & Garrison, K. M. (1985). Evaluating a primary prevention program for children of divorce. *American Journal of Community Psychology, 13,* 111-124.

Straus, M. A. (1989). *Manual for the conflict tactics scale* (CTS). Durham: Family Research Laboratory, University of New Hampshire.

Sue, D. W, & Sue, D. (1999). *Counseling the culturally different: Theory and practice* (3rd ed.). New York: Wiley.

Sullivan, C. M. (1991). The provision of advocacy services to women leaving abusive partners: An exploratory study. *Journal of Interpersonal Violence, 6,* 45-54.

Surgeon General Report. (2001). *Mental health: Culture, race, and ethnicity.* Department of Health and Human Services. Washington, DC: U.S. Government Printing Office.

U.S. Bureau of the Census. (2000). *Household and family characteristics.* Washington, DC: U.S. Government Printing Office.

Wilson, S. D., Cameron, S. Jaffe, P. G., & Wolfe, D. (1986). *Manual for group program for children exposed to wife abuse.* London, ON: London Family Court Clinic.

社區諮商與諮商過程

即使是在多元化情境，社區諮商模式有一套統整各種服務的價值，在此架構下的諮商實務，乃是強調當事人的優勢，而不是他的缺點。了解影響每一個人的社會環境，他們不只是被動回應，而是尋求協助預防問題。在社區諮商架構下，實務工作者了解，他們提供機會給每一個人學習技巧和資源幫助自己時，他們的作為是有效的。

為了配合這些價值，諮商員創造多面向課程，進行個別諮商，包括預防教育，民眾因應高危險情境的外展服務，維護被汙名化的對象，全力影響政策。前一章已經強調擴展諮商員角色的重要性，和有效促進多數人心理健康與幸福的責任。

本章在檢驗社區諮商框架直接服務諮商的角色，包括：個別諮商與團體諮商。特別的是，本章強調當諮商各種個案對象，需要說明賦能和發展性、因應和多文化議題。在諮商過程中心理健康專業工作者重視這些因素，才能提供有價值的服務，促進當事人心理健康、幸福感，以及受到合乎倫理的尊重。

直接諮商的角色

不論是預防與外展的重要性，第二章和第三章很清楚說明直接諮商預防策略，仍是社區諮商模式的重要部分。諮商員界定諮商，是一對一直接幫助當事人。雖然心理健康專業工作者難以接受個別諮商晤談是促進當事人心理幸福的基本途徑，它仍是社區諮商的基本區域。

社區諮商的價值在促進人類發展、賦能和幸福——強烈影響諮商過程的本質。依此模式，諮商員了解當事人對他們生活上的責任，和環境對他們的影響，諮商員強化他們的希望，激勵他們解決問題的責任，提升個人能力，而無須因為問題而受到責難。

一、四種責任模式

Brickman 等人（1982）在二十年前很清楚提出諮商員對當事人問題協助過程的責任：

> 個人是否應該爲創造問題負起責任，是否爲解決問題負起責任，都是決定四種基本不同導向的因素，每一種內在本質是一致，每一項在評量上與其他三者不太調合（頁369）。

Brickman 和他的同事提出以下四種導向：

1.道德倫理模式：人對創造與解決問題都有責任。
2.醫療模式：人對創造與解決問題都沒有責任。
3.啓蒙模式：人對創造問題有責任，但對解決問題沒有責任。
4.補償模式：人對創造問題不必負責，但對解決問題有責任。

例如物質濫用，可以了解這四種對相同問題的概念，支持者是如何的不同（Lewis, Dana, & Blevins, 1993），信奉道德倫理模式者將物質濫用的責任歸諸於個人。因此，假如喝酒與使用藥物已成問題，意志力是解決的方法。相對的，醫療模式的支持者認爲當事人控制的不是問題，不是解決方法。雖然當事人必爲其疾病受到指責，可是沒有處境是無法恢復健康的。

依據啓蒙模式，雖然人爲過去的行爲和問題解決承擔責任，他們可以發現周圍外在力量凌駕他們。結果，匿名戒酒（Alcoholics Anonymous）鼓勵成員「修正」過去行爲，過著有能力的生活，最後補償模式支持者認爲無論問題是否爲他們所製造，期待個人爲解決自己問題負責。簡單的說，Lewis（1994）認爲物質濫用的病源，完全與其他因素有關：包括不只是自我概念的分離復原過程，問題行爲與個人認同，幫助物質濫用個案改變行爲。

可以利用 Brickman 和他的同事（1982）所提出的模式，無論問題如何，人解決問題的責任模式，比不能負起責任模式，更能增加他們的能力（頁 375），同時將問題歸諸於外在因素的模式較無法激起罪惡感或自責。

補償模式能提出雙重好處，Brickman 和他的同事（1982）解釋，補償模式因應的優勢是允許人試著向外表現其精力改變環境，不必爲製造問題受到指責（頁 372）。因此，在社區諮商模式中的補償模式，平衡個人責任感、個人希望，與對環境影響衝擊的認知。

二、了解與滋養希望

尋求諮商的個案都經歷到在他們遇到問題時，都沒有做好充分有效的準備，這些問題導致他們憂鬱、挫折或憤怒。當持續一段時間後，通常侵蝕個人未來美好的希望，因爲失去希望，包括許多方面的心理健康與幸福，社區諮商模式強調，諮商員主要是在促進當事人希望的重要功能。儘管促進個案充滿希望的特質很重要，可是此項議題在專業諮商文獻尙未引起注意。

希望（hopefulness） 意指對和生活有關聯新的潛能的一種內在期待，較大的滿足感。雖然人在當下，希望燃起信念，我們能夠實現促進個人心理健康與他人依賴之間的新潛能、新領悟和新技能。

（一）希望與心理健康

希望與心理健康的關聯大家有目共睹，研究者提出高度無助感與外顯的憂鬱症、挫折、物質濫用和自殺意念有密切關聯。另一方面，充滿希望的人生活快樂，沒有壓力，有較好的因應技能，身體受傷後快速恢復，工作上較無倦怠感（Elliot, Witty, Herrick, & Hoffman, 1991; Sherwin, Elliot, Frank, & Hoffman, 1992）。

最近，其他研究者指出，希望是促進所謂正向心理學的支持因素（Seligman & Csiksentmihalyi, 2000）。正向心理學是與研究一般人優勢與

優點諮商與心理領域內，一股正在成長理論力量的科學（Sheldon & King, 2001）。「正向心理學的任務是在了解和培養個體在社區社會繁榮成長的因子」（Fredrickson, 2001）。依據 Seligman 和 Csiksentmihalyi（2000）的看法，希望是促進一個人對未來樂觀關鍵的心理因子，如此，它可以有效消除許多個案經歷到有關心理困難的無助感和玩世不恭。

雖然被發現無助感與心理健康有高度相關，此議題卻少爲諮商理論者、研究者、實際工作者所注意。Snyder（1995）指出，心理健康專業者已經「對希望感到懷疑和模糊不清，認爲它太模糊不易評量，除非我們能夠評量它」（頁 355）。最近，許多專業工作者已經開始看到諮商員對個案希望的概念、評量和滋養（Elliott et al., 1991; Sherwin et al., 1992; Snyder, 1995）。我們提出努力的成果是在幫助心理健康專業工作者，了解促進當事人希望的重要性。

（二）研究希望

希望包含兩種成分：有所作爲的感受和對是有概念的能力，Snyder（1995）稱爲「路徑」。說明**個人作爲（human agency）**邁向目標的意志力和心理能量層次，人類有所作爲稱之爲自我效能（Bandura, 1989; Constantine & Ladany, 2001），影響未來樂觀態度（Bemak, 1998; Scheier & Carver, 1987）。希望的另一方面與個人利用健康滿足的生活通路或知識能力有關（Bemak, 1998; Goldstein, 1992）。

諮商員培養當事人的行動感覺和創造發展通路機會，提升最佳功能層次和個人滿足，滋養當事人的希望。幫助當事人發展新目標，增加自我信心，和發展新的生活技能，提升他們的希望。

該領域的進展不是立即發生，通常是促進該領域改變其他元素。例如，可以藉由諮商澄清目標，增加人的作爲和通路。同樣的，諮商員將發現幫助個人認清目標，朝向特定目標路徑發展的動機。

重要的是，希望本身不是永遠，它是積極正面的。就如 Snyder（1995）指出：

希望最後會產生不良後果是個人與其他受到傷害相互比較，追求目標。將成果最大化，在脈絡中希望燃起追求自我中心目標，需要的是居住和工作的環境，在支持的氣氛中彼此交互作用，滿足個人與團體目標。這意謂著人們居住在任何環境，都可能察覺到他們有達到成功的作為與通路。諮商員的角色是在協助人們以較有希望的方式思考和幫助他們對自己和周遭建立有希望的環境（頁359）。

依此觀點，諮商員滋養希望，最後增加當事人及其自己個人與社會責任。討論再界定專業目的，Bemak（1998）提議，無論是否在個別諮商情境或努力促進生態的改變，諮商員有責任培養正面的社會改變，以增加未來的希望感。進一步慎思此觀點，Bemak（1998）指出：

再界定專業和創造改變的一個重要觀點，是培養希望改變的願景。希望已經界定為堅忍行動前的情況，當事人需要做某種改變，以改善幸福感。如果沒有抱負、希望、遠景，則無深謀遠慮，改變的衝力消失了。對城市低收入地區設計藥物預防課程，不只需要耐性、技能和堅忍力，更需要改變信念和願景（頁283）。

Bemak討論強調，利用希望是成為提升個人與社會責任感重要的手段，社區諮商模式與諮商員、當事人從努力發展個人和社會責任的希望中獲得益處的觀點糾纏不清。

傳統諮商典範導致許多專業工作者，未能妥善注意與當事人責任有關的議題（Ivey, D'Andrea, Ivey, & Simek-Morgan, 2002），避免處理廣泛的社會責任感（D'Andrea et al., 2001）。社區諮商模式重視增加培養當事人的社會責任感的重要性，然而，它強調需要超越傳統滋養社會責任感的內化。本章下列部分是在檢驗培養當事人個人責任感，自我效能，自我管理技能和他們社會責任感的相互關聯。

提升個人責任感

　　Young-Eisendrath（1988）指出，當一個人想像自己是創造快樂生活的代理人或行為者，會增加其個人責任感（頁82）。為了培養責任感，諮商員必須創造當事人經歷成功的機會，體認到自己權力，包括：學習社會技能，發展晤談技巧，學習有效的決定。當事人經由諮商經驗到成功，專業工作者應該幫助他們在其他情境學習新的個人權力感。

一、自我效能

　　Bandura（1989）認為，**自我效能（self-efficacy）**的定義是指一個人為了處理環境，能夠動員認知與行為技巧的個人能力。**知覺到的自我效能（perceived self-efficacy）**是指個人對於處理生活挑戰的能力，如何判斷自我效能深深影響他們的行為。例如，當遭遇挫折時，認為缺乏效能的人偏向避免挑戰，很快的放棄，有強烈自我效能者能堅忍面對困難（McWhirter, 1994）。如同Bandura（1982）指出，

> 在現有活動中，保證最佳能力、技能、自我信念、成功的功能
> 是有需要。假如缺乏自我效能，人們即使知道如何去做，卻會
> 偏向無效的作為。知覺到的自我效能越高，完成表現就越大。
> 效能的強度可做為預測行為的改變，知覺到的自我效能越高，
> 人民越可能堅持他們的努力成功（頁127-128）。

　　假如當事人相信他們有自我效能，他們就越有可能解決問題（Constantine & Ladany, 2001）。結果，達成目的和成功的手段，自我效能都是很重要的。諮商員在個別諮商和小團體諮商階段，鼓勵他們了解自己盡可能控制問題行為，幫助強化當事人自我效能。

二、自我管理行為改變

許多人想要改變行為，但無法做到，只好尋求諮商，假如當事人能夠學習行為改變原則，他們更能學得控制自己的生活。的確諮商員可以利用行為諮商策略，教導當事人管理自己行為的技能。

訓練自我管理需要來自助人者強烈與早期的支持，與當事人逐漸依賴他們新發展的技能，這些技能包括：（1）自我監控；（2）與自己或別人互動，建立特定規律；（3）為自行應驗尋求環境的支持；（4）自我評估；（5）為了達成自我控制，有強烈力量增強後果。自我控制概念應用到個人帶來強而有力的後續效果，影響其行為，獲致長遠的個人利益（Ivey et al., 2002）。

行為管理建立在已經學習的原則上，簡單的說，人們可以依據行為後續效果，學習重複或避免行為。假如行為獲得正面增強，個人的企圖將重現，增強越有規律，反應越有可能。另一方面，假如行為受到處罰或未增強，未來發生就越少，最後可能消失。人可以從環境特定的刺激，學習有關聯的行為。在這些情境，刺激暗示，既定行為將受到正面增強，重複出現作為。

藉由有目的操弄線索和環境的增強，個體能夠學習改變他們的行為。他們選擇特定獎勵，成功表現想要的行為，增加正面行為的表現。他們減少負面行為的重複出現，改變環境線索，減少或取消，他們已經認定作為增強或替代性正面行為不相稱、不受喜歡的行為結果。

從自我管理觀點來看，改變行為的第一步是建立可以測量的目標，這與幫助當事人認定和表明他們想要學習的行為，轉化模糊不清的目標為具體可測量的。當事人可以選擇正面增強，成功表現既定的行為，假如想要的行為是困難複雜的，諮商員應該幫助他們建立次要目標（sub-goals），促進逐步增加行為改變，在選定時間內達到廣泛人們可以成功達到的成就。

在個人建立實際目標之前，他們必須獲得活動的基本比率，觀察、記錄他們想要改變目前行為的表現頻率。一旦諮商員已經蒐集基準線的資料，建立特定行為目標，他們比較能幫助當事人計畫他們的介入。

當當事人執行計畫，他們應該保持自己進步的紀錄，如此從基準線的改變，將會精確顯著。首先，標的行為應該每次發生即予增強；之後，增強是斷斷續續的；最後，內在增強取代外在增強，不需維持紀錄。此時，當事人已經學會行為管理技能，較能掌控自己的生活。經由過程，諮商員表現教育和支持性的角色，當事人需要自己決定行為的改變，提供最初的鼓勵、訓練和持續的支持（Watson & Tharp, 1993）。

有效利用自我管理行為改變方法，也需要依賴諮商員對於型塑自我管理行為的能力。如此，就如 Lewis、Sperry 和 Carlson（1993）所說：「假如我們想幫助當事人自我管理行為，我們必須自己成為自我管理者。假如希望幸福是案主的一部分，它也必須是我們自己的一部分」（頁290）。

三、社會責任

有限的資源加上地球上人們與日俱增的需求，逐漸提升我們對全球性社區內在連結與依賴的覺醒（Lator, 1993），遠遠超過我們過去的想像，直接、間接衝擊我們的環境和其他人。

在某些情境下，個人容易注意社會對別人的影響，如親職教育、教學與諮商。以寬廣的角度來看，現代民主社會的優勢，最後全球區域系統的生存能力，視人們對社會回應的能力與意願而定。

（一）跳脫傳統模式

臨床專業工作者強調社區諮商模式是在促進社會責任，與傳統個別治療諮商典範是完全不同的，前面提及，諮商員工作中利用此框架，培養建立當事人的正面社區態度和技能。有必要提供諮商員與當事人合作

機會，討論他們的社會責任，例如，為人父母，學生、職場同仁或美國公民，這些討論提供參與者學習、敏感度、照護與對別人的回應。

因為協助當事人的諮商過程發展，提升社會責任，與傳統諮商取徑有明顯的不同，特別是強調滋長個人責任的重要，作為自我實現的手段，諮商員必須充分了解社會責任和如何提升諮商。

社會責任（social responsibility）是指個人注意其他人主動回應的需要，作為回應他人的能力與意願，強調尊重與關心他人與我們居住的環境。**尊重（respect）**是指對有價值的人、事物的尊敬。社區諮商模式的脈絡，有三種形式：對自己的尊重，對他人的尊重，對所有生活形式和維持他們環境的尊重（Lickona, 1992, p. 43）。

一個人可以視社會責任的發展是持續不斷，從自我中心導向改變為他人中心導向的過程。幫助當事人發展社會責任感，是在促進這種改變。幫助當事人達成他人中心（other-centered）的觀點並不是說專業工作者應該放棄他們激勵個人責任的努力，而是視促進個人責任與社會責任為對立或無關的目標，社區諮商模式包含助人過程的補充性和內在彼此相關的面向。

（二）發展社會責任的方法

McWhirter（1994）提出專業工作者在諮商時，幫助滋長個人和社會責任的各種方式。她的「賦能諮商」模式提出許多實際的策略，諮商員能夠協助當事人在社會主宰受困情境和受到歧視時，增進個人責任與社會責任。這包括許多人所說RESPECTFULY 諮商模式（請看第一章），身受種族歧視或身體暴力或因為性別認同，年齡或身體殘障受到歧視待遇的人。

其他諮商介入促進個人與團體對同儕冥想、學校諮商的責任（Lupton-Smith, Carruthers, Flythe, Modest, & Goette, 1995）。

諮商員在這些課程盡力培養個人責任，依據下面兩步驟：

1. 與學生（個別或團體）討論廣泛發展生活能力與領導技能的重要性，進而有效與人溝通有關他們經歷到的衝突與生活上的困難。
2. 提供訓練，促進學生發展校內廣泛人際問題解決技能（D'Andrea, 2001）。

培養能力與個人責任來提升社會責任感

　　除了發展學生個人較強的個人能力、責任感所需要的人際技巧，這些課程也嘗試增加同儕調解人或諮商員的社會責任。隨著增加學生如何了解他們新技能的機會，並幫助創造主動回應社會環境的能力。激勵學生利用新學習的人際關係技能幫助同儕與因應壓力，直接經歷到個人發展與從社區或學校得到的利益聯繫。

　　D'Andrea 和 Daniels 已經列出諮商策略，作為培養增加被診斷有長期心理問題成年人的個人和社會責任。在部分的醫院工作，當事人關心有關他們的責任並提出討論。

　　後者討論包括深度檢視當事人對自己、家庭、精神治療社區和廣泛的社會政治社區的責任，必須花費許多時間談論人們心理幸福與個人社會責任的關係（D'Andrea, 1994; D'Andrea & Daniels, 1994）

　　試圖說明較有回應性和處理環境的方法，團體成員討論志工課程，社會行動方案，社區自助組織，鼓勵當事人參加，選擇參加其中一種和至少參加兩次會議。

　　心理治療團體引發的資訊、支持、鼓勵導致一些成員參加地區性志工組織（如教會團體或學校家教課程），志工在地區投票人登記陣營，在公聽會作證，保護在州層級的心理健康經費被裁減的提案，當事人參與這些活動，因而提升個人價值和心理幸福（D'Andrea & Daniels, 1994）。

一、發展階段

　　許多因素影響一個人成為更負有個人與社會責任，這些包括自信、生活技能、因應能力和環境支持，其中一項最重要的是心理成熟。當事人能夠精確評估發展階段，通過成為有活力先決條件的計畫、執行個別團體諮商介入（D'Andrea & Daniels, 1994; Ivey et al., 2002）。

　　成為較有個人與社會責任需要**發展性（developmental）**的變革，或堅持和複雜的改變，導致質的變異。因此，發展性的變革，是個人以前的思考、知覺、感覺和作為呈現轉型的改變（Sprinthall, Peace, & Kennington, 2001）。

　　過去，發展理論已經強調高階段功能價值，認為一個人不應該解釋比低階段功能高明（Loevinger, 1976）。最近，在複雜需求與挑戰社會政治環境中，一些人的提議特別重要，需要與心理發展較成熟階段的心理技能和特徵。D'Andrea（1988）認為從發展的觀點來看，高階段功能容易辨識，最後有效因應後工業社會的需求（頁24）。

　　假如這是真的，諮商員將促進當事人心理發展，試著培養學習較好的推理能力和行為能力。因此，當社區諮商工作強調加強當事人的個人權力和自我效能，它也是承認諮商過程創造條件的重要性，有意刺激高階段的心理發展。

　　然而有效執行發展取徑，諮商員必須對人類發展的過程與內容，在理論上清楚了解。有些結構發展理論已有三十年之久，這些理論幫助諮商員較能了解人類是如何發展，發展什麼（Kegan, 1982, 1994; Kohlberg, 1984; Loevinger, 1976）。

（一）結構性發展

　　結構性發展模式是建立在一些基本理論命題上：

1.發展的原動力建立在建構個人生活經驗的意義及與生俱來的驅力上（Kegan, 1982, 1994）。

2.心理發展是以一系列可被認定、不變、有階層的階段來展現（Kohlberg, 1984; Sprinthall et al., 2001）。

3.從一階段到另一階段的改變，其特徵是以思考、作為、感覺較複雜的方式來顯現（Ivey et al., 2002; Loevinger, 1976）。

這些發展階段是以質性不同方式詳細探究自己和世界，每一階段對**意義詮釋（meaning making）**提供獨特的參考架構，或主動對個人生活經驗建構意義的天賦傾向，而不是被動接受來自環境意義（Kegan, 1994）。

從一階段到另一階段的改變，以其個人能力和成熟感作為依據，如個人心理發展，他們增加詮釋生活能力以區分、綜合性和統整方式作為規準（D'Andrea & Daniels, 1994）。他們的觀點從重心在自身，到思考其他人的觀點與需要，結果高階段功能比低階段功能對情境和事件有更多精確的詮釋（Sprinthall et al., 2001）。

心理發展的結構理論也提出發展階段是可預測、有順序的型態：每一階段統整重組前一階段的元素與特徵，這種型態呈現自身是一系列質的不同發展關鍵點，稱為**重要階段系列（milestone sequences）**（Loevinger, 1976, p. 55）。

從結構主義觀點來說，即使發展階段沒有完全依賴長期性的成熟，但多少與時間有關。就如 Young-Eisendrath（1988）指出，當支持性發展出現時，早期階段典型與時間有關，然而，當進一步發展未受環境支持時，個人可能停止發展。因此，成年人在階段發展功能，顯現的是兒童時期，青少年時期而不是成年人時期（頁71）。

支持這些發展的前提已從不同情境和文化背景的人，獲得不同實驗性研究結果（Kohlberg, 1984; Loevinger, 1976）。

雖然所有的結構主義利用階層模式說明心理成長，他們仍將模式應

用到人類發展。例如，Loevinger（1976）說明自我發展的階段，Kohlberg（1984）解釋道德推理的過程與層次。

1.自我發展

Loevinger（1976）研究提出自我發展階段的認定，我們可以了解自我發展是從個體心理簡單到複雜，個別差異到自我反思的演進過程。這個過程涵蓋從衝動、自我中心導向到自我控制和他人導向的改變（Sprinthall et al., 2001）。

誠如Loevinger的定義，自我提供個人生活經驗的意義。當一個人已經進入到自我發展的高層次，他能處理複雜的概念。Loevinger的理論架構包括七個發展階段和兩個層次，簡述如下列：

（1）**社會前期**：在此階段的發展，人在心理上不能區別自己與他人的不同，雖然對嬰兒是正常階段，若兒童無法超越，往往產生自閉症。

（2）**衝動期**：人為他們自己的衝動、身體感覺、攻擊性所掌控，在此階段的特徵是有限的認知能力，無法控制衝動，人無法了解個人與社會責任的原理。

（3）**自我保護期**：在這個發展階段，超越害怕被他人發現而受到懲罰，個人較能控制衝動，在他們操作之下提升自我防衛。在此階段，個人開始型塑自己的責任感，明顯的自我中心是此階段的特徵，限制他們對社會責任興趣的理解。

（4）**遵守外在規範期**：在此階段，個人認知能力建立在簡單具體運作上，此認知形式伴隨遵守外在規範和為他人所接受，遵守團體標準的強烈需要，是顯現社會責任感的基本現象。

（5）**自我覺察期**：在此階段，人們開始展現自己與其他團體不同的規範、價值、目標，對個人與社會責任有成熟地理解，意圖反映自己的思想與行為。

（6）**有良知階段期**：發展較複雜的認知能力，增加自己決定標準作

爲的能力。在此階段，當人不能完成個人與社會責任感時，他們有較高的罪惡感和內疚。

(7) **個人化期**：提升對於獨立──依賴、個人應盡義務、忠誠的興趣與關注是此階段的特徵，此層次通常對個人、社會、家庭責任會出現內在衝突。

(8) **自動自發期**：人們已經學會因應內在需求衝突與容忍模糊，對他們自主的尊重，關注社會影響和自己實現，成爲較客觀，了解複雜的概念，增加人們對動力社會脈絡的覺察。

(9) **統整期**：在此階段個人妥適解決內在衝突，放棄無法達成的，珍惜個性，關注尊重他人的統整與認同。

雖然這些階段依序發生，可是並非每一個人都完全通過，事實上，只有 1％ 的成年人，心理能力能夠運作到自我階段有關的統整期（Loevinger, 1976）。

2.道德發展

道德發展是指獲得社會「正確與錯誤」的過程，進一步解釋，人發展認知能力促進對倫理原則與行爲的複雜了解（Gilligan, Ward, & Taylor, 1988; Kegan, 1994; Kohlberg, 1984）。過去四十年，在道德發展領域，有兩大特別重要理論與實際貢獻，Kohlberg（1969,1971）已經指出關於人們所經歷的階段，對發展人類道德議題有較精細的了解許多現代心理思想。最近 Gilligan（1982）已經補充 Kohlberg 理論，說明男人與女人解決道德兩難意義的不同。

Kohlberg 的道德發展是指個人解決道德衝突決定對與錯的推理過程，是觀點的衝突或利益（Hayes, 1986, p. 74）。個人利用推理能力處理道德兩難，決定他的發展階段。Kohlberg（1984）認定道德發展三個層級，每一個層級包含兩個明顯階段：

層級一：道德成規前期

　　階段一：避罰服從取向：在此階段的發展，人避免懲罰，接受權威權力，作為道德決定。更進一步，只有實際生理受傷和懲罰時才考慮別人權利。

　　階段二：個人主義，工具性目的和交易：當發現與別人利益相衝突時，人以自己的利益作為判斷對錯的依據。人類權利基本上是以交換產品、服務、資源所有物為依據。

層級二：道德循規期

　　階段三：人際相互期待，人際關係和順從，關注與他人期待一致，照顧他人和遵守「金科玉律」為此階段特徵。

　　階段四：社會系統與良知：關心支持法律，執行社會責任，避免系統崩潰。

層級三：道德自律期

　　階段五：法治觀念和個人權力取向，個人了解多數價值和觀點是相對的。以社會契約利益支持他們，這個階段的人認定最多數人的最大利益。

　　階段六：普遍倫理原則：人們選擇自己的倫理原則並維持他們的忠誠，如正義和人類尊嚴原則凌駕法律的衝突案例。

（二）發展理論在諮商實務上的運用

　　Kohlberg（1984）和Gilligan（1982）的道德發展理論與Loevinger（1976）自我發展理論已經普遍運用到諮商。一些專業工作者提出，可以利用發展理論到諮商實務上，當事人心理成熟的方法，包括下列：

　　1.有意依據當事人發展階段配合特定諮商取徑（D'Andrea & Daniels, 1992, 1994）。

2.以道德兩難方式呈現當事人在個別或團體階段提供他們高層次思考
　的認知衝突（Kuhmerker, 1991）。

　　最適合諮商實務的結構性發展理論，綜合性的統整是從Ivey（1986,
1991, 1994）的發展諮商理論（Developmental Counseling and Therapy,
DCT）架構而來。Ivey（1994）強調諮商過程對培養當事人的心理發展
有兩個方面：

1.引導發展性評估：這包括評估當事人組織世界的方式——他們對自
　己、其他人和情境如何思考與感覺（Ivey, 1994, p. 265）。
2.利用發展質疑技巧：熟悉當事人意義建立系統（Kegan, 1994），專
　業工作者有意配合他們的語言和個人發展觀點的溝通型態來進行。

　　DCT提供諮商員一種卓越詳細的特定諮商模式觀點的方法，刺激當
事人的心理健康。

二、多元文化諮商和治療

　　Ivey（1994）最近特別注意諮商的文化面向，擴展他對DCT的想
法。結果他和其他人發展新的模式稱之為多元文化治療模式
（Multicultural Counseling and Therapy, MCT）（Sue, Ivey, & Pederson,
1996）。許多理論與實務的考量，特別是在美國快速多元文化和諮商員日
漸需要執行文化取徑，強調此模式運用於諮商專業的理想。

　　許多思考性的產品，MCT過去許多年，為不同發展（Piaget,
1970），文化認同（Cross, 1995; Helms, 1995; Sue & Sue, 1999）和教育
（Freire, 1972）理論家分享綜合概念。雖然MCT對諮商是一種相當新的
理論，可是它卻獲得理論家、研究者和實務工作者的認同（Ivey et al.,
2002）。

　　對不同文化背景對象諮商時，諮商員必須了解一個人的文化種族背

景，如何影響他／她的心理發展（Sue & Sue, 1999）。過去若干年，多元
文化諮商理論家與研究者，已經提出新的發展模式幫助解釋這種影響
（Ponterotto, Casas, Suzuki, & Alexander, 2001; Ponterotto & Pederson,
1993）。

雖然這些模式，沒有完全落入同一類的結構理論，它們建構與個人
認同發展作為美國文化團體一部分有關的一套階段。這些階段的說明提
供諮商員有利思考當事人種族（Phinney, 1990），民族（Carter, 1995;
Helms, 1995）和少數發展認同（Atkison, Morten, & Sue, 1998）。下列部分
提出這些模式的簡要概覽和討論在諮商實務上的運用。

（一）少數認同發展的階段

少數認同發展（Minority Identity Development, MID）（Atkinson et al.,
1998）對來自非白種少數團體在貶抑他們文化、種族和背景的環境內，
如何發展其個人認同感，提供有趣的解釋。在此模式，所謂**少數
（minority）**是指不斷受到主流社會團體主宰的人們（Atkinson et al.,
1998, p.13）。此模式與第一章所提到的RESPECTFUL諮商架構有關，它
提出人的團體成員和環境經驗如何影響他的心理健康。雖然他們偏重不
同文化、種族背景的人，Atkinson 等人（1998）指出此項定義允許婦女
稱之為「少數團體成員」，即使她們在美國已建構為數不少的多數人，只
因為她們不斷遭受各種壓迫。

MID模式固守信念，所有少數團體經驗遭受壓迫，結果無論他們被
壓迫的情形如何，引起強烈自我和團體認同（Ponterotto & Pederson,
1993, p.45）。雖然MID框架呈現階段論，作者提出個人對界線不清，不
同階段的特徵混合其他階段，繼續不斷的過程有逐漸清晰概念化
（Atkinson et al., 1998）。

MID模式包含五個階段，每一個階段界定有關一個人的（1）對自己
的態度；（2）對其他來自相同文化種族背景人的態度；（3）對其他少
數團體的態度；（4）對美國多數人的態度。

雖然這不是綜合性人格理論，MID模式可以幫助諮商員了解少數人的態度與行為，此項模式可以幫助諮商員對下列較為敏感：

1.少數人心理健康遭受壓迫所扮演的角色。

2.存在於相同少數團體有關文化認同之間的差異。

3.來自不同文化種族團體生命中的潛在改變。

1.遵守外在權威階段

少數人遵守外在權威階段，對主流文化價值的偏好，甚於是自己文化種族團體。他們選擇遵守主流社會團體的角色模式、生活型態和價值，這些少數團體的生理和文化特徵，造成他們的痛苦和困惑，於是他們通常輕視對待這些特徵或壓抑良心。

在諮商上的運用：與他們認同有關的議題，他們不可能尋求諮商服務，在此階段，當事人不遵從與他們相同的少數團體，反而遵從主流文化團體尋求解決之道。如此，當事人才會呈現遵守作決定、問題解決、目標導向諮商取徑和技術的議題。

2.不一致階段

在不一致階段，少數團體的人所接受的資訊和經驗，與遵守外在權威階段有迥然不同的價值與信念。這些經驗與資訊刺激認知上的紛歧，導致有人質疑，甚至挑戰在遵守階段所學習的態度。

在諮商上的運用：在不一致階段，個人對於關注他們認同、自我概念、自我尊重的問題心不在焉。他們察覺到這些問題與他們的文化認同和背景有關，當他們無法解決激起的衝突時，主流文化觀點和價值與他們少數團體發生衝突，所以他們感到情緒困擾。

在此階段的當事人比較偏向與擁有優質文化、種族、民族團體工作知識諮商員尋求諮商。對此階段的當事人，受推崇的諮商取徑包括促進自我探索和壓力管理技能。

3.抗拒與融入階段

在此階段發展，當事人對主流文化的觀點與價值，有強烈的衝突和不安，這些感覺伴隨著增強的慾望，想要減少壓迫和對少數團體的不公平。在此階段，當事人典型表達負面反映和對主流社會團體的憤怒。

在諮商上的運用：在此階段，人們尋求正式諮商的功能是貧乏的。然而，這些情況就會發生在諮商回應短期個人危機，和諮商員來自與當事人同樣是少數團體時。

在此階段的當事人，通常認為所有的心理問題是他們受到壓迫的結果，有用的諮商策略，包括團體過程介入和提供給社區或社會行動團體和組織。

4.內省階段

在此階段的當事人，表現許多有關抗拒、全神貫注階段的固守僵硬觀點的不一致和不安，他們通常偏重個人與心理發展。

在諮商上的運用：在內省階段的當事人，處在認同他們少數團體和需要較強的個人自由與做決定之間的撕裂。比起抗拒與融入階段他們尋求更多諮商，在內省階段的個人偏向來自他們文化團體的諮商員。假如諮商員的世界觀點與當事人不同，他們仍視來自不同文化背景的諮商員是值得信賴的助人資源。在此階段受推薦的諮商取徑，包括問題解決、作決定方法和壓力管理技能的技術，鼓勵與文化有關的議題、關注自我探索。

5.協同和意識階段

在此階段，當事人覺得自己體驗了個人與文化認同，在內省階段產生的衝突與不安都已經解決，容許個人在生活上經歷強烈的自我控制與彈性。當事人客觀檢視其他少數團體與主流團體的文化價值，接受或拒絕早期發展階段所建立的經驗。

在諮商上的運用：在協同和意識的階段，當事人表現強烈心理自由的欲望，少數認同感受到其他文化真誠的激賞而獲得平衡。這是諮商員

與當事人之間態度的相似性，不是有關當事人與諮商員成員議題的相似性，變成成功諮商結果的決定因素（Atkinson et al., 1998）。

MID 模式可以補足社區諮商架構，因為它強調政治、社會環境如何影響來自文化貶抑團體民眾的心理發展。如前幾章所提，社區諮商模式重視諮商員的信念有下列兩點：

1.敏感覺察到環境如何影響當事人的發展。

2.提供諮商服務，培養他們對受主宰的環境進行建設性的磋商。

利用 MID 模式可以幫助諮商員理解，如何參與足以影響不同文化當事人的心理，發展不同的環境機構、組織、系統。

系統理論與環境影響

系統理論影響社區諮商框架，注意到環境因素，一般系統理論（von Bertanlanffy, 1968），對牛頓學說的線性簡化思維，呈現另一種變通選項。牛頓學說是以簡化方法，以線性試著將複雜現象分解為簡單元素，因為它是為了了解簡單部分是由一系列因果關係所組成。

相對的，von Bertanlanffy 一般系統理論視所有生物都是開放系統，或與他們環境交互作用的系統。當諮商運用一般系統理論時，諮商員的焦點放在互動的一致型態，彼此人際關係，可能性或組織原則，而不是線性的，因果關係。在評論一般系統理論，Steinglass（1978）提出：

假如系統定義為代表一致性關係或彼此互動的一組單元或元素，在觀點上第一個概念是，任何系統是由元素一致性關聯之間元素所組成的。一致性是關鍵點，一致性元素彼此相關的一致可預測式樣（頁305）。

個人可定義有機體是個開放系統，因為他們的疆界允許他們在環境

交互中交換資訊。在這些生物系統，子系統在大系統內，以適度可預測的方式交互作用。Umbarger（1983）提出生物系統的下列特徵：

1.**部分與整體**：整體系統大於部分的總和。
2.**資訊、錯誤與回饋**：當系統對整個系統設計遭遇相異時，生物系統的回饋迴路指出錯誤。
3.**回饋與體內平衡**：回饋迴路能使系統維持平衡。
4.**回饋與成長**：回饋迴路引起對系統繼續生存的必要改變。
5.**生命和緊張**：成長時期交替穩定的時期。
6.**環狀**：線性的因果關係是附屬於循環持續進行的。
7.**變革**：系統部分的變革影響整個系統其他部分的改變。

一個系統觀點形成諮商員解釋他們當事人的議題與問題，到現在，家庭治療和諮商模式在專業系統理論有廣泛的運用。過去二十年，兩種額外的理論勢力──後現代主義和脈絡主義──已經獲得大眾的注意是為系統思維的分支。整體上來說，這三股力量將持續對二十一世紀專業諮商發揮重要的影響（D'Andrea, 2000）。

一、家庭諮商

因為家庭系統明顯影響當事人的發展，許多諮商員視家庭系統本身是介入最適當的目標，著重家庭功能的諮商員覺得個人不能與家庭分離，由於它的影響，可能會造成功能障礙（Becar & Becar, 2000）。

在家庭諮商，專業工作者依據行為脈絡（家庭環境）改換當事人問題。人們必須了解問題，並不是問題來源或是「生病」的個體，家庭治療取徑視個人僅為症候的承擔者，表示他或她家庭的失調（McGoldrick, 1998）。

Rigazio-DiGilio（2002）指出，一個人可以依據Umbarger（1983）描繪其家庭的特性為開放系統。依據Rigazio-DiGilio的表示，每一個家庭有

其內在平衡，或偏向穩定狀態，可能健康或不健康，但經由回饋和控制機制，整體受到系統的保護。

　　每一個家庭有一組規則掌理它的互動，有其可預測性。每一個家庭包括子系統（如配偶、父母和手足）執行特殊功能，試著保護整體系統的統整性，組織整體的每一部分。若不考慮整體的其他部分，想要介入另一部分是不可能的（Rigazio-DiGilio, 2002）。因此，在社區諮商模式中，注意到當事人的脈絡在家庭諮商是關鍵性的思維。

　　這些存在如同對個體諮商的許多家庭諮商取徑，Stair（1967,1972）注意到改善家庭溝通型態，提升每個人自尊與成長。Bowen（1982）強調每一個人的個別差異。Minuchins（1979, 1984）結構性的取徑幫助家庭諮商員了解特殊家庭系統的結構，和使得系統更具功能的方式。Haley（1976）和Madanes（1981）策略治療，對來自於Gregory Bateson 1950年在Palo Alto工作的家庭治療提出溝通取徑的例子。在溝通取徑，諮商員對家庭成員的諮商「發現問題必要的社會情境」（Haley, 1976, p. 9），最後，在行為家庭諮商（Becar & Becar, 2000），問題行為被視為是社會增強，適應環境改變學習的行為。

二、後現代主義和家庭諮商

　　傳統家庭諮商理論都建立在「現代思維」（Lewis, 1993）。Cheal（1993）定義**現代主義（modernism）**是一種視理性是解決問題和帶來人類情境改善假設的世界觀。二十世紀主流的現代思維導致家庭諮商是改變的過程，從暫時的解體和失調轉為適應性的重組，和一種心理平衡感、常態的再建立（Lewis, 1993）。

　　如Gergen（1992）進一步解釋：

　　我們現在似乎見證現代主義的侵蝕，和面臨一種新的智性和道
　　德的混亂，挑戰著我們是誰，我們所有的既存的概念，侵蝕真

理、次序所有前述的假設，或許甚至宣判對我們已知傳統家庭致命的一擊（頁52）。

過去幾年，與現代主義觀點明顯對立，後現代思想的興起，影響諮商員對家庭諮商目的和過程的概念化。

從後現代主義觀點運作的諮商專業工作者，重組不同文化背景呈現的不同世界觀的合法性。結果，這些專業性工作者接納人類發展、心理幸福與家庭生活觀念的相對意義。

在討論後現代主義思想和家庭諮商，Bernardes（1993）指出，雖然少數家庭的確適合「正常核心家庭」的定義，此項傳統觀點保留美國社會論述統整的一部分和常態觀點。事實上，正常家庭的傳統觀念已根深蒂固植入公眾的意識中，在他們專業努力中，許多諮商員對連結和支持另類家庭結構有困難，如單親媽媽和同性戀父母家庭。

Lewis（1993）強調對傳統家庭模式的持續依附，導致諮商員強調人能夠（甚至應該）使家庭適合一種特定的規範，在壓抑中共同合作。在討論此種思想對家暴受害者的影響，Bernardes（1993）解釋這些當事人通常視自己在罹難家暴是錯誤的。

這些受難者的罪惡感和羞愧是他們自己拒絕的直接結果，承認描繪正常核心家庭係衡量個人成敗標準是我們的責任（頁48）。

在逐漸承認和接納：如不同個案對象**家庭（family）**，**人類發展（human development）**，**心理幸福（psychological well-being）**的用語，將造成許多現代主義諮商員的混淆、不安和抗拒。D'Andrea（2000）和Rigazio-DiGilio（2002）指出不顧對後現代主義的反映，二十一世紀諮商員必須了解理論多元主義和當代的分裂經驗，不是重組路上短暫的停止，而是心理健康專業工作者必須接納的永久狀態。

藉著採納後現代主義觀點，諮商員在工作中承認、挑戰、超越文化嵌入的意義，以及「正常家庭」，「心理健康」和「人類發展」的圖像，

通常僞裝成普遍的眞理。在美國既存且日漸增加的多元文化趨勢中,諮
商專業的活力依賴諮商員在工作上,發展反映後現代主義和相對主義觀
點的能力、意願(D'Andrea et al., 2001; Rigazio-DiGilio, 2002)。這麼作,
諮商員(1)較能避免壓迫當事人;(2)較能置身培養他們個人解放和
心理上的賦能(Ivey et al., 2002)。

　　社區諮商模式包含心理上的賦能,個人解放和個人小團體和家庭諮
商的最後目標。系統理論能夠幫助諮商員,對不同當事人問題較精確和
綜合性的了解,在此脈絡中另一種心理理論的分支,脈絡主義過去已經
展露二十年了。

三、脈絡主義

　　脈絡主義是人類一種受獨特生物上、環境上、社會上、文化上脈絡
刺激發展,持續改變的過程(Steenbarger & LeClair, 1995; Thomas,
1996)。記住此定義,脈絡主義、人類生態學的理論(Blocher, 1966;
Germain, 1991)與社區諮商模式之間的相似性,是顯而易見的。

　　這些理論觀點分享一種信念:諮商員若視當事人與不斷影響他們發
展脈絡分離的個體,是不能有效幫助他們。依照此意義,從女性心理學
家出現(Ballou & West, 2000; Miller, 1991)自我關係的觀點,取代傳統
個人諮商概念和自主性的自我。

　　在本章前述結構性發展理論與諮商脈絡觀點之間,存在著若干重要
性差異:第一,脈絡理論已經批評結構性發展模式,無法解釋開放性目
標和人類發展的彈性,如同許多縱貫性研究指出(Lerner & Kauffman,
1985; Steenbarger, 1993)。在這點上,Steenbarger 和 LeClair(1995)指出
很少實際證據確認基本結構發展,因此提出:

　　個體以直線性進展一系列階段,增加認知和心理的複雜度,人
　　格研究(Magnusson & Allen, 1983)和智力的發展研究(Gelman

& Baillargeon, 1983）提議，人類發展傳統理論已經因爲人爲限制可能的發展成果，限制他們探索性的運用（頁 177-178）。

因此，從脈絡觀點來看，一個人可以看到心理成長比結構性觀點更富彈性、變化和開放（Ballou & West, 2000）。

其次，脈絡導向的諮商員視改變，爲諮商員必須幫助諮商的基本發展事件。強調脈絡主義重視心理改變和後現代觀點的改變全部，個體從生活經歷建構不同的意義，導致多元實體的創造（D'Andrea, 2000）。因此，毫無疑問，逐漸增加接受脈絡主義原則，將提高諮商專業的混淆，如同對人類發展受傳統諮商典範永久影響的線性解釋，開始產生質疑。

第三，一個人提出脈絡主義是「後設理論」，因爲它運用高層次的抽象概念，而不是傳統理論所做的。在試圖釐清脈絡主義和諮商實務工作的關係，Steenbarger 和 LeClair（1995）提出下列：

> 雖然有許多新理論試著藉由實務工作放入脈絡主義的觀點視野，可是只有某種理論——系統的性質，眞的有資格作爲脈絡主義。因爲追求強調適合人和環境的任何理論，必須包含這些元素，在他們之間做精緻的連結。許多諮商成名的脈絡主義理論家，限制他們的脈絡思維，侷限於一面向，包括互動——人際關係（Claiborn & Lichtenberg, 1989），文化（Sue & Sue, 1999），和生態學上（Blocher, 1966）脈絡。如發展理論家所觀察，發展是天賦多脈絡，受到生物、心理、社會、文化和歷史脈絡的影響（頁 181）。

脈絡主義展現綜合性思想的型態，諮商員將需要影響二十一世紀大多數的心理幸福，此後設理論對過去主宰五十年專業，簡單、線性療癒諮商理論，提出另一種令人興奮的變通看法。當他們盡力發現培育當事人心理賦能時，在他們工作中融入脈絡觀點，諮商員較能置身於超越傳統諮商典範的限制（Neville & Mobley, 2001）。

能力建立活動 4.1
在倫理處境中，統整家庭、後現代、脈絡思維[1]

　　當決定適當家庭治療倫理處境計畫，家庭諮商，個體、後現代、脈絡導向取徑，能幫助說明必要的問題。下列是你能夠想到這些處境複雜性的說明方式：

　　考慮此例，你應該鼓勵一位孤獨的、十四歲義大利裔美國婦女，參與緊密結合的家庭，多花時間參加活動，提供她與原生家庭保持適當的距離，與朋友和團體花時間參加廣泛社會教育社區？

　　第一次看到，可能是一項有邏輯的計畫，但是否能促進統整個體的美國價值，不受她原生家庭或擴展家庭網絡的尊重與珍視？是否所有的改變引發母親憂鬱症候，或提高她與父親之間的衝突關係？你應該如何激起個人自主和傳統連結關係，促進當事人心理健康與幸福，而且尊重義大利裔美國家庭系統、鄰居和社區的集體文化認同。

　　考慮所有個人家庭脈絡兩難，需要說明下列的情節：

1. 當照顧孩子時我們應關心家長？單親母親不願意進入 10 歲大兒子的處境，他的行為往往是破壞性，需要警察的介入？個別諮商可以幫助減少負面行為，等到治療結束後會發生什麼？事實上，個人處境是持續不斷的過程，當母親在他最無能時，增加外在的介入，對這個家，諮商可能只是許多暫時放鬆的一種，也可能是提高壓力，而不是減少持續和有效的介入。在這種情境，既定增加破壞性行為和持續的無力感將持續一段時間，個人處境是一項明智計畫？直到母親同意參加特定問題性質的服務，一直保留處境，才是負責有倫理的作為嗎？關於處境的權利和拒絕處境的權利，諮商取徑應該如何？

---

[1] 採自 A. E. Ivey, M. D'Andrea, M. B. Ivey, and L. Simek-Morgan, *Theories of Counseling and Psychotherapy: A Multicultural Perspective* (5th ed.)(Boston: Allyn and Bacon, 2000)，經過允許。

2.在受到配偶施暴時，我們如何處理呢？假如伴侶揭露她在家裡受虐，但她並不揭露情境，因為她開始保障資源，離開婚姻，帶走孩子（尚未受虐）？揭露秘密可能給她和孩子的危險，破壞她的努力，保障每一個人安全。保密意謂她有時間獲得資源，拖延以得到安全，除此之外，保密可能意謂可以適當的保密未受虐。

3.我們如何處理性別議題？家庭的求助是因為女性負擔生計，並可避免她再回到工作上。以鼓勵再界定最近情境同時發生的角色和規律，男夥伴必須去找工作。然而這可能與家庭集體觀點、個人對自我的觀點不一致。假如他們的性別角色是相反的，社會資源可能較方便。但是這種情況，需要期待先生去找工作，提供太太與孩子另一位照護他們的人。發揚主流價值可能增加個人和家庭的壓力，特別家庭已經遭受到社會壓制，他們經歷到家庭遺棄，安全保險等。

4.我們如何決定處境的重點？評估前述的情景和決定每一環境諮商的取徑，然後考慮下列問題：（1）諮商取徑焦點在情境中的每一個人，他們的家庭組合，或他是每一個環境脈絡的其中一個部分；（2）本章所討論的每一個體、家庭、後現代、脈絡觀點，你說出每一種情境諮商取徑的優點與缺點；（3）支持計畫前述每一種情境諮商取徑個人的偏見？（4）當面對表現能力建立活動不同情境，你如何運用社區諮商模式，幫助你擴展倫理諮商專業的效能？

四、個人解放的諮商

　　解放的諮商是早期討論MCT廣泛架構的一部分（Ivey, 1995; Ivey et al., 2002），以解放取徑進行諮商，幫助當事人了解他們的人際關係與社會、政治、文化，如何影響他們心理發展（Neville & Mobley, 2001）。注意Ivey解放的諮商模式引導當事人脈絡關係，與強調個人主義、自主、自我實現的傳統諮商取徑有明顯的不同。提起此差異，Ivey（1995）認

為，沒有幫助當事人了解發展社會、脈絡歷史邏輯性的困難，是建構今日心理治療與諮商失敗的主要原因（頁54）。

在諮商利用個人解放取徑，需要從個人主義框架改變自我關係的觀點來看（Ballou & West, 2000; Miller, 1991）。過去二十年，當以此觀點諮商時，幾位女性主義心理學家探索諮商員必須提出的議題（Amaro, 1995; Ballou, 1996; Gilligan, 1982; Marecek, 1995）。促進當事人個人解放，Ivey（1995）認為諮商員必須與當事人發展合作關係，而不是建立、維持醫生──病人或治療者──當事人的關係，鼓勵諮商員建立平等主義關係。當事人成為夥伴，彼此探索成為人的新意義和新方式，如此，「助人者」可能從「被助人」身上學習更多東西（Ivey, 1995, p. 57）。

（1）強調一個人生活中的脈絡；（2）不願意承認任何問題都在當事人，Ivey 解放的諮商模式適合社區諮商框架。進一步來說，兩者都是幫助他們學習影響他們認知、情緒與行為，培養當事人賦能。解放的諮商另一個重要任務，是在增加 Ivey 所說諮商員與當事人的批判性意識。發展這種意識，兩個人必須利用諮商，了解他們自己是脈絡中的人，經由諮商兩項任務，增加一個人的批判意識：第一，必須花時間檢驗他的心理健康、自尊、個人權力感，和來自環境與人際的行為。

第二，必須檢驗脈絡特質，如性別、社會、經濟地位、文化種族和民族背景對一個人影響的重要性。能力建立活動 1.1（見第一章）是有意設計鼓勵你，對包含在 RESPECTFUL 框架（宗教／精神認同、經濟階級背景、性別認同、心理成熟程度、種族認同等），導致不同脈絡特徵，各種不同假設和偏見的反思。此活動包括（1）擴展你的自我理解；（2）從脈絡觀點幫助對自己的思考；（3）提升對各種當事人的敏感度，來自已經發展的假設與偏見造成可能有效的諮商，對當事人諮商效能受到限制。這項活動也可以用在當事人，幫助他們對自己發展脈絡性質、生活經驗的問題有較好的了解。

在解放的諮商最後一步，實務工作者幫助個人執行新作為，說明構成他們困難的不健康環境條件，之後一段作為反思和評估。作為和反思

的組合對解放的諮商來說是極爲重要的，因爲它提供當事人發展理解，生活經歷脈絡與心理發展層級、內在自我控制感連結的機會（Ivey, 1995; Ivey et al., 2002）。

（一）相對於傳統取徑

過去三十年來，多元文化與女性主義理論的興起，增加對傳統諮商取徑的批判，提供心理分析諮商取徑的批判分析。Ivey（1995）提出 Brown（1959）的研究指出，只有從文化（脈絡）差異、家長作風的狀態、家長（或族長）制神化解放，人的意識才可以從父母（伊底帕斯）情結解放（Brown, 1959, p. 155）。

人本主義和認知──行爲理論從解放諮商的提倡因應批評，例如 Lerman（1992）指出，若無外在影響，人本主義理論通常無法承認，人是無法建構自己的實體（頁13）。她進一步提出如此神聖概念，如自我實現、自主性是中上社會階層，歐洲中心論的產品，與許多集體主義與相互依賴價值是不相關的。

認知──行爲取徑考慮許多個案脈絡特徵，然而，如 Kantrowitz 和 Ballou（1992）所解釋，當諮商員在實務上利用取徑時，「基本上，期待個體改善他們適應環境條件的適應能力，作爲增強主流社會標準」（頁79）。而不是接受外在情境的首要位置，解放諮商鼓勵當事人利用他們新發展的批判意識影響他們的環境，最後，幫助轉換現有狀況（D'Andrea et al., 2001; Sue & Sue, 1999）。

Ivey（1995）提供下列案例小品文，幫助解釋傳統諮商介入與解放諮商之間的不同：

考慮治療尋求壓力管理技術，控制過度緊張的非裔美國當事人，我們知道認知──行爲技術是情緒和生理上受到好處，解放諮商和心理治療將支持與利用認知──行爲取徑，但考慮技術不足，他們也必須幫助當事人，檢視他的文化脈絡，關心在社會

中種族主義永遠的阻隔。同樣的，被診斷為憂鬱的婦女或臨界
點，需要得到幫助了解，而性別歧視家庭和文化議題構成他們
許多的問題（頁54）。

（二）策略：解放諮商的行動

下列是兩位當事人提供解放諮商案例獲益的策略和實務上說明：

兩位男性當事人尋求諮商，他們受僱於同一公司、相同管理職
位、相同年齡，一位是白種人，另一位是非裔美國人。由於工
作過度要求，兩位都覺得疲倦和憂鬱，除了與工作有關的壓力
外，非裔美國人個案談起只有非白種人在公司的壓力經驗，關
於這一點，他說永遠覺得比其他管理人有壓力，克服他認為工
作夥伴和督導對非裔美國人刻板化印象。

諮商員利用各種壓力管理技術幫助兩位當事人發展處理生涯所
需要的新技能。然而，除了時間與精力，直接探索非裔美國人
當事人對關於工作上種族歧視的關注，如此做，諮商階段包
括：檢驗當事人與諮商員對於種族歧視的信念，討論過去經歷
和種族歧視的知識，他們對於過去經歷的感受，檢驗權力動力
與工作經歷的種族歧視與偏見。

承認未來他將可能遭遇到其他型態的種族歧視，當事人與諮商
員共同發展新的見解，處理伴隨負面種族歧視經歷壓力的技
巧，其中包括探索與當事人、少數民族認同發展有關的議題。
利用各種放鬆技術，利用訓練提升自我肯定，在職場中以肯定
態度挑戰種族歧視與偏見的能力，而不是攻擊態度，鼓勵他們
參加生活各方面經歷同樣壓力的非裔美國男士團體。

最後與諮商員面談，當事人反映來自此種諮商取徑的正面益
處。他特別指出，利用放鬆技術和容忍力訓練，討論與工作夥伴
與督導的挫折，以減少壓力引起的反應，「我自己已經學習許

多，如何處理事情不被壓力擊垮，我的確想要多了解自己，體會
如何以正面方式改變事情，而不是讓情境或是人擊垮，我只希望
從我早期生活中學習到這些事情」（D'Andrea, 2002, pp. 2-4）。

本章前述所提議題，反映出諮商員用在當事人身上各種方法與技術
的重要考量，然而諮商員用在當事人身上的特定方向——家庭諮商、脈絡
取徑、Ivey 的解放諮商框架——則視對當事人和優勢的評估而定。

社區諮商的實際運用

社區諮商框架強調計畫介入之前，對當事人發展、文化、環境優勢
和挑戰綜合性整體的評估，利用評估選擇執行直接諮商服務結果。諮商
員在進行諮商時，以精緻與議題性加以處理（D'Andrea & Daniels, 1994;
Ivey et al., 2002）。

一、評估

（一）當事人參與

因為社區諮商框架係從賦能觀點運作，評估的前提是當事人對經營
自己生活的責任，諮商員能幫助認定問題領域和提出可能的解決方案。
然而，最有效率是評估過程必須引發當事人主動參與。在參與中，當事
人對自己學習和開始增加對他們行動的控制感（Fetterman, Kaftarian, &
Wandersman, 1996）。

這些好處唯有經當事人了解實際、多面向文化敏感度評估過程才能
獲得。不像許多傳統當事人評鑑取徑，在實務工作利用社區諮商模式，
多面向文化敏感度評估過程，其目的不是將當事人安置在適當的地位，

評鑑的基本目的是幫助當事人能將問題情境轉換，改善他們的生活。依照這種觀點，經由評鑑回答問題，並不是「這個人做錯什麼？」而是「現在如何幫助他／她有效管理生活？」回答問題最好的方式，是經由包括下列特徵的評估過程：

1. 著重個人優勢、他們的缺失和挑戰的程序。
2. 主動關心了解當事人。
3. 設計計畫過程的自然流程，讓每一項個人化行動計畫中，都涵蓋每一項困難。
4. 過程都能說明壓力與對當事人有利的支持。
5. 注意到當事人文化、種族、民族認同發展，潛在優勢及與種族、民族背景有關的壓力。

諮商員將上述議題帶進辦公室，多數當事人需要提升他們對生活中事情的控制感。了解 Bandura 的意義（1989），他們需要加強知覺到的自我效能，亦即他們期待自己的作為能帶來正面的結果。

假如他們無法掌握評估過程，而由專家來執行，當事人表現出來的問題將被認定，但他們的控制感和個人責任最後將受到傷害。在社區諮商脈絡的評估過程，是諮商員與當事人相互努力，盡全力使當事人為掌握生活而轉換，提升自我效能和學習抵抗壓力好方法的元素。

（二）心理健康方程式

第三章所提的下列方程式可運用在個人、高危險群、學校、機構和整個社區：

$$心理健康 = \frac{因應技巧 + 自我尊重 + 社會支持 + 個人權力}{器質功能 + 壓力 + 無能感}$$

此公式特別適用在心理健康問題的評估和預防，作為評估當事人心

理健康工具，（1）它組織資料和教導；（2）如何處理壓力與因應技巧之間的關係。

評估時利用公式，首先諮商員必須教導當事人如何利用作爲對自己及環境思考的指引。當事人不難理解，任何人可能因爲遺傳或其他生理因素較容易受到傷害。

假如一個人不容易爲長期壓力所影響，就不會發生所謂的易敏感性。但人一旦處在壓力下，可以藉著動態性的社會支持、利用有效因應技巧，維持他們的自尊，所有刺激將提升個人能力感，避免功能發生障礙。

了解此公式可以幫助當事人了解減低壓力可以採取的步驟，減少分母的價值，可以增加資源，強化他們的個人感，如可以提高分子的價值。此外依據公式變數分析他們自己的情境，告訴當事人可以擁有和可以改變的優勢是什麼，他們更能夠負起責任計畫行動策略，說明評估呈現的議題（Ivey et al., 2002）。

（三）結構化的表格

諮商員利用結構化的表格幫助他們導出當事人整體性的評估，一種特殊有助益的表格，Lewis-Fussell 個案概念化表格，如圖4.1所示：

Lewis-Fussell 個案概念化表格提供諮商專業工作者，在社區諮商評鑑過程中掌握資料的簡便工具，此形式（1）幫助諮商員著重評鑑的特殊變項；（2）提醒他們記得評估個人心理健康所有面向。

這個表格幫助諮商員對他們的優點有清楚的概念，表格呈現的雖非正統，而卻是實際作記錄的工具，它的開放式問卷表格幫助諮商們掌握評估中的資訊。這麼做，表格可以幫助諮商員從評估到問題解決有一自然的程序。

當事人：_____	日期：
地址：_____	_____

| 電話：公司：＿＿＿＿＿＿　　家裡：＿＿＿＿＿ | |

使用者提供項目：	工作情形

使用者提供項目：

_____

_____

＿＿＿＿＿＿　從業員

＿＿＿＿＿＿　從業員中的成員

工作情形

目前工作職稱 _____

目前工作多久？ _____

在公司服務多久？ _____

介紹人

婚姻狀態	聯繫人	年齡	種族／民族背景	＿＿＿＿＿ 男
				＿＿＿＿＿ 女

來求助原因（提出問題）

身體問題

醫生

診療問題／藥物治療

酒精使用型態（自己或家庭）

藥物使用型態（自己或家庭）

以前處境（物質濫用）

健康程度／健康

一般印象（身體優勢／易受傷害）

評估者對減少身體受傷害的建議

圖4.1　Lewis-Fussell 個案概念化表格

壓力
重要的生活改變（持續12個月）
婚姻／家庭壓力
文化／種族壓力
工作有關壓力
當事人對壓力因素的知覺
一般壓力
減少壓力的建議
生活技能
專業／教育程度
問題解決／做決定技巧
人際關係技巧
生活計畫技巧
性向／興趣／嗜好
掌握生活情境的能力

（續）圖4.1　Lewis-Fussell 個案概念化表格

生活技能一般印象	
提升生活技能的建議	
自我概念	
文化程度／種族認同	
生活滿意程度	
當事人對優勢的知覺	
當事人對弱勢／問題的知覺	
自尊程度	
工作滿意程度／知覺到的能力	
一般印象	
提升自尊的建議	
社會支持	
現在家庭情境穩定度	
家庭關係	
家庭有關問題	

（續）圖4.1 Lewis-Fussell 個案概念化表格

解決問題家庭支持程度	
重要他人關係／支持	
工作關係／支持	
一般可用支持程度	
增加／利用社會支持的建議	
一般適應程度	
心理問題領域	
問題發展史	
以前處境／對處境的反應	
一般評估	
問題性質 ___ 每天生活議題（不須長期處境） ___ 心理的 ___ 物質濫用_____ ___ 家庭 ___ 醫藥_____ ___ 法定／財務 ___ 其他_____	建議／說明
建議日期：	追蹤日期：

（續）圖4.1　Lewis-Fussell 個案概念化表格

能力建立活動4.2
發展你的面談前評估計巧

開始與當事人見面時，諮商員自然開始晤談，幫助他們決定當事人所談的特殊問題，社區諮商模式強調直接注意當事人優勢和開始見面時臨床評估的問題。

能力建立活動在設計協助你發展技巧，有助於開始與當事人晤談。你需要詢問當事人，在開始晤談時是否願意角色扮演，然後允許角色扮演實際進行錄音。利用 Lewis-Fussell 個案概念化表格當做指引，引導角色扮演晤談，確認在晤談時，錄音機不是放在屋內易令人分散注意力的地方。

完成晤談後，詢問志工一般的感受，然後詢問他晤談中他最喜歡的是什麼，他認為晤談需要如何改進。

依照你自己的想法，聽聽角色扮演錄音帶，問問自己同樣問題：（1）晤談中最喜歡的是什麼；（2）未來與當事人晤談時需要如何改進。

二、個別與環境的改變

當個別當事人利用社區諮商模式，希望諮商員能考慮到當事人與其環境，注意到傷害因素和可能的幫助與支持來源。假如自然支持體系無法滿足需求時，必須尋找額外的支持來源，假如個人環境具有破壞性，可能的話，各方面都要加以改變。

受困擾的個人必須檢驗或改變增加他們各方面問題的行為，顯然的，人們已經比其他人更能控制自己的行動，假如經由個人改變解決問題，他們可能不需要改變環境。

通常，個人、家庭和社區彼此非常密切，為保證當事人長期的心理健康，必須考慮整個社會系統。單純改變個人是不可能、不切實際或傷害到個人統整性，利用社區諮商框架的諮商員，幫助當事人遵守下列各

點：

1.認定環境幫助的來源。

2.如果有必要，創造額外的支持來源。

3.避免或直接挑戰和改變他們，學習減少環境壓力。

諮商員與當事人必須一起認定支持的可能來源，沒有人可以告訴別人他的支持應該是什麼，只有經歷到，才有支持性和幫助性的關係。沒有客觀標準可以區分好環境與壞環境，然而個體與他們環境的互動決定此差異，只有人參與其中才知道促進正面與生產性結果才能滿足他們所需要的。

（一）個別與環境因素的關係

注意到既有環境和來自傳統諮商取徑社區諮商模式的不同，過去多數諮商員假設當事人需要改變態度、感受和行為，不過諮商員已經察覺到，當事人滿足目標的障礙是在環境，而不是當事人本身。假如個人問題真的解決，環境介入通常是絕對必要的。

即使已經清楚環境的問題發展，當經濟改變造成個人失業，必須分清楚問題**原因（etiology）**的責任與問題**解決（resolution）**的責任。Romano和Hage（2000）提出，當事人遭受被動、無助、停止流動的感覺，如果他們能贏過所控制經濟和社會環境的受難者。當用在個別諮商情境時，依據Brickman等人（1982）修補模式所界定，說明雖然當事人不應該為其困境受到責難，必須鼓勵他們採取有效的行動來解決。

（二）接合點

從前述心理健康公式所呈現的個人和環境因素彼此相關，選擇問題局勢，堅持多數當事人問題發生在個體內或破壞性環境內，它是不切實際會產生不良後果。有十個人可以解決他們的問題，有時候是不能的，仔細查看在連續接合諮商過程它是有幫助的，或諮商員與當事人一起決

定關鍵點。誰可以即時說明議題，諮商過程的第一個接合點如圖4.2所示：

諮商員與當事人一起工作，檢視當事人可以改變處理評估認定的特殊問題與挑戰，對目前情境可以考慮的變通方案。諮商員與當事人開始考慮是否當事人實際上有能力執行最好的解決方法，當事人與諮商員一起努力帶來改變。如果諮商過程中當事人似乎不能改變這一點，假如環境中有些破壞力量，阻礙改變，他們就試著發展影響改變、環境的策略。

假設例如諮商員與當事人已經決定能改變解決當前問題，圖4.3指出下列諮商過程各種考量。在此情境中，下一步選擇是促進當事人改變的介入。對某些個案諮商採取一對一的諮商可能是足夠的，但某些人還是需要幫助。諮商員在自然支持系統中培養當事人與他人緊密的關係，或在團體情境中直接對他們進行諮商。對特定助人者直接諮商與諮詢可能是有幫助的，也應該討論額外機會發展其他生活技巧。依此觀點，諮商員可以告訴當事人做決定，鼓勵他們參與研討會，處理增加自我動機與

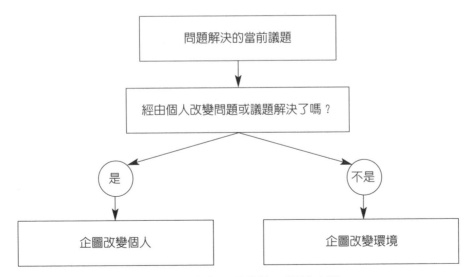

圖4.2　諮商過程的第一個接合點

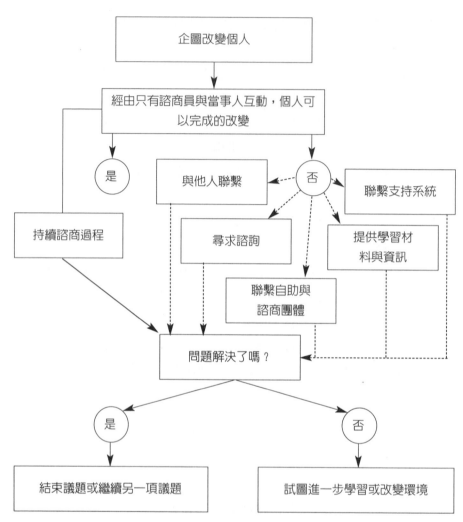

圖4.3　個人改變的接合點

人際效能課程化教材。

　　無論是利用什麼方法，諮商員與當事人最後評鑑行動計畫成功，假如當事人能夠解決問題，他或她能夠結束諮商關係或繼續處理另一個議題或挑戰。假如一開始問題尚未解決，必須決定當事人是否需要額外幫助，或他們是否需要改變環境。

假如雙方決定改變外在因素，詢問新的問題，圖4.4說明此接合點：

假如當事人無法解決當前問題，誰可以呢？假如改變態度或另一個人的行為或團體將解決問題，適當的步驟是諮詢個人或團體，代表當事

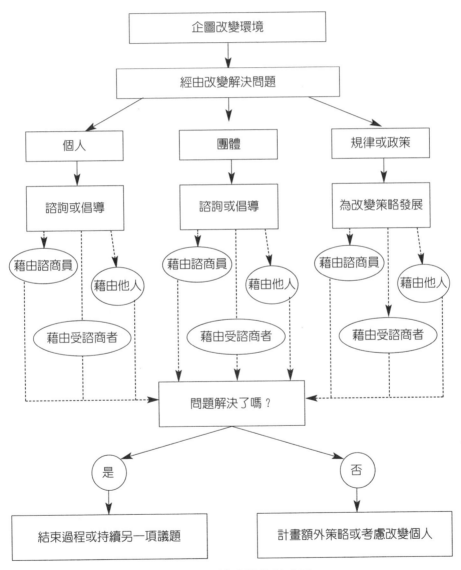

圖4.4　環境改變的接合點

人說話可能是諮商員，當事人或其他人如公民倡導或學校人員。

假如解決問題需要改變某些代理人或機構規定或政策，必須設計某些帶來改變的策略，導引其過程適當人選可能是諮商員、當事人、其他人或團體。假如在問題規定或政策影響若干位當事人，諮商員在促進改變可能採取主動的角色。

假如環境改變和問題已經解決，諮商可能結束或持續另外議題或挑戰。假如問題沒有解決，諮商員、當事人可能合作進一步處理環境的新方法，考量個人必須改變另一種可能性。

在每一個接合點，雙方決定他們同時強調的元素與行動策略是什麼。當諮商員幫助個人改變時，他／她提醒當事人改變時影響環境系統的敏感度。

當諮商員幫助個案改變，其他人在環境中可能注意到但卻不了解。後面一點顯得特別重要，例如，當諮商中的人他們的文化背景鼓勵人性，但不鼓勵人際衝突（例如亞洲人和美國原住民團體），諮商員需要與當事人討論，讓他們練習發展新的自我肯定技巧，家人如何反映。

當諮商員注意到環境改變，他們需警覺到個人複雜的反映。與當事人一起工作檢視，產生正面結果環境特殊改變，諮商員幫助當事人提升希望與個人權力感。

一個人不應該過度簡化互動的諮商過程，在每一個接合點諮商員與當事人不但要決定個人或環境何種改變，對解決問題最有效，而且如此改變環境個人與重要人要做好何種準備。如此，他們必須不只問改變什麼，且要問改變什麼較為人喜愛。

利用社區諮商模式的諮商員毋須再強化個人資源與面臨環境情境挑戰中做一抉擇，然而，角色是永遠彼此互動的，處理環境是諮商個人重要的一部分。當事人更能體認自己的行為必須改變，他們學到主動挑戰影響他們生活的系統，結果他們的態度行為也發生改變。

（三）選擇策略：三個例子

下列三個案例說明諮商中為改變，選擇策略，需要檢視個人與環境因素：

案例1：離家的年青人

一位年輕男孩離家，發現自己處在不熟悉的鄰近地區，他轉到離家中心，諮商員問他下列同樣的問題：

1. 家人給你情緒上的支持？他們能嗎？
2. 為了讓你回家，若要提供你足夠的家庭支持，家中有何改變？
3. 你的行為有什麼改變，讓家裡更支持你，你可以讓家裡改變嗎？
4. 假如家裡的衝突不能解決，有用的變通生活情境是什麼？你有認識讓你覺得舒服的家庭或團體性家庭嗎？
5. 你與現在家庭之外的親戚有何關係？他們是你潛在的支持來源嗎？
6. 你與警察發生糾紛嗎？或以前曾被逮捕過嗎？
7. 你能支持你自己嗎？有什麼工作技術？你有什麼工作機會？
8. 你或你家人需要財務協助嗎？適當的協助資源是什麼？
9. 你有強烈認同的朋友團體嗎？他們現在可以如何幫助你？
10. 你在學校的境遇如何？實際的衝突或支持依靠在哪裡？在學校的人或課程可以提供額外支持嗎？在學校你能改變負面因子？
11. 過去誰嘗試協助你？你已經建立兩種友誼？
12. 在你情境有受虐兒或物質濫用？假如有，過去你採取何種步驟？

這些問題似乎很明顯，但令人驚訝的是當前危機留下許多的問題，問題反映出清楚體認兒童並沒有從他們生活脈絡中逃離孤獨的情境。他們通常陷入事情或逃離事情，較一致性的是許多年青人逃家中開始偏重個別諮商，現已為家長和年青人發展團體諮商課程。這些團體介入通常建立較有效的生活支持系統，設計影響青少年環境。

案例2：一位生理受挑戰的成年人

最近一件意外事件帶給一位年輕、單親的婦女身體上受到極大挑戰。當她準備離開醫院時，一位諮商員試著幫她回答下列問題：

1. 什麼情境對她最適合？你能單獨生活嗎？你家裡的人能提供服務的照顧嗎？你需要一位隨從嗎？
2. 什麼財政協助不只是幫助並配合你的需要，且包含隨扈的薪水，或技術必要，對此，你需要維護獲得協助？
3. 你的生涯目標是什麼？你能做什麼工作？你需要額外技術？什麼教育資源對你是有用的？
4. 你與家人、朋友關係如何？經由危機他們能夠提供心理上的支持？他們能適應你能力的不足？他們允許你盡可能獨立？
5. 你能維持社會關係和持續享受你的娛樂嗎？
6. 你需要幫助和資訊處理你性關係的危機？
7. 你確實需要接觸需要的法令和醫療協助？
8. 你能維持身體上的變動與獨立嗎？
9. 社區提供資源和你有權利接近到什麼程度？

依循傳統曲徑，諮商員可以幫助婦女的職業目標，身體需求和心理適應，最有可能是沒人說明她的社會休閒需求。

相對的，社區諮商模式強調重視婦女整體個人的重要性，她與整體環境互動，建構其潛在支持系統。基本問題是「在改變壓力下，她掌握支持系統，她需要幫助有效配合其需求？」「她去何處尋求額外的支持，和如何獲得更多協助機會？」

案例3：一位成熟婦女的終身教育

一位全職母親生下第一個小孩離開學校，為扶養家人維持生計，決定回到學校。她的成功完全依賴她的動機、潛力、好機會，但環境是決定差異的重要因素，諮商員利用社區諮商架構詢問下列問題：

1.你的家庭對你最近的努力表示支持與熱心？如果不是，他們要如何
　被幫助完全了解情境？

2.你的朋友與關係人了解你的目標？他們都在相同的的情境嗎？或價
　值不同？他們可能鼓勵你、可能打擊你？

3.你認識可能提供你支持，採取同樣步驟的其他婦女？

4.你如何影響你家裡當前的財政？財政協助有用嗎？

5.如教育機構配合你的特殊需求，提供白天照護，彈性課程和照顧諮
　商？

6.校園課外活動只針對年青人嗎？住宿生，或運用在年長學生？能發
　展新活動？

7.你已採取什麼步驟將年長學生融入校園生活？不同年齡群學生存在
　何種互動？

8.誰掌控家務事？其他人了解他的責任嗎？

9.當你完成教育時你將發現有何機會？地方企業在僱用人時會歧視婦
　女或上年紀的人？兼差工作或彈性工作有可能嗎？

　　在此例子中，有關家庭、教育機構、社區對個人的步驟是什麼？個
人行為的改變對他們所有互動產生壓力。她的支持系統必須適應，假如
以前的支持系統不適當，必須開發新的幫助資源，或做一些改變？

　　這些例子清楚說明諮商不只是重視個體，內在心理改變，相反的必
須考慮整個系統的多面向，從家庭到整體文化。如 Neville 和 Mobley
（2001）所提出的個體成長、發展的限制，和健康通常受到當事人當前脈
絡健康的限制（如他們的家庭、學校、大學、工作場所、社區等）。除了
努力培養個別當事人的健康發展，鼓勵諮商員在心理健康專業角色，考
慮努力促進較健康的家庭、學校、大學、工作場所及社區（D'Andrea &
Daniels, in press；D'Andrea et al., 2001）。

摘 要

社區諮商模式重視當事人的力量和能力，承認環境的影響力，強調預防，重視如果他們接受資源的幫助，必有效幫助人們的信念。這些價值導引諮商員發展多面向方案，包括預防教育，外展努力，注意公共政策和個案倡導。

在定義上，諮商員也提出直接一對一的諮商服務，在社區諮商模式架構上，諮商過程的本質變成強調個人的責任和環境影響。

Brickman 和他的同事已經定義四種助人和因應是建立在責任的歸屬：（1）道德模式：人應該為創造和解決問題負責；（2）醫療模式：人不必為創造和解決問題負責；（3）啟蒙模式：為創造問題負責，但不必為解決問題負責；（4）補償模式：允許重視個人責任和環境影響，最後模式最適合社區諮商。

在最有效率的層級，社區諮商模式提升個人權力感和責任感，藉行為改變原則訓練他們，心理健康專業工作者能夠幫助當事人掌握他們的生活。依照各種結構發展模式，諮商員能夠促進當事人進展到較高的發展層次，這樣模式經由特定不變的階段遵循心理能力的發展。

Loevinger 認定自我發展階段，Kohlberg 提出道德推理三個層級，一般而言，這些模式後期階段被視為是提升世界良好適應性的反應。

社區諮商模式進一步注意到系統理論，此理論強調互動、人際關係和一般組織原則一致性的型態。雖然許多系統或系統層級可能影響當事人，系統諮商員已經成功說明在家庭進行家庭諮商的諮商員，了解家庭系統本身是他們介入的目標。

認定功能喪失系統困難的來源，不是把當事人當做是一位「生病」的個體。家庭諮商的每一種取徑體認到，家庭的重要性，就如同社會系統受到每一位成員的影響與被受影響。最近系統思維擴展到諮商專業，如脈絡主義，後現代主義思維逐漸的影響，個人解放的諮商對社區諮商框架補充新的活力。

能力建立活動 4.3

 ### 從個人環境脈絡觀點分析人的問題

在此思考你架設性的社區諮商方案（看第一章能力建立活動 1.3）

就你本章所閱讀的，在團體諮商時看到明顯的議題是什麼？社區諮商模式如何運用到個別諮商？

參考文獻

Amaro, H. (1995). Love, sex, and power: Considering women's realities in HIV prevention. *American Psychologist, 50*(6), 437-447.

Atkinson, D. R., Morten, G., & Sue, D. W. (1998). *Counseling American minorities* (5th ed.). Boston: McGraw-Hill.

Ballou, M. (1996). MCT theory and women. In D. W. Sue, A. E. Ivey, & P. B. Pedersen (Eds.), *A theory of multicultural counseling and therapy* (pp. 236-246). Pacific Grove, CA: Brooks/Cole.

Ballou, M., & West, C. (2000). Feminist therapy approaches. In M. Biaggio & M. Herson (Eds.), *Issues in the psychology of women* (pp. 273-297). New York: Kluwer Academic/Plenum.

Bandura, A. (1982). Self-efficacy mechanism in human agency. *American Psychologist, 37*, 122-147.

Bandura, A. (1989). Human agency. *American Psychologist, 44*, 1175-1184.

Becar, D., & Becar, D. S. (2000). *Family therapy: A systemic integration*. Needham Heights, MA: Allyn and Bacon.

Bemak, F. (1998). Interdisciplinary collaboration for social change: Redefining the counseling profession. In C. C. Lee & G. R. Walz (Eds.), *Social action: A mandate for counselors* (pp. 279-292). Alexandria, VA: American Counseling Association.

Bernardes, J. (1993). Responsibilities in studying postmodern families. *Journal of Family Issues, 14*(1), 35-49.

Blocher, D. (1966). *Developmental counseling*. New York: Ronald Press.

Bowen, M. (1982). *Family therapy in clinical practice*. New York: Jason Aronson.

Brickman, E., Rabinowitz, V. C., Karuza, J., Coates, D., Cohn, E., & Kidder, L. (1982). Four models of helping and coping. *American Psychologist, 37*(2), 368-384.

Brown, N. (1959). *Life against death: The psychoanalytic meaning of history*. Middletown, CT: Wesleyan University Press.

Carter, R. T. (1995). *The influence of race and racial identity in psychotherapy:*

Toward a racially inclusive model. New York: Wiley.

Cheal, D. (1993). Unity and difference in postmodern families. *Journal of Family Issues, 14*(1), 5-19.

Claiborn, C. D., & Lichtenberg, J. W. (1989). Interactional counseling. *Counseling Psychologist, 17*(2), 355-453.

Constantine, M. G., & Ladany, N. (2001). New visions for defining and assessing multi-cultural competence. In J. G. Ponterotto, J. M. Casas, L. A. Suzuki, & C. M. Alexander (Eds.), *Handbook of multicultural counseling* (2nd ed., pp. 482-498). Thousand Oaks, CA: Sage.

Cross, W. (1995). The psychology of Nigrescene: Revisiting the Cross model. In J. G. Ponterotto, J. M. Casas, L. A. Suzuki, & C. M. Alexander (Eds.), *Handbook of multicultural counseling* (2nd ed., pp. 93-122). Thousand Oaks, CA: Sage.

D'Andrea, M. (1988). The counselor as pacer: A model for the revitalization of the counseling profession. In R. Hayes & R. Aubrey (Eds.), *New directions for counseling and human development* (pp. 22-44). Denver: Love Publishers.

D'Andrea, M. (1994, April). *Creating a vision for our future: The challenges and promise of the counseling profession.* Paper presented at the meeting of the American Counseling Association, Minneapolis.

D'Andrea, M. (2000). Postmodernism, social constructionism, and multiculturalism: Three forces that are shaping and expanding our thoughts about counseling. *Journal of Mental Health Counseling, 22*, 1-16.

D'Andrea, M. (2001). *Comprehensive school-based violence prevention training: Testing the effectiveness of using a developmental-ecological training model.* Unpublished manuscript, University of Hawaii.

D'Andrea, M. (2002). *Notes on counseling practice at Meharry Medical College.* Unpublished manuscript, University of Hawaii at Manoa.

D'Andrea, M., & Daniels, J. (1992). Measuring ego development for counseling practice: Implementing developmental eclecticism. *Journal of Humanistic Education and Development, 31*, 1Z-Z1.

D'Andrea, M., & Daniels, J. (1994). Group pacing: A developmental eclectic approach to group work. *Journal of Counseling and Development 72*(6), 585-590

D'Andrea, M., & Daniels, J. (2001). RESPECTFUL counseling: An integrative multidimensional model for counselors. In D. B. Pope-Davis & H. L. K. Coleman (Eds.), *The intersection of race, class, and gender in multicultural conseling* (pp. 417-466).Thousand Oaks, CA:Sage.

D'Andrea, M., & Daniels, J. (In press). *Multicultural counseling: Empowerment strategies for a diverse society*. Pacific Grove, CA: Brooks/Cole.

D'Andrea, M., Daniels, J., Arredondo, P., Ivey, M. B., Ivey, A. E., Locke, D. C., O'Bryant, B., Parham, T., & Sue, D. W. (2001). Fostering organizational changes to realize the revolutionary potential of the multicultural movement: An updated case study. In J. G. Ponterotto, J. M. Casas, L. A. Suzuki, & C. M. Alexander (Eds.), *Handbook of multicultural counseling* (2nd ed., pp. 222-254). Thousand Oaks, CA: Sage.

Elliott T. R., Witty, T. E., Herrick, S., & Hoffman, J. T. (1991). Negotiating reality after physical loss: Hope, depression, and disability. *Journal of Personality and Social Psychology, 61*, 608-613.

Fetterman, D. M., Kaftarian, S. J., & Wandersman, A. (Eds.). (1996). *Empowerment evaluation: Knowledge and tools for self-assessment & accountability*. Thousand Oaks, CA: Sage.

Fredrickson, B. L. (2001). The role of positive emotions in positive psychology: The broaden-and-build theory of positive emotions. *American Psychologist, 56*, 218-226.

Freire, P. (1972). *Pedagogy of the oppressed*. New York: Herder & Herder.

Gelman, R., & Baillargeon, R. (1983). A review of some Piagetian concepts. In P. H. Mussen (Series Ed.) & J. H. Flavell & E. M. Markman (Vol. Eds.), *Handbook of child psychology: Vol. 3. Cognitive development* (pp. 167-230). Philadelphia: Dorrance.

Gergen, K. J. (1992). The postmodern adventure. *Family Therapy Networker, 16*(6), 52,56-57.

Germain, C. B. (1991). *Human behavior in the social environment: An ecological view*. New York: Columbia University Press.

Gilligan, C. (1982). *In a diferent voice*. Cambridge, MA: Harvard University Press.

Gilligan, C., Ward, J. V, & Taylor, J. M. (1988). *Mapping the moral domain: A contribution of women's thinking to psychological theory and education*. Cambridge, MA: Harvard University Press.

Goldstein, A. P. (1992). *The prepare curriculum; Teaching prosocial competencies* (5th ed.) Champaign, IL: Research Press.

Haley, J. (Ed.). (1976). *People-solving therapy*. San Francisco: Jossey-Bass.

Hayes, R. L. (1986). Human growth and development. In M. D. Lewis & J. A. Lewis (Eds.). *An introduction to the counseling profession* (pp. 36-95). Itasca, IL: Peacock.

Helms, J. (1995). An update of Helms's white and people of color racial identity models. In J. G. Ponterotto, J. M. Casas, L. A. Suzuki, & C. M. Alexander (Eds.), *Handbook of multicultural counseling* (2nd ed., pp. 181-191). Thousand Oaks, CA: Sage.

Ivey, A. E. (1986). *Developmental therapy; Theory into practice*. San Francisco: Jossey-Bass.

Ivey, A. E. (1991). *Developmental strategies for helpers: Individual, family, and network interviewing*. Pacific Grove, CA: Brooks/Cole.

Ivey, A. E. (1994). *Intentional interviewing and counseling; Facilitating client development in a multicultural society* (3rd ed.). Pacific Grove, CA: Brooks/Cole.

Ivey, A. E. (1995). Psychotherapy as liberation: Towards specific skills and strategies in multicultural counseling and therapy. In J. G. Ponterotto, J. M. Casas, L. A. Suzuki, & C. M. Alexander (Eds.), *Handbook of multicultural counseling* (pp. 53-72). Newbury Park, CA: Sage.

Ivey, A. E., D'Andrea, M., Ivey, M. B., & Simek-Morgan, L. (2002). Theories of counseling and psychotherapy (5th ed.). Boston: Allyn and Bacon.

Kantrowitz, R., & Ballou, M. (1992). A feminist critique of cognitive-behavioral theory. In M. Ballou & L. Brown (Eds.), *Theories of personality and psycliopathology* (pp. 70-79). New York: Guilford.

Kegan, R. (1982). *The evolving self: Problem and process in human development*. Cambridge, MA: Harvard University Press.

Kegan, R. (1994). *In over our heads: The mental demands of modern life*. Cambridge, MA: Harvard University Press.

Kohlberg, L. (1969). Stage and sequence: The cognitive developmental approach to socialization. In D. Goslin (Ed.), *The handbook of socialization theory and research* (pp. 347-480). Chicago! Rand McNally.

Kohlberg, L. (1971). From is to ought: How to commit the naturalistic fallacy and get away with it in the study of moral development. In T. Mischel (Ed.), *Cognitive development and epistemology* (pp. 151-235). New York: Academic Press.

Kohlberg, L. (1984). *Essays on moral development: Vol. 2. The psychology of moral development.* New York: Harper & Row.

Kuhmerker, L. (Ed.). (1991). *The Kohlberg legacy for the helping professions.* Birmingham, AL: R. E. P. Books.

Lator, B. (1993). *We have never been modem.* Cambridge, MA: Harvard University Press.

Lerman, H. (1992). The limits of phenomenology: A feminist critique of humanistic personality theories. In M. Ballou & L. Brown (Eds.), *Theories of personality and psychopathology* (pp. 8-19). New York: Guilford.

Lerner,R. M., & Kauffman, M. M. (1985). The concept of development in contextualism. *Developmental Review, 5,* 309-333.

Lewis, J. A. (1993). Farewell to motherhood and apple pie: Families in the post-modern era. *The Family Journal: Counseling and Therapy for Couples and Families, 1*(4), 337-338.

Lewis J. A. (Ed.). (1994). *Addictions: Concepts and strategies for treatment.* Gaithersburg, MD: Aspen.

Lewis, J. A., Dana, R. Q., & Blevins, G. A. (1993). *Substance abuse counseling: An individualized approach* (2nd ed.). Pacific Grove, CA: Brooks/Cole.

Lewis, J. A., Sperry, L., & Carlson, J. (1993). *Health counseling.* Pacific Grove, CA: Brooks/Cole.

Lickona, T. (1992). *Educating for character: How our schools can teach respect and responsibility.* New York: Bantam.

Loevinger, J. (1976). *Ego oevelopment.* San Francisco: Jossey-Bass.

Lupton-Smith, H. S., Carruthers, W. I., Flythe, R., Modest, K. H., & Goette, E. (1995). *Conflict resolution as peer mediation: Programs for elementary, middle, and high school students.* Unpublished manuscript.

Madanes, C. (1981). *Strategic family therapy.* San Francisco: Jossey-Bass.

Magnusson, D., & Allen, V. L. (1983). An interactional perspective for human development. In D. Magnusson & V. L. Allen (Eds.), *Human development: An interactional perspective* (pp. 3-34). Pacific Grove, CA: Brooks/Cole.

Marecek J. (1995). Gender, politics, and psychology's ways of knowing. *American*

Psychologist, 50(3), 159-161.

McGoldrick, M. (1998). *Re-visioning family therapy*. New York: Guilford.

McWhirter, E. H. (1994). *Counseling for empowerment*. Alexandria, VA: American Counseling Association.

Miller, J. B. (1991). The development of women's sense of self. In J. Jordan, A. Kaplan, J. B. Miller, I. P. Stiver, & J. Surrey (Eds.), *Women's growth in connection* (pp. 11-26). New York: Guilford.

Minuchin, S. (1979). Constructing a therapeutic reality In E. Kaufman and P. Kaufman (Eds,), *Family therapy of drug and alcohol abuse* (pp. 5-18). New York: Garner Press.

Minuchin, S. (1984). *Family kaleidoscope*. Cambridge, MA: Harvard University Press.

Neville, H. A., & Mobley, M. (2001). Social identities in contexts: An ecological model of multicultural counseling psychology processes. *The Counseling Psychologist, 29*, 471-486.

Phinney, J. S. (1990). Ethnic identity in adolescents and adults: Review of research. *Psychological Bulletin, 108*, 499-514.

Piaget, J. (1970). *Structuralism*. New York: Basic Books.

Ponterotto, J. G., Casas, J. M., Suzuki, L. A., &. Alexander, C. M. (Eds.). (2001). *Handbook of multiculturai counseling* (2nd ed.). Thousand Oaks, CA: Sage.

Ponterotto, J. G., & Pedersen, P. B. (1993). *Preventing prejudice; A guide for counselors and educators*. Thousand Oaks, CA: Sage.

Rigazio-DiGilio, S. (2002). Family counseling and therapy: Theoretical foundations and issues of practice. In A. E. Ivey, M. D'Andrea, M. B. Ivey, & L. Simek-Morgan (Eds.), *Theories of counseling and psychotherapy* (5th ed., pp. 390-428). Boston; Allyn and Bacon.

Romano, J. L., & Hage, S. M. (2000). Prevention and counseling psychology: Revitalizing commitments for the 21st century. *The Counseling Psychologist, 28*, 733-763.

Satir, V. M. (1967). *Cojoint family therapy* (2nd ed.). Palo Alto, CA: Science and Behavior Books.

Satir, V. M. (1972). *Peoplemaking*. Palo Alto, CA: Science and Behavior Books.

Scheier, M. E., & Carver, C. S. (1987). Dispositional optimism and physical wellbeing: The influence of generalized outcome expectancies on health. *Journal of Personality, 55*, 169-210.

Seligman, M. E. P., & Csiksentmihalyi, M. (2000). Positive psychology: An introduction. *American Psychologist, 55*, 5-14.

Sheldon, K. M., & King, L. (2001). Why positive psychology is necessary. *American Psychologist, 56*, 216-217.

Sherwin, E. D., Elliott, T. R., Frank, R. G., & Hoffman, J. (1992). Negotiating the reality of care giving: Hope, burnout, and nursing. *Journal of Social and Clinical Psychology, 45*, 128-145.

Snyder, C. R. (1995). Conceptualizing, measuring, and nurturing hope. *Journal of Counseling and Development, 73*(3), 355-360.

Sprinthall, N. A., Peace, S. D., & Kennington, P. A. D. (2001). Cognitive-developmental stage theories for counseling. In D. C. Locke, J. E. Myers, & E. L. Herr (Eds.), *The handbook of counseling* (pp. 109-130). Thousand Oaks, CA: Sage.

Steenbarger, B. N. (1993). A multicontextual model of counseling: Bridging brevity and diversity. *Journal of Counseling and Development, 72*, 8-15.

Steenbarger, B. N., & LeClair, S. (1995). Beyond remediation and development: Mental health counseling in context. *Journal of Mental Health Counseling, 17*(2), 173-187.

Steinglass, P. (1978). The conceptualization of marriage from a systems theory perspective. In T. J. Paolino & B. S. McCrady (Eds.), *Marriage and marital therapy: Psychoanalytic, behavioral, and systems theory perspectives* (pp. 298-365). New York: Brunner/Mazel.

Sue, D. W., Ivey, A. E., & Pedersen, P. D. (1996). *A theory of multicultural counseling and development*. Pacific Grove, CA: Brooks/Cole.

Sue, D. W, & Sue, D. (1999). *Counseling the culturally different: Theory and practice.* (3rd ed.). New York: Wiley.

Thomas, S. C. (1996). A sociological perspective on contextualism. *Journal of Counseling and Development, 74*(6), 529-538.

Umbarger, C. C. (1983). *Structural family therapy.* New York: Grune & Stratton.

Von Bertalanffy, L. (1968). *General systems theory.* New York: Braziller.

Watson, D. L., & Tharp, R. G. (1993). *Self-directed behavior: Self-modification for personal adjustment* (6th ed.). Pacific Grove, CA: Brooks/Cole.

Young-Eisendrath, P. (1988). Making use of human development theories in counseling. In R. Hayes & R. Aubrey (Eds.), *New directions for counseling and human development* (pp. 66-84). Denver: Love Publishing.

Chapter 5

社區諮商員是社會改革代理人

第四章主要是討論，當諮商員針對尋求解決影響心理健康壓力的當事人提供直接服務。如何鼓勵提醒他們，提供個人、家庭、小團體家庭諮商服務時，社區諮商員應遵守下列各點：

1.易於覺察到不同團體背景民眾的獨特需求和觀點（請注意：RESPECTFUL 諮商架構所呈現的理論模式，許多專業工作者發現，此模式有助於提升他們對來自不同背景一般生活經驗的敏感度）（D'Andrea & Daniels, 2001）。

2.直接注意到當事人的優點，資產和生活上遭遇到的問題（Ivey, D'Andrea, Ivey, & Simek-Morgan, 2002）。

3.當事人參加個人、家庭和小團體諮商時避免他們心理上的依賴（D'Andrea, Locke, & Daniels, 1997）。

雖然看起來很明顯，傳統上，諮商員有其困難（Daniels et al., 2000; Locke, Myers, & Herr, 2001）。

研究者指出，許多人通常參與個人（Beutler, 2000; "Mental Health: Does Therapy help?", 1995），團體（Ivey, Pedersen, & Ivey, 2001）和家庭（Rigazio-DiGilio, 2002）諮商與治療的結果是經歷壓力的消除，和支持體系的提升。因為當事人尋求直接諮商服務時，心理上容易受到傷害，使當事人對展現真正尊敬、接納、及其需要與問題照護諮商員產生依賴。

雖然心理的依賴是以不同方式呈現在諮商情境中，本書的社區諮商模式強調對諮商過程過度依賴會呈現兩種限制。第一，為適應國家一般和心理健康需求，在美國有效提供直接諮商服務的心理健康專業工作者（例如諮商員、心理學家和社會工作者）有明顯不足。

許多研究者已經指出心理健康服務的整體需要已經超過有效的服務（Albee, 2000; Albee & Gullotta, 1986; Conyne, 1987, 2000; Daniels et al., 2000; Romano & Hage, 2000）。依此觀點，Conyne（1987）提出，雖然在美國有四千三百萬人被診斷出有心理或情緒問題，每年美國公部門與私部門心理健康照護系統只能服務七百萬個個案。Albee（2000）最近評

估一般公民的心理需求，心理專業工作者對經歷心理壓力有效提供直接諮商服務，確認Conyne的研究發現。簡單的說，該領域研究一致指出：沒有足夠的專業人員提供直接諮商服務給所有需要此項服務的人（Albee, 1998, 2000; Albee, Joffe, & Dusenbury, 1998; 2000; Conyne, 1987, 2000）。

第二，尋求心理健康專業協助的人通常覺得自己缺乏生活能力、因應能力和缺乏環境支持，不足以解決個體遭遇生活情境脈絡所產生的壓力時，他們是無法掌控生活（Neville & Mobley, 2001）。

同意參與諮商過程，當事人可能：（1）意識或沒有意識到他們無法處理生活環境中所發生的偶發事件，結果（2）必須依賴別人（如諮商員、心理學家和社工人員）以因應他們獨特的生活情境。

記住Stensrud和Stensrud（1981）指出，二十多年前做法如下：

諮商員提供給當事人服務，可能對他個人權力有重要的影響。假如服務依此方式，當事人經歷非偶發事件，我們激勵促進個人不健康的無權力感和對專業助人的依賴和外在控制感（頁301）。

這種依賴以各種敏感或不敏感的方式呈現諮商中，無意中侵蝕他們的增權能賦（Ivey, 1995; Mc Whirter, 1994）。從本書所呈現的社區諮商理論觀點，不慎侵略到當事人的個人權力，這是諮商員必須加以面對的倫理議題。諮商員避免無意支持當事人個人權力感的方法在本章和第六章描述如下：

1.避免落入倫理問題的陷阱。
2.間接促進當事人心理健康和個人幸福擴展整體效能。
3.從各種個案對象獲得可信度，他們個人問題與社會脈絡不同環境壓力產生的壓迫關係。

許多人需要心理健康照護服務，與實際諮商服務之間的巨大落差，提供美國民眾（Conyne, 2000），諮商員鼓勵擴展潛在的影響，他們可以

採取間接諮商影響許多個案對象。當承認直接諮商是有活力時，社區諮商模式強調積極改變個案環境的重要性。

心理健康專業者了解人類不斷與環境互動影響他們的發展，了解如此，在工作利用社區諮商模式的專業人員，考慮影響當事人生活的社會、政治、經濟因素。以此觀點，挑戰負面影響心理健康與個人幸福的社會議題，是過去諮商專業者個別諮商的一部分，其中包括提供間接服務設計說明負面影響，如貧窮、種族歧視、性別歧視、能力歧視和年齡歧視等複雜問題對當代許多人的影響。融入運用社區諮商的專業工作者提供直接個案諮商服務（經由利用個別諮商服務），和處理社會政治系統（藉著利用間接服務培養當事人環境正面改變）（Jackson, 2000）是相同的兩項任務。

社會改革代理人的角色

一、障礙與挑戰

雖然心理健康專業者已經覺察到有限的整體影響直接諮商服務，許多人在工作上過度使用這些服務。進一步的說，這樣的諮商員通常以社會代理人的功能，避免間接促進當事人心理健康，這是特別令人苦惱的事，因為誠如 Locke 等（2001）所說：「除了諮商員發展有益策略，改變負面影響許多公民生活的脈絡和環境，他們甘冒受到外在情境之苦的危險（頁690）」。以下提出五個理由，許多專業工作者繼續擁抱個人治療內在心理助人典範，掌控過去五十年諮商專業，傳承利用社會改變策略以培養我們社會中各種團體與背景，多數人的心理健康和心理幸福。

（一）經費來源的壓力

經費來源有利於心理健康專業工作者對當事人提供傳統諮商服務（如個人與小團體諮商服務），這些經費限制許多諮商員從計畫與執行諮商服務萌生退意。如同許多人提出：二十一世紀心理健康專業工作的聯繫與活力，大都依靠比美國現在心理健康系統更能影響許多人心理健康能力的實務工作者（D'Andrea, 1994; Hall, 1997; Locke et al., 2001）。如此，從社區諮商觀點，諮商員與專業公會必須尋找保證經費支持的好方法，為倡導、諮詢和社會變革倡導獲得此項服務，提升多數人的心理健康，否則諮商員和心理學家在21世紀快速變遷的文化變化社會中將逐漸成為被淘汰的團體（D'Andrea & Daniels, in press; Hall, 1997）。

（二）研究所訓練方案

許多研究所在他們的訓練方案中過度強調直接治療的諮商服務，如此訓練限制許多諮商員對促進學校與社區許多人心理健康與心理幸福變通方案的了解。

20多年前，Bronfenbrenner的（1979）評估仍應用在美國現今許多諮商訓練方案，依照此點，他主張下列：

> 雖然人類發展是成長個體與環境交互作用的結果，有明顯的不對稱，理論假設研究偏重個人特性和個人在環境中被發現最根本的概念和特徵（頁16）。

有些人批評諮商訓練著重內在考量，而不花同樣的時間協助學生學習評估環境對他們負面的影響，支持Bronfenbrenner的分析（Areedondo & Lewis, 2001; Aubrey & Lewis, 1988; Ivey et al., 2002）。這些批評指出，許多諮商教育學者忽視Lewin（1951）的公式：行為是個人功能與環境的函數。相反的，許多心理健康實務工作者，從公式看行為是一個人的功能，結果專業諮商和心理學訓練課程，仍是個別治療內在心理取徑，即

使一般對象需要心理健康服務超過有限的樣態（Hall, 1997; Kiselica, 1999）。

（三）缺乏促進社會改變的勇氣

D'Andrea（2001）指出：多位心理工作者在工作上缺乏勇氣展現社會改變策略，如此做不只需要系統性脈絡分析人類行為能力（Ivey, 1995; Merrick, 1995; Slaughter-Defoe, 1995），還需要勇氣面對負面影響當事人一般健康與幸福現有狀況的挑戰。當（1）一致性花時間從系統性脈絡上評鑑當事人心理幸福（Sue, Ivey, & Pederson, 1996）；（2）倡導行動改變當事人生活中負面環境的影響，這些介入包括社會和政治行動策略（D'Andrea, 1994, 2001, Netting, Kettner, & McMurtry, 1993）。

專業助人最近覺醒到需要參與學校與社區的社會政治行動（Albee et al., 1988; Lee & Walz, 1998; Neville & Mobley, 2001）。然而許多新手或有經驗的實務工作者，對此項觀點仍猶疑不決。Aubrey 和 Lewis（1988）認為「假如諮商員首先將當事人心理問題『假設內在心理起源轉換為認定政治解釋較為適當』，他們才有可能體認、說明社會政治議題（頁300）」。雖然認知轉換是重要的，假如諮商員仍記得二十一世紀國家心理健康系統的重要性、關聯性，強調諮商訓練方案比過去所作的還更多，以刺激社會變革理論和介入策略融入在方案核心中（D'Andrea, 2001; Jackson, 2000; Lee & Walz, 1998）。

（四）缺乏系統性思考技巧

Aubrey 和 Lewis（1988）認為轉型期思考是心理健康專業的高層次分析的一部分，此分析能力包括：

1.清楚認定當事人問題的個人與內部心理因素。

2.區分來自負面環境因素影響當事人心理健康的系統情境。

3.了解專業工作者可以孕育社會和政治變革的方法，以利不同背景的

人表現他們的心理潛能（頁287）。

Iscoe（1981）提出，許多有關心理健康專業者清楚了解心理內在問題是由社會政治現象所造成的現況，他說明心理健康專業者經歷到為當事人設想改變社會的反作用，亦即內在心理造成其他人說：

> 在60年代後期，70年代初期，…關心少數民族，權力的分配，輔助諮商員的權利，以及不適合臨床模式的人。然而其中具有教育性，許多心理健康專業者解釋，他們認為這些議題與住在都市暴亂區和在校園中使用藥物者相同。此模式通常放在臨床模式，如對權威表現的行為或未解決憤怒的概念，引起關心社會變革的心理健康專業者詮釋的動力（Iscoe, 1981, pp. 125-126）。

當然，關心社會變革的倡導比起「表現和對權威的抗議」的概念較為複雜，雖然Iscoe（1981）在二十年前評估此項情境，在此概念許多專業心理健康者不相信（1）了解促進環境脈絡改變的重要性，培養當代社會不同文化背景對象心理健康；（2）鼓勵幫助他們工作所在的學校、大學、工商業社區機構和鄰近地區的改變（D'Andrea & Daniels, 1999; Jackson, 2000）。

有人提議，當有人仔細分析對諮商員角色擴張為扮演社會變革的批評時，他們通常歸諸下列幾點：

1. 在第一章所說傳統助人典範的永久──被發現是無效能、不合倫理，甚至用在不同團體和背景是有傷害性的（Hall, 1997; Ivey et al., 2002; Sue & Sue, 1999）。
2. 維持現狀和他們通常經由助人累積的特權（D'Andrea et al., 2001; & Daniels & D'Andrea, 1996; Jackson, 2000; Kiselica, 1999）。

雖然社區諮商模式強烈支持接納社會變革介入是專業諮商員一部分

的責任，這並不是意謂著諮商員應該全然提供直接諮商服務，來幫助當事人免於罹患心理疾病。誠如前面所說，社區諮商模式只是視變革努力為必要、自然的，補償傳統上心理健康專業者利用個人內在心理諮商服務的一部分。然而同意以社會變革策略並融入工作中以擴展專業角色，諮商員是未來能夠正面影響許多不同團體和背景的人（Lee & Walz, 1998; Locke et al., 2001）。

採取此種行動的諮商員這麼做是因為他們從內在心理系統和系統觀點一致分析當事人情境，如此，他們並不強調另一方面的花費，圖4.2、4.3和4.4是在提出指引，幫助分析當事人情境，決定個體內在心理或系統取徑的助人方式是否是協助個體處理生活遭遇困難的最佳方式。利用此項概念取徑助人，諮商員能了解當事人內在心理問題的確與社會政治動力有關，強而有力說明歸諸心理疾病的負面環境因素。

下列社區諮商模式說明，對心理疾病提出綜合性、平衡性的方法：

1. 從個體和系統觀點，分析與當事人心理健康和個人幸福有關的議題。
2. 經由直接和預防性諮商服務，發展多面向和介入策略促進當事人的發展。
3. 利用間接諮商服務和社區介入影響當事人環境。

（五）缺乏社會改革策略知識

雖然有許多諮商員為了當事人有足夠的勇氣與動機促進社會改革，可是他們往往不了解在當事人的社會脈絡中，如何促進實際的介入策略，積極改變生態環境（Arredondo & Lewis, 2001），本章即在幫助諮商員克服此問題：

1. 增加諮商員了解執行社會行動策略，促進當事人賦能的重要性。
2. 描述構成當事人環境的生態系統。
3. 提升當事人對生態系統如何影響當事人幸福的知識。

4.提供評估生態的架構。

5.提供諮商員可用的方案與服務，促進改變當事人環境的改變。

二、經由社會行動主義促進當事人的賦能

諮商員必須強調一般環境因素，以利當事人對問題的敏感性，例如對當代社會權力分配的不平等，特殊環境因素直接、間接影響許多社區成員，必須著重心理健康專業工作者的生態觀點，這些因素包括土地、空氣、水的化學汙染，都市噪音程度，社會垃圾安全配置的挑戰（Tester, 1993）。過度關注系統議題對於當事人的影響，利用社區諮商模式的諮商員做他們能幫助改變社會環境的負面影響。

諮商員在許多方面能夠利用他們的技巧作為社會組織環境變革機制，幫助當事人創造更健康和發展更尊敬人的環境。如此做，是利用社區諮商模式的心理健康工作者永遠偏重介入策略的重要性，培養個人與集體賦能。

更進一步，心理健康和個人在自我效能的自我勝任感（第四章），建立在一個人的行為足以影響世界的信念上，如此信念來自克服環境障礙，而不是內在心理經驗的深度探索。

利用社區諮商模式的諮商員體認到學校鄰近地區工商業的福祉，建立在來自賦能過程產生的權力感、效能、自我決定的基礎上。如此利用社區諮商框架的諮商員了解到他們不能只在辦公室等待當事人上門，相反的，他們在倫理上有責任表現為社會改革代理人。如此，他們才能促進生態上的改變，培養當事人整體心理健康與個人幸福。

（一）社會改革代理人的特殊角色

依據Egan（1985）看法：改革代理人係指「在設計、再設計、經營、更新或改善任何系統、子系統或方案，任何扮演重要角色的人」（頁12）。當諮商員在工作中融入環境和社會改革，他們必須提供直接諮商服

務，成為學校、鄰近地區、大學、工商業更明顯和整體的一部分，而社區機構是他們工作上重要的一部分。

社區諮商員成為社會改革代理人的主要理由有二：

1. 他們了解到傳統諮商模式的優缺點（見第一章）。
2. 他們的確了解二十一世紀心理健康專業的最大挑戰，發現創造專業對各種個案對象影響的新方法（Locke et al., 2001）。

許多研究理論家撰寫有關培養建構性系統改革強而有力，正面結果都支持這些想法。他們引用心理健康專業工作者協助家庭（Rigazio-DiGilio, 2002; Stevens, 2001）、學校（Baker & Gerler, 2001; D'Andrea & Daniels, 1995; Herring, 1997）和大社區（Bruggemann, 1996; Ife, 1996）所執行的各種社會改革策略，處理這些報告有四個假設，可以幫助解釋為何諮商員與心理健康專業工作者願意貢獻他們的心力，促進當事人環境的改變：

1. 覺醒到家庭、學校、鄰居、工商業、社區環境特殊方面可能有害於個人的健康發展。
2. 了解到社會環境某方面可以滋養個體與社會團體的發展。
3. 心理健康專業工作者體認到，除非他們扮演社會改革代理人的積極角色，否則他們無法促進、維持多數人長期的心理健康。
4. 當心理健康專業工作者、當事人家長、學生、工商業、社區官員和其他人共同努力朝向同一目標時，社會環境將更回應他們的需要。

儘管許多受益者在他們當事人環境、社會中表現主動積極的角色，許多諮商員害怕執行社會行動策略可能引起反效果。為了克服這種抗拒，Martin（1991）提出下列：

心理健康專業工作者最好以直接專業照護服務，關照病人或當事人的福利，或組合提倡和社會行動對政策變革施壓與必要的

公共服務。此議題說明過去到現在兒童與家庭面對生活標準快速的腐蝕和下降，如專業者經由各種傳統服務，試圖在治療上改善或消除既存疾病。這些貢獻即使不足，仍有其重要性，假如我們即將完成適當的角色，我們必須說明預防和生病率，如此是在呈現提倡者與行動主義所必要的文化和政治氛圍（頁488）。

能力建立活動 5.1

我們社區需要逐漸增加對變革的敏感度

最近閱讀地方報紙，如你所看的，試著傳播足以影響社區諮商方案的議題，這包括本書中討論過的所有人（如高危險年青人，未婚懷孕，住在都市鄉村的人，受到家暴和受虐者，非裔美國人，拉丁人，瀕臨離婚家庭，身心情緒困擾個體或 HIV 和 AIDS），和其他與你一起工作或計畫未來一起工作的人。

當你閱讀地方報紙，認為議題需要改變，培養當事人心理健康和個人幸福，寫下你對下列問題／敘述的反應：

1. 關於一般和特殊心理健康，你居住社區的哪一方面富有潛在破壞力，打擊將來你所需要的服務？
2. 在你認定社區可能對當事人幸福有害後，請寫下一般你認為需要改變，培養學校、工作職場、鄰近地區或社區當事人心理健康的特殊事情。
3. 當你相信必須在社區說明議題和變革，指定優先考慮的事項列為 1，其次，你要注意的列為 2，依序下去。

在指定你所認定優先考慮的事項之後，選出你認為在你領域其他心理健康專業工作者能夠改變的議題，簡述你對系列問題的反映：

1. 在你學校、大學、工作職場、社區的其他個人與團體對此議題有同樣的關注嗎？

2.什麼個人與團體可能主動反對你認為必須促進正為目前情境所影響個體心理健康和個人幸福的變革？

3.期待改變已轉化成較易配合的較小目標？如此，寫下二、三個你可以達成培養學校、大學、工作職場、社區變革的小目標。

4.什麼特殊活動可以帶來這樣的改變？

雖然許多人在心理健康專業工作上，相當反對容易為實務工作者需要做為社會改革代理人的看法所征服，此種能力建立活動建立在下列各點：

1.幫助你認清在社區所需要的特殊社會改革，未來人民才可以居住的心理健康與個人幸福。

2.協助你化解社區最近現存問題為較小目標，使之發展可以管理和未來實際處理他們的策略。

本章下列部分討論許多生態考量，當諮商員有效進行研究和真正影響不同背景人的生活新方法，他們應該記得，除了討論與人類發展生態有關的議題之外，我們討論一些已經被證實，對促進許多不同團體背景，心理健康與個人幸福的介入策略。這麼做是為了（1）幫助你了解獲得更清楚促進社區社會改革諮商員的需要；（2）列舉其他實務工作者，利用培養他們生活與工作所在學校、大學、工作職場、社區變革的實際策略。

諮商實務工作的生態思維

Bronfenbrenner（1976, 1988），一位社區諮商的倡導者，投注一生敘述生態因素如何影響人類發展，依據Bronfenbrenner（1976）所說：

人類發展的生態是進步、相互適應的科學研究，探討個人一生

中，成長中的人類有機體與其快速變化的生活環境，此歷程受
到當前的情境和正式、非正式較大社會脈絡結合在一起情境所
影響（頁2）。

　　生態學理論強調一個人成長和發展，受到直接參與和間接影響其生
活的當前系統所影響，如此，從生態系統觀點，來自社會系統問題必須
經由這些系統介入加以說明。從心理健康觀點來說，指心理健康介入可
以發生在建制當事人寬廣社會環境系統層次（Conyne, 2000; Neville &
Mobley, 2001）。

　　諮商員有效利用生態取徑，必能做到下列：

1.區分組成廣泛生態環境不同的系統。
2.了解如何轉換與影響當事人發展的環境。
3.知道當事人最近如何影響他們的社會環境。
4.考慮他們的當事人未來如何影響生態系統（他們的家庭、學校、鄰
　居、工作情境及社區）。

　　在人類發展生態理論，Bronfenbrenner（1988）認為下列系統：微觀
系統、中間系統、外部系統、巨觀系統，整體而言，這些系統組成整個
社會系統。

　　微觀系統（microsystem）包括發展中個體當前環境，如家庭、學
校、工作場所，微觀系統重要影響、極限到決定個人活動型態角色的人
際關係。

　　中間系統（mesosystem）是指在個人發展中的微觀系統之間動態
性互動與連結（Bronfenbrenner, 1988; Brueggemann, 1996），如Merrick
（1995）指出，「中間系統包括發展中個體兩個或以上情境之間發生的連
結與過程，這些可能彼此衝突或互補」（頁290）。例如一個人的中間系統
是家庭與學校的連結，如此，諮商員利用學校情境的生態觀點，希望評
估此連結如何影響學生們的動機和學術能力感（Baker & Gerler, 2001;

Herring, 1997）。

中間系統的擴展是**外部系統（exosystem）**，包括影響微觀系統正式和非正式的結構，這些正式和非正式的結構自身不須包括發展中的人，他們包括微觀系統中間接影響他們主要的社會機構。外部系統包括工作場所、大眾媒體，商品與服務的分配，非正式的社會網絡（Bronfenbrenner, 1988）。

巨觀系統（macrosystems）指直接和間接影響個體行為和文化機構，例如包括組成社會的經濟、社會、教育、法律和政治機構。依據 Merrick（1995）的看法巨觀系統不同，前述系統所說「不是指影響特定人的特殊脈絡，而是組成社會方式型態的一般標準」（頁291）。

當實務工作上利用社區諮商框架，諮商介入所有的層次，表5.1顯示社區諮商模式中系統介入的地位，你可以了解介入目的在系統變革需要諮商員運用各種不同的間接方法。

表5.1　社會政策策略和社區諮商模式

	社區服務	個案服務
直接		
間接		微觀系統、中間系統、外部系統、巨觀系統層級的介入

通常，這些努力是直接指對心理上無需被認定有問題的人。如此，許多人視生態介入為強而有力的預防策略，以強化心理健康者的幸福（Conyne, 2000; Netting et al., 1993）。例如，Helms和Cook（1999）指出，大系統介入足以說明植基各種不同文化、種族、民族、社經背景許多心理問題深層與廣泛性社會的不公平。

一、在不同文化當事人利用生態取徑

多元文化諮商專家一再批評心理健康實務工作者在評估當事人情境

與計畫助人介入時，無法採取脈絡和生態因子的思維。這些批評指出，當諮商員著重當事人對環境特殊問題的內在心理反映，他們容易忽視對當事人生活其他系統強而有力的衝擊和對其幸福負面的影響（Atkinson, Morten, & Sue, 1998; Ivey et al., 2002; Sue et al., 1996）。

在諮商紀錄上，即使他們了解問題的推動力來自環境的因素，此狹隘取徑容易使當事人對他的問題感到愧疚。因為許多諮商員利用不能融入系統觀點的理論，他們的協助易於對不健康、非人性社會環境受害者，在進行溝通不經意感到歉疚（Lee, 1997; Locke, 1998; Sue et al., 1996）。

雖然，Rappaporat 和他的同事提出「遣責受害者」已超過25年，他們所說的話仍與包括社區諮商模式的生態考量有關，依此觀點，提出如下：

> 遣責受害者意指心理介入目的在適合個人既存社會條件，首先假設他已經受到傷害，包含個人生活情緒已有問題觀點。假如介入是受害者受到譴責，而問題本質在社會系統，是否用在醫療模式或其他已不重要（Rappaport, Davidson, Wilson, & Mitchell, 1975, p. 525）。

利用生態系統評估不同文化背景當事人的情境，諮商員可以精確了解到許多文化歧視、種族壓迫已經負面影響當事人（Atkinson et al., 1998; Banks & McGee Banks, 1997; Ivey, 1995）。當利用生態取徑的諮商員對這些當事人進行諮商，將無法避免說明受到社會政治負面影響的議題（D'Andrea et al., 2001; Martrin, 1991）。

諮商員參與社會政治議題時，最基本的前提是許多當事人，特別是有色人種、貧窮人、婦女、同性戀、年長者、身體殘障者，通常受到社會大環境長遠經濟、求職、政治政策和情境負面的影響（Sue & Sue, 1999）。

若干多元文化理論低估促進個別當事人和高危險群幸福環境的修正

力量（Atkinson et al., 1998），這些理論強烈督促諮商員在他們整體取徑中，引用社會改革政策提供不同文化背景對象有效服務。

> 作爲改革代理人，諮商員試圖改變壓迫少數種族、民族的社會環境。傳統諮商的主要批評聚焦在當事人問題內在心理來源，而心理治療是基本解決問題的介入。作爲改革代理人，諮商員幫助當事人認清問題與問題解決外在來源。而不是鼓勵當事人「戰勝問題」，諮商員幫助當事人覺察創造問題的壓迫力量，然後共同發展策略，減低壓迫當事人生活的力量。如此促進形成少數種族／民族政治團體，經由政治權力，少數種族／民族和其他受到剝奪團體帶來社會和物質環境的變革。諮商員充當改革代理人通常是低能見度，經常發現動員其他有影響力的機構帶來改變（Atkinson et al., 1998, p. 302）

由於發展和執行社會改革政策，運用社區諮商框架的諮商員必須從生態觀點，精確評估當事人的情境，下列討論是在檢驗諮商員與其他心理健康專業工作者必須做到的生態評估。

（一）從生態觀點評估未婚懷孕

美國是世界工業國家未婚懷孕比率最高的國家（Burt, Resnick, & Novick, 1998; U.S. Department of Health and Human Services, 2000），低社經都市非裔美國社區年青分娩的比率是白人社區的雙倍（Brodsky, 1999; Children's Defense Fund, 1999）。

每年這些懷孕分娩比率清楚告訴直接諮商服務的美國家長，高危險群青少年懷孕並沒有因此減少，許多專家推薦廣泛的生態評估和介入計畫替代傳統諮商取徑（Brodsky, 1999; D'Andrea & Daniels, 1992; Geronimus & Korenman, 1990; Merrick, 1995）。

無法避免的是生態取徑需要戲劇性的改變，許多諮商員需要說明青少年懷孕，例如 Merrick（1995）從生態觀點指出，一個人不要認爲非裔

美國社區低社經地位的青少年分娩是一個問題。覺察到有限生命選項，社會環境允許這些年青人，對許多價值受到貶抑者，可精確解釋年青分娩是一種實際的生涯抉擇（頁288）。

1.微觀系統

關於生態評估，Merrick（1995）指出，諮商員應該首先評鑑當事人微觀系統因素（如家長、同儕和老師），影響青少年在一般發展特殊性人類性行為想法的程度。例如減少學校或社區情境青少年生產工作時，諮商員應該聚焦在學生微觀系統如何影響他們的性行為，利用控制生育，對年青人生產的態度，諮商員應該評估的重要因素包括下列：

（1）青少年與他們家長關係的品質。

（2）家長影響子女對年青人生產態度的程度。

（3）青少年同儕團體接納或鼓勵青少年意外性行為的程度。

（4）在學校對青少年懷孕預防方案、服務資訊的蒐集。

來自評估的資訊協助心理健康專業工作者決定有用的微觀系統介入，可能的策略來自下列：

（1）提供家庭諮詢和外展服務，以提升家長與青少年的關係、溝通。

（2）倡導青少年同儕團體，讓年青人有機會討論與人性行為有關的議題（與年青人懷孕、性傳染疾病、HIV／AIDS和同性戀生活型態有關議題）。

（3）與地區青少年方案代表組織集會，討論年青人生產有關議題。

2.中間系統

生態評鑑的第二步是評估中間系統，鼓勵年青人在青少年時期節制懷孕與生產的因素。如此做，諮商員應該考慮影響青少年一般發展，與減少青少年懷孕生產數目，家庭與學校間正式與非正式的聯繫，諮商員發現有利於評估青少年中間系統發生的問題，包括下列：

（1）什麼鄰近方案或服務提供家長——成人——青少年正面互動的機會？

（2）鄰近哪位關鍵人物（角色模範、宗教領導人或運動教練）可能扮演重要角色，非正式幫助青少年努力朝正面生活選擇與經驗？

（3）最近有特定鄰近或社區為本位的懷孕預防計畫供家長與青少年參加？

3.外部系統

當評估中間系統，諮商員檢視社會結構大眾媒體，如何影響年青人對於懷孕與青少年期間即為人父母的觀點。下列提供的問題足以證明有助於評估中間系統的既存（或尚未存在）的因素。

（1）大家體認：強而有力決定青少年懷孕生子的因素是社經地位，而不是青少年種族、民族背景（Merrick, 1995）。如何鼓勵危險群青少年在青少年期間分娩時，發展綜合性生涯發展。

（2）過去大眾媒體為促進青少年懷孕預防運動做了什麼努力？假如沒有，未來有哪些誘因推動，最近在中間系統有哪些有利資源，可以幫助未來有關的介入？

（3）青少年在學校或社區有何方便接觸控制生產的管道？最能接近的產品在哪裡？對高危險年青人如何分配這些產品？

4.巨觀系統

巨觀系統評估涉及文化型態，影響一個人對性行為與年青人懷孕態度的評鑑方式。當從巨觀觀點評鑑青少年生產，Merrick（1995）提出諮商員必須做到下列：

（1）思考對青少年生產社會觀點如何解放，影響這種現象。

（2）評估青少年背景（例如：文化、種族和民族因素）如何促成他們性態度與性行為的發展。

（二）生態評估的重要性

　　諮商員花時間進行生態評估，他們對當事人在傳統評估方法中所提供較能獲得綜合性和精確的情境了解（Brodsky, 1999; D'Andrea, 1994）。進行生態評估的另一個重要理由，是提供專業工作者和方案計畫者許多資訊，利用設計介入達到促進當事人社會環境的改變。

　　過去 20 年間已經看到許多介入設計影響當事人不同系統的社會環境，這些系統呈現的模式，是其他心理健康專業工作者發現在他們的學校、鄰近、社區，有助於計畫、執行新方案和服務。

二、微觀系統：學校為本位的方案

　　Bronfenbrenner（1977, 1988）已經證明學校是微觀情境的重要例子，很明白的指出，學校介入可以強烈影響年青人的發展，這些介入雖然執行上有困難，大多數是因為教育現狀反對改革。如 Aubrey（1972）指出：在教育系統中「沒有協調因素」，阻礙許多真正有興趣計畫組織策略，促進學校系統改變，諮商員的理想抱負。

> 這些「沒有協調因素」的機構限制，已是根深蒂固和風俗傳統建立久遠的關係。例如教學與非教學事件的權威，在教室老師神聖不可侵犯的權威，學校嚴謹的作息程序時間表，兒童團體彈性方法，溫順與聽從的獎勵等。在時間的過程，他們受到法規的訓練，在諮商員面前呈現的是慣例性的程序、結構式型態、機構運作、科層體制過程、傳統的遵守。集體上，這些學校傳家寶無異是諮商員希望對兒童創新方案與實作上的許多障礙（Aubrey, 1972, p. 90）。

　　這些「傳家寶」留存在現今美國的學校系統，就如同在 1972 年一樣。結果，在初級預防的努力，即使目的在幼童，仍偏重個體替代環境

（Baker & Gerler, 2001; Conyne, 2000）。從本書社區諮商理論觀點有助於指導能力建立，和其他相似學校為本位的預防介入，是許多方案必須同時聚焦在學校整體環境。假如不能改變，最少了解他的努力。 Rappaport（1987）摘要觀點並簡潔提出：

> 當學校發展方案，我們需要知道有些影響老師、行政人員、學校氣氛和教育政策的事情，我們需要知道比在測驗分數上更多的改變。我們希望了解有些兒童如何在他們的能力影響他們生活結果和各種不同社區的生活，而其他的兒童卻不能（頁133）。

（一）學校生活方案品質

如 Washtenaw 郡執行學校生活品質（Quality of School Life, QSL）成年人與兒童可以一起工作，帶來他們學校環境正面的改變。 Michigan 行政人員說：「Washtenaw 郡社區心理健康中心的小學生活品質方案（The Quality of School Life for Elementary Schools Program, QSL-E）是一種社會系統介入，其目標是在經由改善學生、教職員參與和較正面的相互期待，促進有助益的學校氣氛」（Schelkun, Cooper, Tableman, & Groves, 1987, p. 8）。

為商業、經濟發展建立工作生活／品質圈的方案，而整體系統QSL-E 方案則利用各種組織發展方法，提升學校情境參與問題解決能力。 Michigan 心理健康部門提供資金的方案，發展者提出下列的描述：

QSL 過程參與其他有關朝向卓越效能運動的努力，聚焦在下列議題和目標：

- 適當的學校氣氛：達到安全、友誼、有次序的學習環境。
- 有效率的學生／教職員動機與士氣：實際的信念，相信一個人影響有關決定成果的能力，有教職員／學生支持，和學校教室活動

規律及常規接納的結果。

- 教職員／學生／家長一致的期待：在鼓勵共識情境，明確分享期待。
- 相互了解：分享詞彙，概念基本原則，系統性操作所有系統層級問題解決的指引。
- 有效參與組織文化：參與整個學校和教室內問題的認定，解決問題和做決定，它是一種溝通、結構和程序實際可預測性的系統。

整個QSL方案包括四個層級：（1）學生事務俱樂部；（2）老師／職員參與；（3）學校氣氛協調；和（4）家庭／社區參與團體。

1.學生事務俱樂部

學生事務俱樂部（The Pupil Involvement, PI）過程鼓勵學生和老師合作，研究目標設定計畫執行和評鑑活動，促成教室內問題解決機會最大化。老師利用標準課程教導兒童概念，有利於團體問題解決的技巧。當學生事務俱樂部開會時，師生例行性的開會——首先學習技能和概念，然後運用在他們教室進行挑戰和機會。

訓練目標包括個人和團體改善問題解決，教室的合作，待改善個人團體責任，關於學習與實踐能力的相互期待。學生在學區內學習「命令鏈」（chain of command）功能與責任，教室物理環境改變效果，發展明確教室規範的需要，有關問題解決與行動計畫的階段與技術和有責任的自我控制所需技巧，有需要鼓勵他們整天在學校運用這些技巧。

2.老師／職員參與

在建立層級方面，老師參與（Teacher Involvement, TI）或職員參與（Staff Involvement, SI）掌握委員會參與小學基本問題解決的機制。這個團體包括正在建立的行政機制，協調單位的存在，相關協調單位的代表。除此之外，志工的招募，在QSL過程提供所有參與者專業教職員發展訓練，指南的運作和TI／SI掌握委員會，學期將結束召開會議。團體

認定以建立問題和機會爲基礎，發現事實，建議目標，推薦志工，任務勢力，工作團體，發展和利用全體教職員回饋程序，推荐人事給行政人員，在其他活動協助行政人員，影響他的決定。因此，老師參與／職員參與成爲行政人員與教職員之間的橋樑。

3.學校氣氛協調結構

一旦學區成立老師參與／職員參與掌握委員會，重要的是監控和標準化運作程序和建構中的方向，如此一來行政人士的變革才不至於過度干擾參與過程。沒有標準模式的協調和溝通結構，然而方案建議學區卻可以選擇保證參與方法的持續與有用性，以適合系統型態和結構。

4.家庭／社區參與

認定問題解決時，學區逐漸增加尋求父母與社區領導者的參與。主要的困難存在於帶來努力的外人，與學校人事期待型態。而學校人事通常受挫於發現家庭或社區用許多方法解決問題，結果未達成任何目的，更糟的是陷入無法克服的衝突中。

QSL 模式提出社區／家庭參與可以和 TI ／ SI 參與管理同樣的方法協調：核心圖像協調溝通和監控這些活動，參與團體在未進入工作時，同樣以技巧、概念訓練。指南、程序的運作，事先加以釐清，建立界線，職員對團體或學區的責任，必須清楚建立（Michigan Department of mental Health, 1987）。

QSL 方案的優點存在於系統，試圖帶許多人進入問題解決的程序中，重要的是已經放入設計與執行課程，直接提升當事人的能力，使得每一所學校環境，學生都能利用問題解決能力。成年人與兒童在目標學校系統中也有機會學習新技能，因爲在方案參與學校結構中他們也有機會操作。

三、中間系統：學校發展的方案

前面提過，中間系統包括各種微觀系統的連結，在中間系統的敘述中，Bronfenbrenner（1988）承認情境之間的互動可能影響到人類發展。因此，中間系統介入聚焦在兩種情境之中，如孩子的家庭與學校之間，中間系統介入強調生態的轉變，如兒童進入學前教育或學生轉學時。

在1979年，Bronfenbrenner提出假設：發現家庭──學校和學校──學校之間連結的品質重大影響到個人之後的發展。等到過一段時日之後，當美國心學會對促進、預防和介入變通方案認定證實有效，14個陳列櫥窗中的幾個方案，是選擇處理兒童時期轉變的議題（Bales, 1987; Burt et al., 1998）。

（一）Perry 學前教育方案

高瞻 Perry 學前教育方案是其中的一種方案，在 Ypsilanti, Michigan 執行，該方案提供貧窮兒童學前教育，低教育家庭和十九歲前參與者。如同其中一個方案的執行者，學前教育經驗是依據下列高品質方案元素的假設：

1.發展性的適合課程。

2.督導支持與對方案職員做在職進修訓練。

3.低入學限制和提供兒童小團體需要的適當成年人人數的教學照護。

4.職員在早期兒童發展的訓練。

5.家長與方案職員的夥伴關係。

6.對兒童與家庭非教育環境的敏感度。

7.發展適當的評鑑過程（Schweinhart, 1987, p. 9）。

Perry 學前教育方案包括教師家庭訪問，已經有許多研究（Burt et al., 1998），對參與的兒童與沒有進入學前教育配對組加以比較，結果這些研

究顯示：Perry 學前教育團體在他們學校後階段表現比較好：他們在標準化的成績相當高，其中幾乎沒有歸類是心智障礙者。兩個團體的比較到成年人時期仍有明顯的差異。十九歲晤談，顯示學前教育中輟生比較少，福利少，受阻和自我陳述少年犯罪少，就職比率比控制組高，有學前教育者文盲低，比較可能進大學，婦女較少懷孕（Bales, 1987; Brodsky, 1999）。

（二）轉學方案

另一範例方案是美國心學會任務處理特殊生態轉學，研究者指出，在進入中學轉學期，有許多學校有失敗的高危險群學生（Burt et al., 1998; Ing, 1995）。影響此項轉學的關鍵因素是情境自身的本質。Felner、Ginter 和 Primavera's（1982）對此議題說明許多年青人在轉學時面對的心理挑戰：

> 年青人轉入中學產生困擾，這是學校情境的一項特徵，整個地區系統隨著所有新進學生的浪潮，同時試著適應新的環境。所有新進學生同時面臨新的物理環境，許多同儕團體與學校人事的挑戰。老師與諮商員面臨新認識和提供許多新學生所需要的資訊與支持。除了這些接受學生轉學挑戰任務之外，學生轉入新的學校，進入中學不穩定、難以預測，提供他們因應嚴重負擔環境可用資源的挑戰（Felner et al.,1982, p. 279）。

在 Felner 的指引下，當他們改變重要階段時，轉學方案設計增加同儕團體和老師對弱勢學生的支持，包括輔導室老師的角色和環境重整的介入，減少學生在學校流動，促進新同儕團體的支持系統。

隨機選出學生參與方案，指定他們與其他方案的學生到輔導室和參加基本學術課程，他們的老師都是志工。依據教室物理空間的接近，對這些學生，學校變成一種穩定，有凝聚力，熟悉的環境。

像 Perry 學前教育方案，轉學方案顯然有正面的結果，與控制組對

照，方案學生較能成功因應轉換到中學，表現較理想的學業成績，出席紀錄，自我概念和對學校環境都有較正面的觀點（Burt et al., 1998）。

如 Felner（1982）等人所解釋：

> 研究顯示，學校人事角色和中學環境的社會生態低成本的改變，能有效預防學業和個人困擾，這些增加對學生支持系統，減少進入環境的複雜，與學校改變有關。整體而言，發現支持試著了解和修正社會環境…，能用預防方案設計增加能力，以因應生活轉換的適應技能（頁 288）。

四、外部系統：鄰近組織

外部系統經由微觀系統間接影響發展中個體，許多外部系統，如工作世界，大眾傳播媒體，非正式工作網絡，而 Bronfenbrenner（1979）則是強調鄰居，在討論外部系統的影響，他提出：

> 情境的潛在發展，由提升情境參與者能夠影響資源分配與回應發展中個人需要，以及代表自己的努力，提升既存直接、間接與有權力的情境連接（頁 256）。

因此，經由鄰近組織實現，促進人類發展鄰居的潛力，亦即，組織允許人改變他們的環境。這些組織既是處理特定區域議題，也是影響社區如何做決定。組織鄰居和社區的過程如同達到結果的重要。美國社區組織主任 Alinsky（1969）所指：

> 假如人們以未來夢想組織他們，在組織中計畫，對未來感到希望與害怕，給他們內在滿足，就如同實際達到目標一般。此類參與是組織中人們有計畫團結一起奮鬥，完全改變，就如美國一貫作業的約翰史密斯一樣，是一條模糊不清，陰暗，無趣的

> 既存道路，最終展現光明亮麗的結果。充滿希望、戲劇與衝
> 突，街道的最終結果是人類輝煌的目的──人類的未來。

這就是我們實際的工作，人們在社區直接工作，它破壞人在社會自動化沒有保證未來的感覺，而不是建構民主社會自由公民重要資產的人類責任感，強勢與人類尊嚴（頁49-50）。

有效能的鄰居和社區組織贏得革新，帶來人民生活的具體改善，提供參與者潛能感，改變既存的權力關係（Brueggemann, 1996）。雖然外界人士希望組織與分享具體技能，實際融入團體的領導。唯有如此，團體相信對鄰近居民最有意義的議題說明，才能發展真正有持續性的權力。

鄰近組織應該建立在容許高度參與和正面改革的最多利益上，其意思是指選擇適當議題和行動目標，在鄰近組織與大型社區內發展最強勢的組織。

經驗指出他們開始注意有利改革的具體議題時，社區組織有效運作，人們將集中在他們發現的實際議題上，為有關和可管理的議題一起運作，帶來團體凝聚力。更進一步，一旦團體成功，當他們實際完成必要的改革，組織吸引更多的人執行新方案，成功解除人的冷漠，反制許多人的無助感，給予人權力感。許多成功組織開始回應問題，建立結盟處理相關議題（Arredondo & Lewis, 2001; Ife, 1996）。

結盟能使組織結合公民積極參與和成員的優勢，當他們密切認同和認為它是重要的，個人主動參與小組織。組織越小，成員越覺得自己是成敗的核心。優勢決定在成員，以團結小而密切的聯繫組織，就能同樣享受到大團體與主動參與成員的益處（Arredondo & Lewis, 2001）。

成功的社區組織必須遵守下列：

1.允許領導融入團體。
2.著手特定具體議題，處理以成功為基礎的廣泛目標。
3.利用結盟結合主動參與的多數人。

Woodlawn組織建立在芝加哥，處理此類組織的團體，其歷史爲社區組織概念的行動做了具體示範。在了解成功社區處理之前我們必須承認，許多擁護傳統助人典範的諮商員可能茫然不知，何以Woodlawn組織會出現在諮商的教科書？如前面一再提出，諮商員必須擴展他們的思考：在快速變遷多元文化的二十一世紀，如果他們仍願意留在心理健康照護系統，「專業助人」的意義是什麼？諮商員可以利用人類發展的知識和他們的技能，作爲人際溝通專家，促進建立各種帶來Woodlawn組織整體成功的結盟活動，實際的介入策略，包括下列：

　　1.提升諮商員對各種背景對象的關心與尊重。
　　2.促進未來許多人的心理健康與個人幸福。

（一）Woodlawn組織

　　Woodlawn是在伊利諾州芝加哥核心一公里平方鄰近地區，接近密西根河，近密西根市區，有密西根大學，世界聞名的博物館，相當具有潛力成爲人們居住的好地方。

　　然而在1960年——公民決定組織的那一年—— Woodlawn潛在的冷酷，雖然芝加哥大學坐落在它的北方，鐵絲網的圍牆與大學有明確的隔離。

　　在Woodlawn，失業率，學校輟學率，嬰兒死亡率，老年疾病，都市有高比率小孩提早出生。Woodlawn人們付高房租住次等宿舍，付高價位卻有低品質的食物與衣著，健康照護，社會服務，教育設施顯然不足。公私部門沒有人願意負責提供方便的商品或服務，每天看不到地區商業生意，爲掃除無助感，帶來地方的自我決定，於是創立Temporary Woodlawn Organization（簡稱TWO）。

1. TWO的開始

　　1950年接近尾聲，四位Woodlawn宗教領袖體認到除非做些事情掃除社區特性的無助感，否則社區沒落、消失是不會停止的。First

Presbyterian Church 的 Leber 和 Balkely 博士，以及天主教會的 Farrell 神父，Woodlawn Emanuel Lutheran 教會的 Reverend Profrock 神父，檢視他們周邊的問題，回到教會尋求協助。在 1960 年，Leber、Balkely 和 Farrell 從芝加哥 Archdiocese 教會的 Schwarzhaupt 基金會，和芝加哥 First Presbyterian Church 籌募經費，從整個新教徒牧師聯盟，建立 Greater Woodlawn 神父聯盟。他們第一步是建立社區組織，有意設計促進希望感，以培養不同型態地區的正面社會改革。他們在 Saul Alinsky 和工業區域基金會（Industrial Areas Foundation, IAF）試圖建立人民組織社區，提供技術協助。IAF 對有關在地人民組織發展改革策略，提供獲得廣泛基礎權力的方法。如 Woodlawn 社區，是居民有利取得的唯一資源。起初，IAF 試著（1）處理對他們最重要的議題，吸引人民；（2）提供他們引起與解決衝突路徑；（3）提供地方領導的機會。

在 1961 年 1 月時，Woodlawn Block Club Council 代表會議，Woodlawn 商業學會，Greater Woodlawn 神父聯盟和 United Woodlawn 聯合會（後來退出），創立了 TWO，IAF 充當技術顧問。重要的是組織被視為是暫時，因為目標的展現是建立以社區為本位的組織，回應 Woodlawn 公民團體的廣泛需要與欲望，達到此目的，TWO 面臨社區建立需要能支持永久的組織。

2.南方校園

在 1960 年 Woodlawn 面臨的最大困難是，必須及時關心擴展芝加哥大學前年夏天所宣稱的計畫，大學希望有清楚一公里長和一塊寬闊的校園南方疆界，建立南方校園。有此區域宣告大學可以便宜擴展，而都市則可以從聯邦都市重整基金中獲益。

Woodlawn 關心的不只是一塊土地，包括社區發展的長期運用。TWO 居民希望都市重整的整體計畫，這項計畫是社區成員全體參與，開始進行人民有興趣的目標，避免大學吞食掉整個 Woodlawn 社區。

初出茅廬的組織支持社區內的計畫，反對缺乏公民參與的華盛頓計

畫。大概是無法打敗對手，進行長期嚴厲的衝突，TWO甚至為大學和都市僱用獨立都市計畫者採用計畫發展的變通方案。

最後，達成協議，大多數重要的人來自TWO，形成公民委員會，所有參加Woodlawn的都是重整計畫。南方校園直到剷除另一塊非居民建築物的土地，以低成本、低成長房子取代之後，才發生效果。

藉由組織行動計畫和社區居民一起運作算是成功的，TWO贏得為Woodlawn代言的美譽，也贏得Woodlawn居民參與影響他們生活所有計畫的權利。同時，對組織自身發展而言，這種掙扎帶來嶄新與長期生活的階段。

Kate Maremont 基金會的支持下，TWO在TWO——Kate Maremont發展協會主導下獲得一塊土地，依此方法花費時間與精力發展社會環境的投資結果，TWO——Kate Maremount發展協會建立、擁有和管理Woodlawn Gardens的502間單位公寓。

3.工商業的探索

就如同大學擴展計畫對Woodlawn居民的重要性一樣，商業不道德行為在他們鄰近地區進行剝奪。有關錯誤投資的基本問題，不公平信用運作，不合理的價格，食物囤積，不確實的度量衡。對這些工商業來說，Woodlawn沒有太多的購物選擇，處理這些問題時，他們感到無力。同時，社區內誠實的商人也關心這些不公平。

試著說明社區對於商業不道德運作的關注，TWO創造四角廣場交易（Square Deal）運動。一開始是Woodlawn重要街道的遊行，接著是顯而易見的社區活動形式，包括在教會廣場建立付帳櫃檯，買完商品後直接精確過磅，立即清楚付帳，被認為是剝削的商店受到拒絕和聯合抵制的威脅，受騙的人相互走告鄰居。

此具體運動導致Woodlawn商人同意簽下由一群社區領導人與Woodlawn商業學會草擬的商業倫理規章，他們也同意發展由商業學會成員和消費者代表組成的仲裁委員會，處理未來的問題。

4.貧窮生活的條件

另一個組織的基本動機是 Woodlawn 居民的住所漸漸老舊破壞，這些建築物有很多已經轉移多次，地主居住在外地，而房子逐漸年久失修。這些疏失包括緊急修護，如破窗、錯誤鉛錘、缺乏暖氣，沒有房客願意付高額租賃居住次等房子。

了解對這些居民幸福影響的負面條件，TWO 同意居民採取行動。當住在這些建築物的重要居民形成居民委員會時，TWO 協助他們與屋主協商，有時到擁有者的鄉村鄰近地區，在他家門前使用圍堵的戰術。

當這一切都失敗，租屋組織開始突擊，直到所有的修理完成時。居民將租賃支票放在契約櫃檯，他們希望屋主能完成委員會通告上所要求需要的修理。然而，只有屋主在法院贏的時候這種情形才會一再發生，所有的努力幫助強化年輕 TWO，開始對 Woodlawn 社區問題產生可看得見的影響。

5.公立學校

許多 TWO 成員關注另一種情緒議題，這與公立學校系統有關。在 Woodlawn，家長看到孩子擠在擁擠的學校，需要面臨幾哩路卻要花費雙倍時間轉車，而白種中上階層的兒童卻是在空盪的教室內。體認到這種情況，他們繼續反映機構種族主義與壓迫的制策，TWO 轉向關注處理社區問題。

「真理隊伍」（Truth squads）主要拜訪白人鄉村學校，和拍攝空教室的照片，指出芝加哥市種族隔離的實情。許多社區成員在都市公聽會討論這些隊伍的發現。在 Woodlawn 公聽會上，家長們聽到戴著面具老師的紀錄，因為他們害怕身分被認出時會受到報復。除此之外，每一個教育董事會會議必須參加「看守死亡」（Death Watch）團體，家長戴著黑色帽子，象徵他們的孩子上芝加哥公立學校的命運。

6. TWO 的覺醒

隨著重要投票人登記運動，TWO 成為社區強而有力的團體。結果，

芝加哥握有政治和經濟權力的人覺察到TWO的存在，社區多數的人意識到TWO公民權力是在凝聚集體力量進行計畫和行動，Woodlawn地區許多人想到這正是創立永遠組織的關鍵時刻。

結果，建立了TWO，這不只是個人成員的學會，還有Woodlawn團體，及其他團體，包括區域俱樂部宗教機構、商業學會和其公民團體的保護傘。每年各種團體可以推派代表參加會議，重要委員會和代表委員會持續發展功能。經由此機制，TWO開始有能力為整個社區代言，組織能夠注意到提供長期解決的方案建立。

7. TWO和社區的發展

在1970年代，TWO創立Woodlawn社區發展股份有限公司（Woodlawn Development Corporation, WCDC），在實際評估發展與管理，商業發展，勞動力訓練和教育，鄰近地區改善和健康後執行方案，TWO和WCDC是民間組織，創立維持各種人類服務方案，如兒童年方案，包括白天照護和啟蒙計畫（Head Program），年青人維護計畫，適應照護計畫，受虐兒童預防計畫，求職和職業方案，特殊族群諮商與住宿方案，如同Woodlawn發展障礙公民。經過多年持續評估，有關組織建立、重建、管理住宿和商業計畫的發展，帶動區域金融投資的商業風險。

自從創立若干年後，TWO持續展現在社區人民面前，多年之後雖然議題已經改變，組織的優先考量仍配合新挑戰的速率，組織的基本意義和目的仍然存在。1970年代與現在都是一樣的真實，比較其他貧窮、都市鄰近地區，「Woodlawn與Woodlawn社區的聲音有明顯的不同」（Woodlawn組織，1970, p. 28）。

五、巨觀系統：型塑和改變社會

巨觀系統問題層級顯示社會是整個解決問題和成員的方式，假如社會不公正、缺乏個人權力，干擾人類發展，「接著社會運動政策的改革

與變革，將建立在公平、正義、授權、生活機會的法制化，而不只是改變中的人達成最後目標的基本預防而已」（Cowen, 1985, p. 32）。

為了預防問題促進健康，改革目標必須在減少壓迫，或「在有秩序社會情境內，社會有差異、非志願，不是都有利於特定社會機會資源和益處」（Wilson, 1987, p. 19）。當巨觀系統進行改革，諮商員利用社區諮商架構對抗壓迫政策和「提升人控制自己生活可能性」的條件（Wilson, 1987, p. 20），也就是說，他們在巨觀系統促進賦能策略。

許多理論家懷疑人是否能轉換理想為具體、實際方案，這些努力發生於政治脈絡中，創造巨觀系統的改變，減少壓迫和促進人類的賦能，必須遵守 Vasconcellos（1986, pp. 1-2）提出的問題。

我們如何提供環境（包括人際關係），使人們能夠發展成為健康的人，和如何滋養他們變成下列情形：

1. 自我意識與自尊。
2. 自我實現與自我決定。
3. 自由和負責任。
4. 有能力、富有同情心。
5. 相信而不是懷疑他人。
6. 開放而不閉塞。
7. 溫和而不粗暴。
8. 對生態的責任感。
9. 有活力而不是冷漠。
10. 道德而不是沒道德或非道德。
11. 政治的而不是反政治的。

在 1986 年，Vasconcellos 介紹法定方案，「邁向健康的地方——加州1986 年」，綜合性改革議程包括法案法制化的若干部分，藉著培養個人權力和促進個人發展連貫其中，此合法議程處理理想主義如何引導實際改革，促進理想轉為政策所接納。

其中許多計畫實際已成為加州的法律，這些法案聚集成為立法議程，說明公共、社會、經濟、家庭、環境、政府、政治和教育健康，公共安全和人類生存。

州立法特定法案說明各種議題，包括下列：

1.AIDS疫苗發展的誘因。

2.建立廣泛對自我尊重的任務。

3.州單一稅制的改革。

4.提出治療不切實際、不利條件的保險問題，訓練中年助產士的標準，建立獨立式、人性的出生診療。

5.親職教育綜合性研究和直接提供家長服務。

6改革婚姻家庭和兒童諮商員執照。

7.評量預防有毒的工業廢物。

8.競選運動經費的改革。

9.在計畫建立之前問題青少年個別化教育方案。

10.學術交流和建立與俄羅斯姊妹州方案。

11.「和平日」的命名，加州居民和平獎獎勵法案的提出。

12.訓練老師，激勵他們對衝突解決策略，和對當前世界問題變通方案解決批判性思考。

13.研究有困擾兒童成年人的需要。

14.要求健康服務部（Department of Health Services）發展執行AIDS收容所處置服務可行計畫。

15.允許矯治部AIDS適當照護設施，如收容所安置收容者。

許多法案還需要通過，但許多已成為法律，在後者中，加州委員會建立AB 3659促進自我尊重，社會個人責任。在討論法案基本理由，Vasconcellos（1986）提出：

我們毋須將自己託付給功能障礙的社會，如此做最好是宿命

論，最糟的是自行預言的實現。假如我們只是繼續處理症候，而不探求原因，我們放棄解決希望，繼續處理症候既不合成本效益亦不負責，它簡直是捨本逐末，於事無補（頁58）。

1986年加州倡導執行董事會的可能性，幫助解決問題系統性政策。在每一州和地區，認定比較的議題，改革提出公民在巨觀系統以同樣方式培養的特殊需要。

六、巨觀系統：型塑和改變諮商與心理學領域

體認促進對國家衝擊巨觀系統改變的重要性，一些諮商員和心理學家最近醞釀進行諮商與心理學領域的改變，這些努力企圖增進國內現在、未來專業助人者多元文化能力（D'Andrea et al., 2001）。如此，諮商員與心理學家被認為能夠提供新的諮商與心理服務形式，這些服務呈現較有效能、符合倫理方式，以服務許多受到服務或以傳統助人典範介入策略不當服務的人（見第一章）。

（一）多元文化能力國家機構

多元文化能力國家機構（National Institute for Multicultural Competence, NIMC）包括九個多元文化諮商運動國家認定的領導人，他們聚集計畫促進國家心理健康照護系統改革策略（D'Andrea et al., 2001），正式命名國家多元文化特別委員會（D'Andrea & Daniels, 1995），NIMC成員獻身改革培養美國兩大專業諮商與心理學組織許多機構的修正（美國諮商學會與美國心理學會）。機構的改革設計協助諮商員與心理學家獲得二十一世紀多元社會有效率與符合倫理工作所需要的專業能力。如此，NIMC成員承認他們必須面對持續侵蝕諮商與心理學領域的種族中心主義、文化壓迫、機構民族主義的挑戰（Sue & Sue, 1999）。

在1993年開始，NIMC成員運用四個基本發展策略，提升機構的變

革，使機構更有效率、更合乎倫理、更尊重人的二十一世紀心理健康照顧系統的助人傳統，這些策略包括：

1. **動員策略**：這些策略與美國諮商學會（American Counseling Association, ACA）和美國心理學會（American Pschological Association, APA）的普通會員開會討論，避免專業組織提升多元文化主義精神與原則有關的問題和障礙。隨著1993到1998年ACA成員完成領導發展會議，1996到1997年每年ACA組織城市會議，召集許多ACA和APA部門會議展開一系列的協調，設計創立與其他同盟和專業團體領導者有意義的組織夥伴。

2. **教育策略**：這些策略包括諮商員與心理學家能夠盡力了解多元主義、文化壓迫和機構民族主義理論和實際的機會。這些努力的目的包括擴展諮商與心理學在傳統現象學的學術活動建立，所做的部分發展、出版、展現促進綜合性理論架構和新概念典範的演進助人專業的新資訊。

3. **組織策略**：這些策略包括遊說、諮詢、提倡及與ACA和APA領導人、成員共同合作，以創立執行系統改革，反映較多理解、敏感度和對多元文化的尊重。

4. **機構策略**：這些策略包括正式採用多元文化組織發展倡導（Sue, 1995），包括政策改革新組織儀式的建立，專業倫理標準的修訂（D'Andrea et al., 2001, p. 235-236）。

以上策略過去運用十年，NIMC已經在ACA，APA創造許多機構的變革，建立新的機構創舉，和發展教材廣泛提供美國境內的諮商師與心理師使用。這些變革，機構創舉、教材簡述如下：

1. NIMC成員在ACA成功倡導建立組織新政策，需要所有的人參加專業發展的工作坊、提出書面報告，說明他們在訓練服務時如何強調多元文化和不同的議題。

2.NIMC 在 1995 年開始，在所有區域情境、每年高峰會議和國家會議，ACA 爲領導者、專業工作者、研究者辦理各種多元文化創舉獲得組織的支持。

3.1994 年，諮商員與心理師建立 NIMC，在 ACA 每年的出版刊物新專欄上加上成功的遊說：《今日諮商》標題：「經由各種差異，促進人類尊嚴與發展」，新的專欄設計主要在傳播專業組織五萬人以上知道多元主義和人類差異有關議題資訊。自 1994 年開始，在每個月專欄上，出版超過百篇的專業文章說明廣泛的多元文化主題。

4.NIMC 從 1996 至 2001 年獲得機構的支持和資源，協調 ACA 和 APA 夥伴關係的共同合作方案，這些方案已經建立新組織實體和新政策發展，支持國家心理照護系統的多元諮商運動精神與原則。

5.除了從 1993 至 2002 年出版許多雜誌文章和書本篇章，直接說明各種與人類多元文化有關的議題，在這個階段，NIMC 成員負責出版 14 種新的或修訂的書籍（Arredondo, 1996; Ivey & Ivey, 1999; Ivey et al., 2001, 2002; Lewis, Lewis, Daniels & D'Andrea, 1998; Locke, 1998; Locke et al., 2001; Parham, 1993; Parham, White, & Ajamu, 1999; Sue & Sue, 1999; Sue et al., 1996, 1998; Wallace, D'Andrea & Daniels, 2001）。

除此之外，連結 APA45 部門的領導者（少數民族議題心理研究協會），NIMC 成員最近完成另一項方案，名稱是：「文化特殊諮商創新取徑」。這個計畫發展、出產、傳播一系列試聽訓練的錄音帶，說明諮商員與心理學家提出有關文化特殊諮商策略的許多普通問題和議題（微訓練與多元文化發展，2002）。

在評估 NIMC 的努力，D'Andrea 與其同事（2001）指出：這些機構改變諮商員促進修正國家心理健康照護系統策略介入，目標是兩種重要負責監督倫理實踐和美國專業諮商員與心理學家的發展，NIMC 成員的間接工作，促進直接受到心理健康專業服務影響許多當事人的福利，刺

激 ACA 和 APA 的改革。NIMC 間接促進覺醒，諮商員、心理學家必須協助當事人經由執行多元文化尊敬和心理健康服務的賦能，獲得控制其生活的知識技能（D'Andrea & Daniels, in press; D'Andrea et al., 2001）。

間接社區方案與服務的賦能策略

　　無論他們處理個人、機構或社會，間接方案與服務表現出賦能策略增進他們控制生活的能力。Rappaport（1986）澄清，賦能策略和需要提供心理健康服務協助當事人獲得生活控制感的重要性：

> 賦能目標應該提升人們控制生活的可能性，假如這是我們的目標，我們應該質疑我們的公共、專業政策及與依賴人士的關係。假如我們能夠妥當安置我們設計、運作方案和服務，及一套社會代理人，因為它將獲得形式、溝通和賦能一致性的內容，我們應該慎重採取賦能，不再視人為簡單需求的兒童或有權力公民，而視人是有權力與需求。我們必須挑戰即使人是無能，甚至無法控生活自相矛盾的論點（頁154）。

　　賦能方案和服務方向必須視影響人的優先順序而定，「地區是發展解決比一般單一解決更富賦能」（Rappaport, 1987, p. 141），個人、團體和社區都能創造有助環境條件，介入協助賦能。

　　如其他公民，諮商員和心理師需要參與組織行動，影響公共和專業政策，許多心理健康專業工作者參與這些行動進入新的活動舞台。許多已經接受基本訓練一對一或小團體諮商心理治療技術，關心他們的經驗而不是訓練社會改革。二十一世紀社會多元文化的脈絡，已經強烈建議心理健康專業工作者對關注個人和環境的專業認同，如此，他們應該認同帶有組織行動如心理健康專業的獨特屬性（Bruggemann, 1996; D'Andrea & Daniels, in press）。

社區諮商架構對心理健康專業工作者提供一套實際的工作指引，以下是社區諮商員成為社會改革代理人應該遵守的原則：

1.在工作上利用社區諮商模式的諮商員，意識到社區成員面臨問題的獨特性，諮商員發現學校、鄰居、他們工作的社區人士面對一再發生困擾、障礙的獨特性。此意識使諮商員認定不利的環境特殊面，因為不健康環境系統使新的受害者持續出現，協助受到影響的人變得習慣挫折。

　　當諮商員在貧窮侵蝕的鄰近地區工作時遭遇挫折，同時諮商員意識到不公平的受僱機會，當復健諮商員注意到相等處置障礙時，學校諮商員遭遇非人性經歷。當代理諮商員處理特殊對象，停止社區免於被汙名化為特殊團體，每當諮商員發現他們助人權利受到侵蝕，最後被環境勢力淹沒時它就會發生。

　　在工作上他們運用社區諮商模式的諮商員，與其他心理健康專業工作者加以區分，在於他們擁有特殊觀點使他們能夠（1）了解環境脈絡對人影響的嚴重性；（2）幫助他人尋求新的解決方法。當他們意識到環境內的特殊困難時，諮商員幫助他們找出問題，以下列作法激勵改變行動：

　　（1）意識到社區是整體的問題和結果。

　　（2）改變組織對此議題及時的興趣。

　　（3）聯合其他人支持公民代表對抗改革。

2.在工作上運用社區諮商模式的諮商員鼓勵新的領導發展方式，並支持新的組織。因為工作性質，諮商員與最低權力對象的親密接觸。在過去，許多心理健康專業工作者已經教導團體適應大型社區的需求。更多的專業工作者了解自助組織有利於促進許多人心理健康和個人幸福，這些人是諮商員無法在他們既有的專業和時間限制所能提供協助，結果逐漸使得諮商員鼓勵支持自助組織的成長，以發揮對社會建設的影響力。

人類服務常聚集社區成員團體，希望分享相互的關注和發展新的因
應技巧。當然與領導有關，團體採取的第一步是成為自助組織，朝
向建立結盟的關係。自然從直接轉為社區諮商服務，團員參與工作
坊或班級成為比以前更主動面對社區問題的團體，當需要地方性領
導時，諮商員能支持團體。

3.在專業工作上運用此框架的諮商員，能幫助他們與團體分享人際關
係：假如有效能的諮商員分享人際關係與溝通技能，而且與改變組
織者分享技能，他們能有意義的貢獻健康家庭、學校、大學、工作
場所、鄰近地區和人類服務機構的發展整體。諮商員可以權充這些
團體的諮詢員，提供其他個人珍惜和有興趣發展技能訓練，特別的
是，諮商員可以提供領導訓練，分析團體（無論是家庭、學校、大
學、工作場所或鄰近地區的團體）內的溝通型態，訓練成員可以幫
助他們有效發揮其功能，尊重人組合的功能。

諮商員也可以協助社區組織發展研究與評鑑的專業知識，蒐集他們
所需要的，支持他們所關注的硬體資料。的確，諮商員可以分享他
們對社會系統和人類多元文化蘊量組織發展。他們這麼做，部分是
希望藉由有意圖的運作建立 Wallace 和他同事（2001）歸諸於在脈
絡中真誠的**人際關係（interdependent leadership）**。

4.在實務工作上利用社區諮商架構的諮商員，幫助團體協調帶來新的
變革：如此作，專業工作者了解他們需要掌握社區的脈動，熟悉替
代理機構提供直接服務。他們了解團體組織直接運作來改變社會環
境，諮商員能夠連結個人與團體，強調特殊相互需求和利益。

許多代理人，特別是服務特殊對象，充當資訊交換所和自助團體家
居所在，隨著他人，諮商員能參與協助他們的行動。通常若干個代理機
構，在特定議題上聯合力量，諮商員和代理人、學校、他們的鄰近地
區，一旦有適當時機，即為改革的力量。

摘　要

因為環境力量強而有力影響社區成員的幸福，間接的社區廣泛介入，使得心理健康專業工作者扮演重要的角色，因為諮商員必須藉著系統性介入說明社會系統內問題的發展。

Bronfenbrenner 人類發展的生態模式，界定四種系統層級：微觀系統、中間系統、外部系統、巨觀系統。例如一所學校，直接影響學生的發展。在密西根學校生活品質方案（The Quality of School Life），提出此層級範例，中間系統涉及有關兩個微觀系統的關係，斐瑞學前方案（Perry Preschool Project）和費納爾轉學方案（Felner's Transition Project）是設計促進中間系統生態轉變的方案。鄰近地區是外部系統，鄰近組織如 Woodlawn Organization 處理地方授權的過程，最後在巨觀系統層級的政策關注社會整體的成員，巨觀系統介入涉及社會行動、政策改革和機構變革及發展。

所有生態介入顯示賦能策略，促進人民控制生活的程度。諮商在賦能過程中扮演讀的角色，因為他們意識到社區成員所面臨的問題。他們的貢獻包括逐漸增加對問題的社區意識，鼓勵新領導人與組織的發展，與組織變革人分享人際關係技巧，幫助協調團體與組織。

能力建立活動 5.2
計畫促進當事人的社會改革

設計能力建立活動係在增加你的思維和能力，促進當事人生態系統社會改革，協助他們了解心理健康和個人幸福的意識。記得，當你完成能力建立活動1.3，再次考慮你設計假設性的代理機構。

在一張紙上，花幾分鐘時間列舉特殊型態的政策變革，使學校、鄰近組織、商業、或回應你服務當事人的社區代理人。除此之外，你簡述假設性諮商方案如何協助，預防許多人在努力促進學校、鄰近組織、商業，或你工作的社區代理機構政策改變可能經歷到的問題。

最後，找些時間與同事或班上成員討論，你認爲對促進社會環境脈

絡改革的重要型態。如此，希望你學習（1）其他人可能如何回應你計畫
的改革；（2）如何回應提出改革問題的人，這些改革讓你相信可以協助
更多人了解心理健康與心理的幸福。

參考文獻

Albee, G. W. (1988). Toward a just society: Lessons from observations on the pri-
mary prevention of psychopathology. In G. W. Albee, J. M. Joffe, & L. A.
Dusenbury (Eds.), *Prevention, powerlessness, and politics: Readinss on social
change* (pp. 549-556). Newbury Park, CA: Sage.

Albee, G. W. (2000). Commentary on prevention and counseling psychoioay. *The
Counseling psychologist, 28*, 845-853.

Albee, G. W., & Gullotta, T. (1986). Facts and fallacies about primary prevention.
Journal of Primary Prevention, 6, 207-218.

Albee, G. W., Joffe, J. M., & Dusenbury, L. A. (Eds.). (1988). *Prevention, power-
lessness, and policies: Readinss on social change.* Newbury Park, CA: Sage.

Alinsky, S. D. (1969). *Rules for radicals.* New York: Vantage.

Arredondo, P. (1996). *Successful diversity management initiatives: A blueprint for
planning and implementation.* Thousand Oaks, CA: Sage.

Arredondo, P., & Lewis, J. (2001). Counselor roles for the 21st century. In D. C.
Locke, J. E. Myers, & E. L. Herr (Eds.), *The handbook of counseling* (pp. 257-
267). Thousand Oaks, CA: Sage.

Atkinson, D. R., Morten, G., & Sue, D. W. (1998). *Counseling American minorities:
A cross-cultural perspective* (5th ed.). Boston: McGraw-Hill.

Aubrey, R. F. (1972). Power bases: The consultant's vehicle for change.
Elementary School Guidance and Counseling, 7(2), 90-97.

Aubrey, R. F., & Lewis, J. A. (1988). Social issues and the counseling profession in
the 1980s and 1990s. In R. Hayes & R. Aubrey (Eds.), *New directions for coun-
seling and human development* (pp. 286-303). Denver: Love Publishing.

Bales, J. (1987, April). Prevention at its best. *APA Monitor*, pp. 18-19.

Banks, J. A., & McGee Banks, C. A. (1997). *Multicultural education: Issues and* perspectives (3rd ed.). Needham Heights, MA: Allyn and Bacon.

Baker, S. B., & Gerler, E. R. (2001). Counseling in schools. In D. C. Locke. J. E. Myers, & E. L. Herr. (Eds.), *The handbook of counseling* (pp. 289-318). Thousand Oaks, CA: Sage.

Beutler, L. E. (2000). David and Goliath: When empirical and clinical standards of practice meet. *American Psychologist, 55*, 997-1007.

Brodsky, A. E. (1999). "Making it": The components and process of resilience among urban, African-American, single mothers. *American Journal of Orthopsychiatry, 69*, 148-160.

Bronfenbrenner, U. (1976). *Reality and research in the ecology of human development: Master lectures on developmental psychology*. Washington, DC: American Psychological Association.

Bronfenbrenner, U. (1977). Toward an experimental ecology of human development. *American Psychologist, 32*(4), 513-531.

Bronfenbrenner, U. (1979). *The ecology of human development*. Cambridge, MA: Harvard University Press.

Bronfenbrenner, U. (1988). Interacting systems in human development. In N. Bolger, A. Caspi, G. Downey, & M. Moorehouse (Eds.), *Persons in context: Developmental processes* (pp. 25-49). New York: Cambridge University Press.

Brueggemann, W. G. (1996). *The practice of macro social work*. Chicago: Nelson-Hall.

Burt, M. R., Resnick, G., & Novick, E. R. (1998). *Building supportive communities for at-risk adolescents: It takes more than services*. Washington, DC: American Psychological Association.

Children's Defense Fund. (1999). *Teenage pregnancy: An advocate's guide to the numbers*. Washington, DC: Adolescent Pregnancy Clearinghouse.

Conyne, R. K. (1987). *Primary preventive counseling: Empowering people and systems*. Muncie, IN: Accelerated Development.

Conyne, R. K. (2000). Prevention in counseling psychology: At long last, has the time now come? *The Counseling Psychologist, 28*, 838-844.

Cowen, E. L. (1985). Person-centered approaches to primary prevention in mental health: Situation-focused and competence-enhancement. *American Journal of Community Psychology, 13*(1), 31-48.

D'Andrea, M. (1994, April). *Creating a vision for our future: The challenges and promise of the counseling profession*. Paper presented at the annual meeting of the American Counseling Association, Minneapolis.

D'Andrea, M. (2001, January). *Dealing with gender and multiculturalism: Beyond intellectual parochialism and political paralysis*, Keynote address presented at the National Multicultural Conference and Summit II. Santa Barbara. CA.

D'Andrea, M., & Daniels, J. (1992). A career development program for inner-city black youth. *Career Development Quarterly, 40*(3), 272-280.

D'Andrea, M., & Daniels, J. (1995). Helping students learn to get along: Assessing the effectiveness of a multicultural developmental guidance program. *Elementary School Guidance and Counseling Journal, 30*(2), 143-154.

D'Andrea, M., & Daniels, J. (1999). Assessing the different psychological dispositions of white racism: A comprehensive model for counselor educators. In M. Kiselica (Ed.), *Addressing the problem of racism and prejudice in counselor education* (pp. 59-88). Alexandria, VA: American Counseling Association.

D'Andrea, M., & Daniels, J. (2001). RESPECTFUL counseling: An integrarive model for counselors. In D. Pope-Davis & H. Coleman (Eds.), *The interface of class, culture, and gender in counseling* (pp. 417-466). Thousand Oaks, CA: Sage.

D'Andrea, M., & Daniels, J. (In press). *Multicultural counseling: Empowerment strategies for a diverse society*. Pacific Grove, CA: Brooks/Cole.

D'Andrea, M., Daniels, J., Arredondo, P., Bradford Ivey, M., Ivey, A. E., Locke, D. C., O'Bryant, B., Parham, T. A., & Sue, D. W. (2001). Fostering organizational changes to realize the revolutionary potential of the multicultural movement: An updated case study. In J. G. Ponterotto, J. M. Casas, L. A. Suzuki, & C. M. Alexander (Eds.), *Handbook of multicultural counseling* (2nd ed., pp. 222-253). Thousand Oaks, CA: Sage.

D'Andrea, M., Locke, D. C., &. Daniels, J. (1997, April). *Dealing with racism: Counseling strategies*. Workshop presented at the annual meeting of the American Counseling Association, Orlando.

Daniels, J., Arredondo, P., D'Andrea, M., Locke, D. C., O'Bryant, B., Parham, T, & Sue, D. W. (2000, March). *Social justice counseling, research, and training: Our responsibility and potential*. Paper presented at the annual meeting of the

American Counseling Association, Washington, DC.

Daniels, J., & D'Andrea, M. (1996). MCT theory and ethnocentrism in counseling. In D. W. Sue, A. E. Ivey, & P. B. Pedersen (Eds.), *A theory of multicultural counseling and therapy* (pp. 155-174). Pacific Grove, CA: Brooks/Cole.

Egan, G. (1985). *Change agent skills in helping and human service settings.* Pacific Grove, CA: Brooks/Cole.

Felner, R. D., Ginter, M., &.Primavera, J. (1982). Primary prevention during school transitions: Social support and environmental structure. *American Journal of Community Psychology, 10*(3), 277-289.

Geronimus, A. T., & Korenman, S. (1990). *The socioeconomic consequences of teen childbearing reconsidered* (Report No. 90-190). Ann Arbor, MI: Population Studies Center.

Hall, C. C. I. (1997). Cultural malpractice: The growing obsolescence of psychology with the changing U. S. population. *American Psychologist, 52*, 642-651.

Helms, J. E., & Cook, D. A. (1999). *Using race and culture in counseling and psychotherapy: Theory and process.* Boston: Allyn and Bacon.

Herring, R. D. (1997). *Multicultural counseling in schools: A synergistic approach.* Alexandria, VA: American Counseling Association.

Ife, J. (1996). *Community development: Creating community alternatives: Vision, analysis, and practice.* Melbourne: Longman.

Ing, J. (1995). ASSET: *A school-based classroom guidance program to aid students in making the transition to intermediate school.* Unpublished master's thesis, University of Hawaii.

Iscoe, I. (1981). Conceptual barriers to training for the primary prevention of psychopathology. In J. M. Joffe & G. W. Albee (Eds.), *Prevention through political action and social change* (pp. 110-134). Hanover, NH: University Press of New England.

Ivey, A. E. (1995). Psychotherapy as liberation: Toward specific skills and strategies in multicultural counseling and therapy. In J. G. Ponterotto, J. M. Casas, L. A. Suzuki, & C. M. Alexander (Eds.), *Handbook of multicultural counseling* (pp. 53-72). Newbury Park, CA: Sage.

Ivey, A., D'Andrea, M., Ivey, M., & Simek-Morgan, L. (2002). *Counseling and psychotherapy: A multicultural perspective* (5th ed.). Boston: Allyn and Bacon.

Ivey, A. E., & Ivey,M. B. (1999). *Intentional interviewing and counseling: Facilitating development in a multicultural society*. Pacific Grove, CA: Brooks/Cole.

Ivey, A. E., Pedersen, P. B., & Ivey, M. B. (2001). *Intentional group counseling: A microskills approach*. Belmont, CA: Brooks/Cole.

Jackson, J. (2000). What ought psychology to do? *American Psychologist, 55*, 328-330.

Kiselica, M. (Ed.). (1999). *Confronting prejudice and racism during multicultural training*. Alexandria, VA: American Counseling Association.

Lee, C. C. (Ed.). (1997). *Multicultural issues in counseling: New approaches to diversity* (2nd ed.). Alexandria, VA: American Counseling Association.

Lee, C. C., & Walz, G. R. (Eds.). (1998). *Social action: A mandate for counselors*. Alexandria, VA: American Counseling Association and the ERIC Counseling and Student Services Clearinghouse.

Lewin, K. (1951). *Field theory in social science*. New York: Harper.

Lewis, J. A., Lewis, M. D., Daniels, J., & D'Andrea, M. (1998). *Community counseling: Empowerment strategies for a diverse society* (2nd ed.). Pacific Grove, CA: Brooks/Cole.

Locke, D. C. (1998). *Increasing multicultural understanding: A comprehensive model* (2nd ed.). Newbury Park, CA: Sage.

Locke, D. C., Myers, J. E., & Herr, E. L. (Eds.). (2001). *The handbook of counseling*. Thousand Oaks, CA: Sage.

Martin, J. M. (1991). The mental health professional and social action. *American Journal of Orthopsychiatry, 61*(4), 484-488.

McWhirter, E. H. (1994). *Counseling for empowerment*. Alexandria, VA: American Counseling Association.

Mental health: Does therapy help? (1995, November). *Consumer Reports*, pp. 734-739.

Merrick, E. N. (1995). Adolescent childbearing as a career "choice": Perspective from an ecological context. *Journal of Counseling and Development, 73*(3), 288-292.

Michigan Department of Mental Health. (1987). *The Quality of School Life program: Improving school and classroom climate by problem-solving with people*, Washtenaw, MI: Washtenaw County Community Mental Health Center.

Microtraining and Multicultural Development. (2002). *Culturally-competent counseling and therapy: Live demonstrations* [Newsletter]. Framingham, MA: Author. [Available: emicrotraining.com]

Netting, F. E., Kettner, P. M., & McMurtry, S. L. (Eds.). (1993). *Social work: Macro practice*. New York: Longman.

Neville, H. A., & Mobley, M. (2001). Social identities in contexts: An ecological model of multicultural counseling psychology processes. *The Counseling Psychologist*, *29*, 471-486.

Parham, T. A. (1993). *Psychological storms: The African-American struggle for identity*. Chicago: African American Images.

Parham, T. A., White, J. L, & Ajamu, A. (1999). *Tfie psychology of blacks* (3rd ed.). Upper Saddle River, NJ: Prentice Hall.

Rappaport, J. (1986). In praise of paradox: A social policy of empowerment over prevention. In E. Seidman & J. Rappaport (Eds.), *Redefining social problems* (pp. 141-164). New York: Plenum.

Rappaport, J. (1987). Terms of empowerment/exemplars of prevention: Toward a theory for community psychology. *American Journal of Community Psychology*, *15*, 121-148.

Rappaport, J., Davidson, W S., Wilson, M. N., & Mitchell, A. (1975). Alternatives to blaming the victim or the environment. *American Psychologist*, *30*(5), 525-528.

Rigazio-DiGilio, S. (2002). Family counseling and therapy: Theoretical foundations and issues of practice. In A. E. Ivey, M. D'Andrea, M. B. Ivey, & L. Simek-Morgan (Eds.), *Theories of counseling and psychotherapy* (5th ed., pp. 390-428). Boston: Allyn and Bacon.

Romano, J. L., & Hage, S. M. (2000). Prevention and counseling psychology: Revitalizing commitments for the 21st century. *The Counseling Psychologist*, *28*, 733-763.

Schelkun, R. F., Cooper, S., Tableman, B., & Groves, D. (1987). Quality of School Life for Elementary Schools (QSL-E): A system-wide preventive intervention for effective schools. *Community Psychologist*, *20*(2), 8-9.

Schweinhart, L. J. (1987, Fall). When the buck stops here: What it takes to run good early childhood programs. *High Scope Resource*, pp. 8-13.

Slaughter-Defoe, D. T. (1995). Revisiting the concept of socialization: Caregiving and teaching in the 90s-a personal perspective. *American Psychologist, 30*(4), 276-286.

Stensrud, R., & Stensrud, K. (1981). Counseling may be hazardous to your health: How we teach people to feel powerless. *Personnel and Guidance Journal, 59,* 300-304.

Stevens, P. W. (2001). Systems theories. In D. C. Locke, J. E. Myers, & E. L. Herr. (Eds.), *The handbook of counseling* (pp. 181-196). Thousand Oaks, CA: Sage.

Sue, D. W. (1995). Multicultural organizational development: Implications for the counseling profession. In J. G. Ponterotto, J. M. Casas, L. A. Suzuki, & C. M. Alexander (Eds.), *Handbook of multicultural counseling* (pp. 647-659). Thousand Oaks, CA: Sage.

Sue, D. W, Carter, R. T., Casas, J. M., Foad, N. A., Ivey, A. E., Jensen, M., LaFromboise, T., Manese, J. E., Ponterotto, J. G., & Vasquez-Nuttall, E. (1998). *Multicultural counseling competencies: Individual, and organizational development.* Thousand Oaks, CA: Sage.

Sue, D.W, Ivey, A. E., & Pedersen, P. B. (Eds.). (1996). *A theory of multicultural counseling and therapy.* Pacific Grove, CA: Brooks/Cole.

Sue, D. W., & Sue, D. (1999). *Counseling the culturally different: Theory and practice* (3rd ed.). New York: Wiley.

Surgeon General Report. (2001). *Mental health: Culture, race, and ethnicity.* Department of Health and Human Services. Washington, DC: U.S. Government Printing Office.

Tester, E. J. (1993). In an age of ecology: Limits to volunteerism. In F. E. Netting, P. M. Kettner, & S. L. McMurtry (Eds.), *Social work: Macro practice* (pp. 75-99). New York: Longman.

The Woodlawn Organization. (1970). *Woodlawn's model cities plan: A demonstration of citizen responsibility.* Northbrook, IL: Whitehall.

U.S. Department of Health and Human Services. (2000). *Healthy people 2010* (Conference ed., Vols. 1 & 2). Washington, DC: Author. [Available: www.health.gov/healthypeople]

Vasconcellos, J. (1986). *A new human agenda* (Capitol Report, 23rd Assembly District). Sacramento: State of California.

Wallace, R., D'Andrea, M., & Daniels, J. (2001). *The rainbow circle of excellence:*

Lessons from a championship season, Honolulu: Watermark.

Wilson, M. (1987). Class notes on the psychology of oppression and social change. *Community Psychologist, 20*(2), 19-21.

Chapter 6

個案倡導

◎ 區分個案倡導與諮商

◎ 汙名化

◎ 自助團體賦能的途徑

◎ 建立回應性的協助網絡

　　第五章主要敘述諮商員與其他心理健康專業人員在工作上利用各種社會策略改變提升他們的影響力，在運用照料心理健康的生態改變，專業工作者較能培養不同族群個案心理健康與福祉。值得注意的是，此策略對許多運用基本的理由是很重要的。

　　第一，過度利用傳統助人典範，造成許多人認為諮商員是無關的代理人，他們關心的是維持目前現狀，而不重視改變環境脈絡，重要是引導改變當事人整體的個人幸福。這種情況特別明顯：遠超過一般人負荷不同環境壓力的心理健康（D'Andrea & Daniels, in press；Locke, Myers, & Herr, 2001）。第一章討論包括個人因宗教／精神經濟、性、種族／民族、語言／居住認同和團體結合而邊緣化的個人。

　　第二，最近需要直接諮商服務的事實，已經超過提供服務的專業訓練諮商員的數字，這是因應美國公民心理需要變通策略的另一種重要理由。想要清楚了解情境，美國勞工部（2000）評估美國在1998年，有182,000位專業諮商員。然而，Myers 和 Sweeney（2001）認為此數目「只包括教育和職業諮商員，並沒有包括心理健康與復建諮商員」，若加上他們，評估全體可能超過200,000位專業諮商員（頁530）。

　　如第五章指出，一開始似乎很多，美國每年有四千三百萬的成年人需要諮商服務是不夠的（Conyne, 1987, 2000）。Albee（2000）和其他強調最近專業助人數目不足以說明美國每年有二百萬受到男人施暴婦女的心理健康需要（Romano & Hage, 2000），或是每年二百萬紀錄上有明顯飲食失衡婦女的需要（Mussell, Binford, & Fulkerson, 2000）。

　　第三，許多傳統諮商取徑直接注意到當事人的弱點和問題，而不是一開始認定要建立他們現有的優點和資產（Ivey, D'Andrea, Ivey, & Simek-Morgan, 2002）。此方法不只低估當事人的個人賦能，而且歸納許多人在諮商過程可能依賴專業人員。

　　社區諮商模式重視當事人潛在的優勢，這不是他們的弱點，雖然很多當事人的許多需求因長期依賴諮商員而受挫。在前一章，我們關心當事人在諮商過程發展的心理上依賴，和此依賴對當事人個人能力的侵

蝕。Ivey（1995）和McWhirter（1994）強烈提出傳統諮商取徑有時無意侵蝕當事人個人能力感（即使是一時的），這是嚴肅的倫理議題，專業人員應警覺加以避免。

　　本章討論心理健康專業人員，間接工作促進當事人心理健康和個人幸福，擴展他們效能的附加方式。本章特別說明諮商員的角色是維護者、諮詢者和結盟建立者，在二十一世紀美國快速多元文化，他們面對既有的挑戰，強調在工作上具體化維護，諮詢、工作上建立結盟服務的重要性。

區分個案倡導與諮商

　　體認到過度利用直接諮商服務的問題，應該鼓勵諮商員融入維護當事人策略，擴展整體效能，成為他們工作上的核心。Brown（1988）解釋諮商與維護服務的異同如下：

> 在直接處理協助當事人的過程中，諮商員最好動員他們個人的資源，才能有效在環境中發揮他們的功能。個人賦能的直接過程是所謂的諮商。通常，諮商員在工作中間接改變系統，促進個體的改變，導致提升當事人個人功能…維護如同諮商與諮詢，是一種賦能的過程，亦即轉換當事人的個人能力關係，不像諮商，它通常是協助當事人的間接方式。

　　個案倡導的服務包含兩個目的：（1）增加當事人個人權力；（2）促動環境的改變，反映對他們需求的回應（Lewis & Bradley, 2000）。諮商員有許多方式提供維護當事人服務，例如，他們可以鼓勵當事人參加自助團體，促進家庭、學校、大學、工商業組織、或社區更能回應他們的需要。當事人因獨特的問題和環境受到汙名化時，這個行動同時可以緩和當事人被汙名化的問題。

汙名化

當一個人與他人互動被標籤爲核心時，他就被汙名化。在Goffman（1963）古典著作，解釋汙名化如何負面衝擊平常社會互動受到影響的人。Goffman時常提出受到汙名化的人，因爲受制他人標籤化，較爲反對疏離他人。

他（1963）進一步有意或無意提出，看到受汙名化的差異，依據Goffman，受汙名化的人沒有能力，比沒有汙名化的人差，被認爲「非人也」（頁5）。

一、標籤化來自無能或是受到傷害的結果

當個人無能或受到傷害時，無論身心都受到汙名化，不幸的是，此標籤化通常是指依賴、價值貶抑（Ivey et al, 2002）。Almond（1974）詳述其過程，個人被標籤爲異類，被汙名化貶抑。他從心理健康專業角度指出，人因爲各種標籤（診斷）的行爲引起焦慮，直到他們的行爲成爲問題，偏差凌駕思維，他們被剝奪權力和自由，處理專家特殊的活動範圍。

無論專家是醫生、心理治療者或矯治的官員，個人在專業特定區域，通常因汙名化而與家人同儕團體分離，整體或部分被社區所排斥。在主流社會獨特差異問題凌駕情境，強調差異成爲他們生活的焦點，汙名化或標籤的相同結果發生在種族和文化刻板印象中。

二、種族／刻板化印象

自美國建國開始，有色人種已經被主流文化標籤爲負面的，許多學者解釋種族和文化汙名是如何形成？仍然侵蝕整個國家，提升民族之間

的緊張，對國家經濟、社會、心理、身體、道德福祉是不健康的
（D'Andrea & Daniels, 2001; Jones, 1997; Steele, 1997），這種緊張導致美國
過去多年發生許多民族的暴動（Rollock & Gordon, 2000）。

　　這些汙名化強力侵蝕心理健康專業，為此諮商專業工作者、研究
者、理論學者指出，有色人種將負面和屈就的辭彙，標籤化為「文化剝
奪」和「文化不利」，在過去這些通常是說明來自各種文化、種族／民族
團體（Atkinson, Morten, & Sue, 1998; D'Andrea & Daniels, 2001; Sue, Ivey,
& Pedersen, 1996）。不幸的是，這種刻板化標籤轉成學校、工作場所、社
區、諮商與心理學的民族歧視（Banks & McGee Banks, 1997; D'Andrea &
Daniels, 2001; Ridley, 1995）。

三、諮商員的角色

（一）減少標籤和刻板化印象的受害

　　說明汙名化問題，諮商員必須（1）減少標籤的受害；（2）在個人
或團體被汙名化後增加自己的價值，與社會貶抑對象執行社區諮商模式
架構，心理健康專業工作者須假設可能有下列情形：

　　1.終止來自外在限制的自我貶抑，這些都是來自標籤化的結果。
　　2.被標籤化的個人通常是被學校社區生活排除進入主流社會互動。
　　3.努力增加被汙名化團體的權力，對抗社會改革的需要。
　　4.增加社區對被標籤化、有意無意受到汙名化個人和團體需要與權力
　　　的回應。

　　終究，一個人能克服汙名化和經由改變知覺標籤化，努力適應新社
會的人情味。短期內，諮商員發展授權策略，強化受汙名化的心理健康
和個人幸福說明汙名化。

　　社區諮商架構以建立在不經由個人、小團體諮商達到目標為前提，

為了這個理由，諮商員相信其他間接幫助當事人，帶領當事人參加自助團體，促進發展其他助人網絡，利用諮詢技術創造社會環境的正面改變，社區諮商的維護顯示在表6.1。

表6.1　個案倡導與社區諮商模式

社區服務	個案服務
直接	
間接	自助團體
	班級維護
	促進回應助人網絡

（二）避免排他性的諮商工作

當個體接受或是指定當事人的角色，他們與社區之間的鴻溝是擴大的，此鴻溝是廣泛的排他性過程，必須由許多一對一諮商介入促成。在討論排他性過程，Stensrud 和 Stensrud（1981）指出，當諮商員：（1）強化進行諮商處理當事人與其他心理壓力或重要的支持人，同時（2）在諮商過程不一致時，滋養當事人的賦能。

婚姻與家庭治療學家（Hanna & Brown, 1995; Rigazio- DiGillio, 2002）和同儕諮商方案的維護者（Baker, 2000; Fukuyama, 2001）長久體會到在諮商過程中，關懷當事人社會環境其他人關係的重要性。除此之外，雖然諮商模式強調重視當事人優勢的需要（Ivey et al., 2002; Sprinthall, Peace, & Kennington, 2001），理論家最近指出，促進當事人個人賦能和個人諮商脈絡階段心理解放的實際方式（D'Andrea & Daniels, in press; Ivey, 1995; McWhirter, 1994）。利用以優點為基礎的助人取徑，婚姻與家庭諮商員和其他專業工作者在工作中統整發展模式，協助減少對當事人汙名化的負面衝擊，促進他們的賦能。

諮商員強化當事人與主流日常生活的聯繫，促進賦能過程，他們能提供當事人在學校和社區與有意義的人接觸完成目標，最好的方式是幫助當事人發展聯繫，鼓勵他們參加自助團體和組織。

自助團體賦能的途徑

在自助組織中，志同道合者彼此相互支持，相互需求，提供主動的協助，在可理解的實際情境中處理一般問題。多數自助組織，團體成員是服務的施與者或服務的接受者，所有的人都參與集體決定。這種的態度運作，自助團體成員可以說是助人者，也是受助者。

Ife（1996）列出重要助人方式，以培養當事人賦能，在團體他們可以做到下列：

1.在同輩團體中獲得正面的個人認同。

2.由於其他人強調團體面對挑戰與問題，集體性與建設性行動帶來他們態度的改變。

3信賴與分享彼此經驗的溝通方式。

4.避免許多文化、種族對傳統諮商情境形成的阻礙。

5.發現機會與經驗，改善他們的社會化。

自助團體提供環境，讓當事人自由開放討論對他人興趣的議題，作為一般社區成員，他們能夠接受情緒支持，了解與傳統諮商不同的支持與同理心。因為他們的態樣，自助團體的個人能接受同儕挑戰，去除抗拒激勵他們為自己的生活負起責任。

最重要的是，個人發現在此團體脈絡中，有機會發展和訓練領導技能。雖然自助組織允許專業參與和贊助，參與團體體認到他們成功的潛能，是立基在主動參與和成員的投入上。

當新成員進入自助組織，他們相信團體與成員是特別的，他們可以分享他們的特色。全職成員都是值得珍視，其言行舉止必須依據特定團體規範。當一個人開始同意成為自助團體的組織成員，他已是一位「創會成員」角色，既然是「創會成員」必須服從團體的期待，言行舉止符

合組織意識形態的承諾。

這種對團體的順從來自組織成員的期待，從創會成員到完全成熟的團體成員，需要個人付出自己的能力、願意協助組織其他人，而不是只有接受幫助而已，自助團體的每一個成員成爲提供賦能潛力的照護者。

簡單的說，自助團體將問題或需要轉換爲資源。例如，替代了解罹患關節炎問題的三千二百萬美國人，可以視他們爲資源，做爲提供服務者，提供對罹患關節炎患者的關注。同時，人通常需要新的獨立感和賦能，才有利在有相同問題、關懷和挑戰的支持性社區內有效處理自己的問題（Bruggemann, 1996; Ife, 1996）。

一、「助人者──治療」原則

「助人者──治療」原則對自助團體能夠對成功的理由提出很好的解釋，Skovholt（1974）討論「助人者──治療」的好處遠超越25年前所提出接受他人幫助的益處。爲了努力達成這個原則，Skovholt（1974）指出自助團體平常協助他人的益處有下列：

1.感受人際能力的日漸增加是影響他人生活的結果。
2.品質感是來自與他人施與受之間的結果。
3.接受有價值的個人學習，需要與接受他人幫助者一起工作。
4.接受來自受他人幫助者的社會認同。

Cartner 和 Riessman（1984） 指出與助人者──治療有關的三個額外的益處：

1.助人者較少有依賴性。
2.在處理相同問題者的問題時，助人者有機會從遠處觀察他的問題。
3.助人者獲得扮演助人角色的有用感（頁20）。

在行動上助人者──治療原則的最佳事例是復原力融入，是「神經和

正式心理疾病者」的組織。雖然該組織創立於1937年，來自專業的Dr. Abraham Low現在已經變成加入團體病人外行人的團體領導者。在此脈絡，已離開住院情境的病人（patients），和其他認定需要精神照護，或是焦慮憂鬱者。

　　當成員以陳舊但新穎的方法處理人際問題時，在一週的復原力融入會議，團體以結構性的座談會發表討論。計畫、參與這些活動，成員經歷心理健康和個人幸福，體認到他們有問題時不孤單，展現成功相關的角色模式，認識到幫助自己，也是扶持別人的時候。

　　除了定期會議外，團體中有經驗的成員對其他社區團體也提出教育方案。此服務增加對心理健康公共知識和意識，並指出自助團體的優點：他們給汙名化者集體的聲音：他們不再是個體了。

　　雖然自助者治療已存在六十年以上，諮商員很慢才融入他們諮商工作上。體認他們潛在的用處，D'Andrea（1994）指出，參加社區心理健康中心成人日間照護方案的長期心理疾病者，在自助者治療的成功。所有參與社區方案當事人的非裔美國人被診斷出有嚴重的心理疾病，除了接受各種傳統心理治療服務外，如個人、小團體心理治療，這些當事人參加每週兩次會議的自助團體，計畫其他人特殊需要活動。

　　體認到與種族偏見有關的壓力，這些當事人發展複雜問題的策略。結果，當事人設計、執行稱它為「因應當代美國的種族偏見」的心理教育課程，在自助團體開會的社區心理健康中心舉行。

　　此課程包括幾場會議，當事人體驗到種族偏見的不同經驗，集思廣益因應困難的有效策略。因當事人檢視，發展與執行實際解決心理問題的能力有限，但會議提供當事人發展集體支持和權力的機會。

　　當事人團體的第二個方案是發展參與計畫、執行提升參與社區政治過程策略。為了達到目的，他們選擇團體的代表，負責接觸地方代表建立時間表，討論有關社區心理健康服務，需要擴展服務心理問題嚴重的人，發展此方案基本回應法案削減地方和州心理健康服務的經費。

　　當事人不只因應民意代表而且證實立法公聽會成員，統整協助州立

法者了解削減預算對心理健康服務潛在的影響。雖然諮商員在心理健康中心服務是當事人尋求協助的資源，假如確實需要，當事人最後負責計畫執行和其他助人方案。因為他們參與這些方案，當事人心理健康發生不少正面改變。這些改變包括社會目的感和自尊的提升，人際與問題解決技術的有效發展，與精神治療社區其他成員認同驕傲感的提升（D'Andrea, 1994）。

二、自助團體的意識形態

自助團體組織通常期待他們的成員凝聚有關強調問題或議題的相互信念系統，如 Gartner 和 Riessman（1984）指出，自助團體的意識形態需要超越自我的參與，自我參與點燃成員對組織「力量和信念」的投入感（頁22）。

自助團體的意識形態的另一面與個人對**經驗知識（experiential knowledge）**的價值有關，或依照個人對特殊問題的直接知識有關。依據 Borkman 看法：「經驗知識是反映相信脈絡中其他相同經驗互動的自助團體發展而來的」（頁207）。

組織意識形態的特定內容，可能比不上組織力量和解釋成功的既存事實重要。通常，無論科學是否證明有效，自助組織的新成員了解一貫性哲學，愈久者愈激起長久的凝聚。

在美國許多自助團體組織，沒有比酒精匿名（Alcholics Anonymous, AA）能成功凝聚其信奉者（Riordan & Walsh, 1994）。AA 的意識形態建立指引每一個復原者十二個步驟（Twelve Steps），和促進成員志同道合十二項傳統（Twelve Traditions）的基礎。十二步驟應該建立在 AA 早期成員經歷的 Borkman 經驗知識架構上，下列為 AA 的十二步驟：

1.我們承認對酒精是無能為力的──由於濫用酒精無法管理生活。
2.相信權力超越我們自己，復原我們的神志。

3.決定轉移我們的意志，當我們了解神時，我們的生活轉向祂的照顧。

4.追尋我們自己毫無恐懼道德的祭品。

5.承認神，對我們自己和其他人犯罪的本質。

6.完全信賴神讓祂去除所有的不足。

7.謙卑的期許祂去除我們的弱點。

8.列出我們已經傷害的人，願意完全修補他們。

9.除非做了會傷害他們或其他人，如果可能，直接改變他們。

10.當我們犯罪時立即承認，繼續個人清理自己的過錯。

11.追求禱告和靜思，當我們了解神時，改善我們與神的良心接觸，禱告是惟一了解神為我們的意志和執行的權柄。

12.這些步驟的結果帶來心靈的覺醒，我們試著將此訊息帶給其他酗酒者，在我們所有的事務中練習這些原則（Alcholics Anonymous, 2001, pp. 2-3）。

AA所創造的，這些原則可以帶領個體走向長期的復原，這些步驟已適應在其他對象，其他十二項步驟團體，最近運用包括在 Al-Anon，Alateen，Narcotics Anonymous, Families Anonymous，和Overeaters Anonymous（Bristow- Braitman, 1995）。

十二項傳統設計提供AA團體的統一和一致性，如下：

1.我們一般認為福利至上，個人的復原力依賴AA的統一。

2.團體目的，最後是權威，愛神如祂在團體意識所能顯示的，我們的領導人相信僕人，他們不能掌管什麼。

3.AA成員必要條件是戒掉喝酒。

4.每一種團體是自發的，除非事關影響其他團體或AA整體。

5.每一種團體有其基本目的，將訊息帶給酗酒者。

6.AA團體不應該票據背書，財務或以任何有關設施或與外在企業界有金錢借貸，減少金錢問題，資產、威信，以免偏離基本目的。

7.每一種AA團體應該完全自我支持，減少外面的捐款。

8.AA留存長期非專業，但服務可以僱用特殊工作人員。

9.AA不應該有統整性，但我們創造服務委員會直接負責他們服務的。

10.AA對外界議題沒有選擇餘地，因此AA不應該提到公共爭論。

11.我們有關公正政策建立在吸引力上而不是改善上，我們需要維持個人匿名的新聞、廣播、電影。

12.即使是在人格原則前提之下，匿名是所有傳統的精神基礎（Alcoholics Anonymous, 2001, p. 7）。

十二項傳統幫助AA維持統整性的自助組織。過去許多年，AA避免這些危險，外在經費，與其他機構合作，尊重個人人格。相反的，共襄盛舉，成功組合各個團體和整體組織的目的（Le, Ingvarson, & Page, 1995）。

三、自助團體的相互支持

參加自助團體的人通常因為他們需要獲得支持，這些人經歷到他們的人際網絡落差，但不特別吸引傳統諮商對基本個人內在心理治療的助人服務。

甚至追求專業服務的人，發現家庭成員、朋友和其他人不能給予足夠支持，甚至否認問題。如此沒有同情心，反映對個人身心疾病，缺乏一般了解，導致他們對人缺乏關懷，對問題的負面反應。如此一來，家庭成員和朋友沒有意圖強化對心理疾病者負面汙名化。

有時，缺乏支持性和非意圖性的汙名化是不可思議的，有時是蓄意的。Borkman（1984）提出創造新的詞彙**汙名化反應（stigmatizing reactions）**，敘述個人對身心問題標籤化的反映。這些行為包括忽視、否認或低估問題，操弄情境，保護有困擾的個人避免汙名化，對個人的

刻板化印象，不安、尷尬、不舒服與個人互動的反映。當諮商員認識當
事人的支持系統沒有回應他們的需求時，他們極力推薦變通方案，如自
助團體。

　　的確，處理特殊問題的任何人可以從直接了解問題的人發展相互支
持關係獲益，自助團體提供機會給予情緒和社會支持，這個需要似乎對
心理問題個人特別重要。因此，參與相互自助團體使當事人領悟，他們
在恐懼與掙扎中並不孤單，同時，努力正面生活挑戰將帶來希望，國家
有關健康自助團體的部分清單如下：

　　酗酒匿名

　　對經歷新生兒死亡母親的協助

　　美國精神分裂協會

　　學習障礙兒童協會

　　對年幼子女罹患癌症家長的關照

　　對喪親家長的同情友誼

　　子女聯合會（遭受亂倫的年輕婦女）

　　懷孕為其子女獲得資訊的婦女

　　情緒匿名（情緒問題的十二步驟方案）

　　癲癇基金會

　　家庭匿名

　　賭博匿名

　　同性戀

　　蒼白的美洲豹

　　心對心（對冠狀動脈人探望）

　　少年糖尿病基金會

　　國際母乳協會聯盟

　　重視今天（對癌症患者與家人）

　　麻醉劑匿名

心理疾病國家聯盟

智障公民國家協會

盲人國家聯盟

嬰兒猝死國家基金會

國家同性戀者任務勢力

自閉症兒童國家協會

神經病匿名

飲食過度匿名

家長匿名

成熟前家長和高危險嬰兒

流產的家長

缺乏夥伴的家長

乳房切除婦女的復元

復原組織

不健康的個人解決公司

黑人單親母親婦女會

戒菸者

寡婦與其家庭基金會

大腦性麻痺聯盟

寡婦

　　部分清單指出自助現象的滲透性，諷刺的是因為他們提供重要的服務，自助團體已經進入社會主流。在這些或其他組織設計促進相互幫助和支持，人能夠經歷賦能。McWhirter（1994）敘述賦能是多面項的過程，人（1）在生活脈絡中意識到權力動力；（2）發展理性控制生活的技能與能力；（3）練習；（4）沒有侵害別人的權利，但積極支持社區其他人的賦能（頁12）。

　　每一種自助組織提出說明賦能，如此做，他們促進易受傷害或最近

經歷心理問題者的賦能。賦能過程的核心是當事人協助他們與遭受同樣心理困擾的人的動機和能力（McWhirter, 1994）。如 Riessman（1985）指出：

> 當人們幫助自己，他們覺得自己有能力，能夠控制他們的生活。賦能是擴展能量、動機和幫助——給予權力超越幫助自己和接受幫助。除此之外，自助激起賦能重要的政治關係，因為人有能力、技能處理他們的生活，擴展正面感受和處理生活的能力（頁 2-3）。

四、自助和政治行動：殘障者的權利

Ife（1996）指出，傳統上自助團體是無政治色彩，偏重提升個人，而不是改善社會情況。有些組織，已經變成政治導向，統整成員發展重大議題的權力和能力。

研究提出當事人從維護服務獲得的好處，包括：政治和社會行動策略（Albee, Joffe, & Dusenbury, 1988; D'Andrea, 1994; Lewis & Bradley, 2000）。當事人和諮商員了解環境條件對心理健康和個人幸福的影響，這些服務在賦能過程反映出自然的進步。

倡導焦點協助當事人發現他們問題的外在原因，當諮商員在工作上運用倡導服務時，他們將面對支持關心影響當事人生活的挑戰。為此，心理健康專業工作者可能發現，他們將面對當事人承受自助團體受到大眾媒體對問題負面形象批評的挑戰。有時，諮商員可能支持當事人重視傳統典範的批評（參見第一章），通常這些都是建立在自助風格上，強調對外在精英專家觀點的過度信賴、毫無疑問的信任（Arredondo & Lewis, 2001; Lewis & Bradley, 2000）。

獨立生活中心（The Center for Independent Living, CIL）自 1972 年由殘障人組織成立，為自助團體建立風範。其觀點建立在殘障人士最了解

殘障人，CIL 開始於加州柏克萊，對盲人和身體殘障人的支持服務，以維護殘障人權利，CIL 小冊子說明此開創性組織的績效：

> CIL 是為殘障人服務的非營利組織，殘障人小團體希望能獨立生活，避免孤立和耗費經費或是依賴家庭。1972 年，在柏克萊建立，經費首先來自加州柏克萊和私人基金，不久政府經費資助，建立前所未有的方案範例。CIL 很快成為所有類型殘障人國家領導維護組織，殘障人運動的先鋒。CIL 為許多生活在缺乏機構和同樣依賴此情境的殘障人，提供希望和機會，來自各國的殘障人士形成殘障人主要改變的保護組織。
>
> 在 1970 年代後期，掃除所有領域的障礙，如去除拘束開放管道，平臺，開放門戶，如教室內的機會，職場、交通和住宿。這些改變為成千上萬的殘障人開啟機會之窗，和不必要限制的不同，地方歲收負擔和孤立，充分參與社會如繳稅和生產的人。感謝 CIL 和許多朋友的努力，殘障人士跟隨著學生，成為所有公司和工商業的受雇者，社區公車和海灣區與快速通行（Bay Area Rapid Transit, BART），自我充足的人有能力處理所有社會和娛樂活動。因為 CIL 職員基本上是殘障人士，提供其他殘障人追求獨立生活正面角色的模式，因為 CIL，全球已經成立超過 200 個同樣的組織（Center for Indepent Living, n.d., p. 1）。

CIL 提供若干方案協助當事人在社區獨立生活，雖然一定時間的活動需要經費，CIL 基本方案包括下列：

1. **介紹出席者**：為獨立生活需要特殊照料和僱人照護殘障年長的當事人，與準出席者晤談、介紹。
2. **諮商的益處**：諮商、教育和表現，保證殘障者的權利能接受財務醫療的益處。

3.**視障者服務**：介紹移動和導向、閱讀者的介紹、讀本證書、諮商、資訊、視力障礙的服務，老人視力的外展服務。

4.**聽障者服務**：同儕諮商、指示，對接近所有 CIL 聽障者的服務。

5.**住宿部門**：提供殘障和年長的當事人安置與安全舒適的住處，對建物平臺、動線的諮詢。

6.**獨立生活技能課程**：特定議題同儕諮商的教學，如家庭修補、烹飪、預算、家事料理、營養、個人照護、職業訓練和社會化。

7.**工作發展**：協助找工作，提供殘障者與雇主和自我肯定行動官方人員的意識工作坊。

8.**心智殘障者獨立生活方案**：對心智殘障的同儕諮商與獨立生活技能。

9.**同儕諮商**：支持因應人際議題社會情境壓力的個人、團體、夫妻、家庭的個人。

10.**年青人服務**：在早年協助年青殘障者及其家庭，從依賴生活到獨立生活的轉變，包括在學校現場的心理教育訓練。

11.**輪椅治療**：輪椅的服務與矯治，出售輪椅配件，販售法令建議的矯形外科設備。

雖然重要，CIL 直接服務提供維護脈絡，職員體認到獨立生活不只是依賴殘障者的技能和態度，並依據環境允許他們融入社區的程度。如此，CIL 成員自 1972 年組織成立後，全國以改變他們生活為傲，如 CIL 執行長於中心第十五年開始所寫的：

十五年前，美國柏克萊嚴重殘障者生活在照護家庭與機構，十五年前一群殘障人士，有想法、有夢想、有願景，他們與同樣機構的人住在同一社區。十五年前殘障人士在柏克萊街上抗議城市所提供的保護措施，十五年前殘障兒父母為其子女與正常兒童在公立學校讀書而努力。十年前，許多殘障人士靜坐聯邦政府前面，直到卡特總統簽署，通過公民權利法案 504 號，制定

爲法律。十年内殘障人士付出代價，使BART易於接近。CIL
和獨立生活運動努力的結果，殘障人的基本哲學應該是在社區
生活，而不是在機構生活（Winter, 1986, p. 1）。

 能力建立活動6.1
提供當事人自主團體之前我們的倫理責任

運用社區諮商模式的諮商員，體認到自助團體提供資源，促進社會各種個案對象的心理健康與個人幸福。雖然社區諮商架構鼓勵心理專業工作者幫助當事人多接觸自助團體，（1）提出自己的需求；（2）增進當事人的賦能，諮商員必須以倫理責任和專業主義來展現。以此方式，諮商員應該（1）提供當事人想要參加自助團體的資訊；（2）討論自助團體一般的運作方式。

本章，我們提供的資訊，主要希望擴展你了解許多當事人成為自助團體成員從中的獲益。當討論一般人參加自助團體從經驗中獲益時，你可以利用資訊。然而，當鼓勵當事人考慮參加特定自助團體時，重要的是提供團體其他資訊，當事人從中獲得更多資訊以回應是否參加。其中不只包括（1）自助團體的特定目與目標；（2）自助團體會議的時間與地點；（3）自助團體為團體成員建立標準；（4）告訴自助團體遵守事項。

記得，思考與你一起工作從中獲益的當事人，你可要檢視頁269~270提供自助組織清單。當你思考一些團體，提供當事人成為工作的一部分時。在你認定思考當事人至少參加三種自助團體才可能從中獲得幫助之後，在社區你接觸這些人，找個時間與他們談談這些組織，可以打電話或親自拜訪晤談。晤談的目的是藉著協助了解當事人心理健康個人賦能的資源，增加你的專業能力。有些問題可以協助你的晤談：

1.組織的整體目的與目標是什麼？

2.你參加組織的標準是什麼？

3.當你參加團體期待參加自助團體成員的責任是什麼？

4.參加此團體需要相關的成本嗎？如果有，是什麼？

5.當參加這些團體的心理獲益與挑戰是什麼？

6.個體如何參考你的組織？

　　雖然晤談提供社區既存自助團體有價值的資訊，也有利於諮商員順利運作組織第一手知識。了解獲得此類知識的重要性，我們需要學生一學期至少參加一次自助團體會議。這麼做，我們通常會發現，學生指出他們很高興有機會：（1）對自助機構運作獲得新的領悟；（2）當告訴當事人自助團體運作的方式時，可以發展專業信心。

　　在此領域發展你的整體能力，找個時間參加社區自助團體的會議，在他們的信賴、團體的形成、及私密性下參加酗酒匿名團體會議，學習如何尊重自助團體的運作，至於其他組織贊助的社區自助團體也能達到同樣的目的。

　　在你晤談、參加社區自助團體會議後，發現有人願意角色扮演，創造情境，充當諮商員，其他從參加自助團體獲益的人扮演當事人。記得進行角色扮演的三個目的：1.角色扮演主要在協助你發展溝通技巧，有效告訴當事人社區的自主團體。2.藉著角色扮演，有機會練習你的能力，討論你對參加自助團體的觀察。3.角色扮演增加你的信心，告訴當事人在自助團體的專業與倫理態度。

　　完成角色扮演後，詢問參加角色扮演的當事人下列問題：

1.對角色扮演的想法與感受如何？

2.參加角色扮演的結果，加入自助團體的可能性如何？

3.角色扮演的優點是什麼？

4.你認為我可以改善未來的討論嗎？

　　在完成能力建立活動後，你對自己的優點有較佳了解和可以改善下列能力：

1.提供自助團體特殊資訊。

2.對參加自助團體溝通順暢你的想法與感受。

3.有信心改善參加當事人從中獲益的自助團體。

五、自助與志工主義

志工提供當事人與社區最大限度的聯繫，有時志工提供的服務是必須的，因為處理問題的專業人數有限，志工提供有利社區成員的資源。結果是他們專心投入，新穎的方法，聯繫社區，即使是支薪用人也無法達到。

志工主義傳統的意義是幫助遭受不幸的人，依此定義，志工與受幫助者的差距大於一個人與傳統心理健康工作者的不同，建構潛在志工和志工的概念過去已形諸二十年。

幾位先驅者已經協助諮商員了解志工主義與自助努力的正面關係，在這點上，Wilson（1976）指出代替有特權者的權益，志工必須公平對待每一個人：少數人、年輕者、年長者、傷殘者、藍領工人、企業家、不利者（頁118）。Cull 和 Hardy（1974）早期呼籲提出志工工作應該從「為人服務」（doing for）的觀點轉向「與他一起並肩作戰」（doing with）和「幫助自助者」（helping to help themselves）（頁112）。

當志工與社會價值受到貶抑者一起工作時，此導向特別重要，這樣的人的確需要自助，志工在聯繫價值受到貶抑與社區關係扮演重要角色時必須遵守下列：

1.盡全力促進受排斥對象與社區的雙向溝通。
2.對受服務團體的特別關注。
3.支持社區對培養價值受到貶抑者所需要的方案與變革。

當志工方案強調志工與服務對象一起工作時，必須重視賦能過程。記得此倫理，最好的志工方案不是取代倡導卻能補充自助，Wolfensberger 早在 1972 年討論志工主義的原則，發展殘障成年人和志工旅行三天的課程：

非傷殘者在思想上想成為老師，傷殘者將是他們的學生。不久後，所有實務工作者發現他們都參加課程，旅行者準備學習，經由新經驗與新朋友的接觸，收穫滿行囊。所有的經費預算都是用在週末需求與活動，如餐費、逛街、觀光和娛樂。當他們三、四個人成為小團體（或許中間有變化）在都市裡探索，他們學到的不只是新都市的生活與資產，他們學會了在一起。他們了解公共運輸，各種旅館不同的價格，星期六晚上有哪些娛樂，星期日上午散步的有趣地方。

經由這些經驗，特殊場合的演講、有比較性的報導和討論，正常者逐漸學到與殘障者在一起的適當方法。當他們後來從殘障成年人聽到，特別是對他們見到正常人態度的反映，通常志工覺得他們是學生，殘障者是老師。（Wolfensberger, 1972, p. 182）。

　　方案中的志工的確可以協助與他們在一起的人，同時，志工也可以將學習的新知識與觀點帶回他們的社區。當人們受到汙名化時，志工可以協助解決他們的遭遇。

　　同樣的過程發生在志工進行矯治時，他們協助違規者的方式包括發展與犯罪者、緩刑者、監獄囚犯者的人際關係。提供沒有違規者工作機會，家教職業訓練或監獄囚犯者教育機會，協助創造娛樂方案或監獄內其他服務和囚犯家庭的互動。

　　最重要的是，志工了解矯治設施如同社區責任與違規者是整個社區的一部分，志工經由參與體認到，違規者和其家人的人道關懷創造了彼此的聯繫。依此態度擴展，矯治過程不再有傳統習俗的孤獨感，全部的社區開始主動、有效說明所謂傳統上委託給專家的問題。

　　專家無法解決汙名化問題，許多問題來自社區本身的態度，解決問題的責任落在社區，許多公民開始了解並尋求完成此項責任過程中他們所扮演的角色。

當代發展有效志工方案打破傳統志工主義的形式，二十一世紀志工不能再被視爲有過多休閒時間的人，他適合執行留下或忽略的任務。志工所能提供的各種方式如同專家所能提供一樣的有價值，理由是，二十一世紀志工有權期待對其價值提供促進心理健康新的態度，如同滋養社區一般福祉。

專業激勵志工檢視他們的需求發展、工作型態和所面對的作業，在導向階段他們應該接受及時的訓練，接著在職進修以回應他們的問題。他們應該有機會利用志工工作發展其生涯，是否獲得學術認證或有酬勞的服務工作。重要的是實務工作應該鼓勵志工利用創造力，發展他們在社區觀察到滿足需求的角色和方案。

志工主義伴隨自助團體有機會爲許多需要參與社區，而不是需要成爲當事人更好的處境機會。當社區成員協助自己或別人時，資源是成幾何級數增加（Lewis, Lewis, Packard, & Souflee, 2001）。

建立回應性的協助網絡

雖然自助團體和志工在賦能過程中扮演著重要角色，當事人往往需要其他人類服務機構的協助，多數社區提供服務的機構如下：

- 試圖處理與預防心理問題的心理健康機構。
- 教育與宗教機構。
- 處理特殊問題的特殊機構，例如物質濫用、法律或醫療問題、家庭衝突、身障、貧窮或遊民。
- 如對婦女、男女同性戀、兒童、成年人、老年人等特定對象服務的機構。
- 危機與自殺預防中心。
- 協助個人學習獨立和經濟安全的職業與復健中心。

• 提供工作場所的協助受雇方案。

這些機構由政府支持，是慈善機構捐助，或自助的，有大有小的，是正式或非正式的，他們都是協助有個人困難的人，特別是價值貶抑或被汙名化的對象。

個人以此方式協助他人，特別是他們執業提供服務他人的機會，如老師、警察、福利工作者，和察覺周圍有人需要協助時，可以充當幫助他人的資源者。

自助團體組合成員成立自助網絡，成為每一個社區重要的社會環境（Bruggemann, 1996; Ezell, 2001）。而助人網絡不只是回應需要服務人的需求，進一步稱它是有意圖、有目的的連結網絡，包括階級維護、以社區為主的計畫、諮詢等機制，都可以建立回應性助人網絡（Ezell, 2001; Ife, 1996）。

一、階級倡導

透過自助的努力，擴展人們對自己生活的控制能力，真正的賦能是超越個人和團體的改變，促成社會、政治、經濟、環境對特殊需要主動維護發展的益處（Bruggemann, 1996）。如本章前述，維護是指為處在風險中人的權利而發聲，除此之外，階級倡導涵蓋保護所有領域人的權利（Lee & Walz, 1998）。

（一）激勵作為

當利用社區諮商模式，實務工作者在工作發現沒有權力的個人或團體時，他們會採取行動。的確，諮商員採取賦能做為強化遭受壓迫的個人或團體，指出他們能夠自我保護的地方。在過渡期間，心理健康專業人員需要有所作為，維護、保護無法保護自己的人，限制虐待他人者的權力（Toporek, 2000）。

維護不只是反對非人性並要做到人性化，人的權利不只限於受到不當的對待，人有權力發展其創造力與自己的價值，得到社會該提供的福利，增加各種選擇的機會。當諮商員發現當事人受到限制時，他們尋求改變政策或提供肯負責任的權威來改變情境。

　　當在學校，利用社區諮商模式的諮商員發現學校不公平懲處兒童，他們挑戰學校權威；當兒童在學校有教養、有趣教室環境的學習機會被剝奪時，他們挑戰權威。同樣，當利用社區諮商模式的諮商員發現，當他們的個案不被尊重對待時，他們會挑戰人事單位，他們也會為當事人的權力而戰，接受服務促進賦能和個人幸福感。最後，當心理健康專業人員看見個人在心理健康情境的隱私被剝奪時，他們會利用階級維護服務融入社區諮商服務模式保護其權利，同時他們尋求當事人舒適、刺激情境權利的認可。

　　的確，維護不只是受到及時危機的刺激，同時對潛在問題敏感性的察覺，這就是**預防性維護（preventive advocacy）**。在進行預防性維護服務時，諮商員了解可能剝奪當事人權利或機會，和個體遭遇困難前的環境改變。這樣的維護通常來自心理健康專業人員認定當事人有特殊需求：環境能幫助他們因應或需要支持，以保護他們的自由與尊嚴。利用階級維護服務代表團體預防傷害：個體已經面臨身理、心理健康危機時，社會價值貶抑，或在主流社會受到歧視汙名化。

（二）公民倡導

　　很幸運的，諮商員不需要承擔單獨維護的負擔，發展**公民倡導（citizen advocacy）**。許多人適合代表他人工作，在界定此定義時，Wolfensberger 和 Zauha（1973）解釋公民維護是：

> 成熟勝任的公民志工好像他們是他／她自己的，表達其他工具能力（解決日常生活實際問題的能力）受到傷害，或重要情感性需求未能滿足，或沒有特殊介入，未能滿足公民的利益（頁11）。

Bruggemann（1996）指出，自助的努力已經從政治轉移到維護的行動，他們經歷三個階段。第一，賦能開始融入團體，來自參與自助團體的結果。第二，當個體較能說明完全明白個人和集體潛能的環境因素，他們開始計畫執行維護策略。最後團體與機構開始看見與其他社區團體機構在議題形式結盟。就如許多人所強調：在各種自助團體和公民一起聚集表明他們的相互需要時，階級維護最好運作（Bruggemann,1996; Lee & Walz, 1998; Lewis & Bradley, 2000）。

二、倡導多元文化社會

非白種人、非歐洲背景的人通常認為諮商是與他們傳統習俗發生衝突的脅迫過程（Helms & Cook, 1999; Herring, 1997）。如此諮商員已轉向變通策略，協助各種文化種族民族背景的個體（Locke, 1998; Sue et al., 1996）。以此想法，多元文化諮商理論已經注意到個案倡導，通常是這些人選擇服務有如下幾個理由（Atkinson et al., 1998; Chen-Hayes, 2000; Herring, 2000）。

第一，Atkinson 等人（1998）提出，主流社會界定壓迫所有來自美國種族民族的少數團體，有些人在此團體已經發展幫助他們處理生活被壓迫的技能，其他的，特別是最近移民緩衝受到壓迫的環境。在這些機構，當事人可能需要維護服務，而不是直接諮商服務（Arredondo & Vazquez, 2000）。

充當倡導，諮商員必須代表當事人說話，通常挑戰形諸於當事人問題的壓迫機構。諮商員不只是需要表現個案是他的維護者，在他們工作中利用社區諮商架構，心理健康實務工作者視我們社會上受到不公平待遇整個團體為他們的個案，贊同諮商員專業角色的廣泛觀點，實務工作者展現高度的動機已注意到個案或是個案團體受到的偏差待遇。一位有同理心的諮商員建議改變方式，因應特殊問題是不夠的，諮商員應該主動與當事人或為當事人追求變通課程，包括個人接觸受到科層體制社會

服務、法律或職業機構壓迫服務的當事人（Atkinson et al., 1998; Daniels & D'Andrea, 1996; Toporek, 2000）。

在許多情況，有色人種經歷到的問題都有外在原因（D'Andrea et al., 2001; Kiselica, 1999; Parham, White, & Ajamu, 1999）。為了這個理由，維護服務如建立助人網絡或請求公民維護團體的協助，改善有壓力生活環境的情境展現比直接諮商所做的相關和適當方式協助這些人（Arredondo & Lewis, 2001; Herring, 1997; Lewis & Bradley, 2000）。

第二，倡導可能是選擇的介入，因為有些文化團體思考追求協助個人覺得是件丟臉的問題（Herring, 2000; Sue & Sue, 1999）。例如，許多研究指出，美國原住民與亞裔美國人不尋求專業協助是因為他們認為是羞恥的事情，許多亞裔美國人與美國原住民關注的是，只有他們心理上遭受嚴重問題時才會尋求諮商（Atkinson et al., 1998; Helms & Cook, 1999; Herring, 2000）。結果諮商員發現間接維護當事人才是有用和文化受到尊重的介入策略。

第三，與陌生者探索高度的個人議題普遍存在著不安，對有歐洲背景的美國心理提供實務工作者，有色人種可能比白種人個案更感到不安，特別是前者在主流社會受到歧視待遇，既存的種族緊張依然存在著。間接維護取徑對多元文化個案仍是較有魅力、有效的介入形式（Atkinson et al., 1998; Lewis & Bradley, 2000）。

第四，為發展團體機構結盟，分享一般目標甚至是不同背景選舉區的全體選民，諮商員能增進不同背景當事人的賦能（Lee & Walz, 1998）。雖然許多傳統諮商員不常使用建立結盟策略，不過它仍是社區諮商模式充滿活力的一部分。

三、建立結盟

結盟是為共同目的一起工作的組織團體，這些團體的資源整合比起選舉區的全體選民團體有較大的影響力（Bruggemann, 1996; Ife, 1996）。

組織可以聚集在一起說明影響選民的多重議題，結盟可以激起強調單一相同議題（Bruggemann, 1996; Kahn, 1991）。團體與組織停留在結盟的時間長短則依訴求議題而定。Kahn（1991）在評論國內社區內不同結盟時，提出：

> 短期結盟通常容易聚集一起，因為他們通常只需要對特殊議題
> 的偏好參加組織。單一議題結盟可以聚集在一起工作，甚至是
> 有困難的組織，最後也需要結盟，為許多議題、各種選民和組
> 織接受挑戰（頁238）。

（一）建立結盟的三個階段

　　當計畫與社區內其他心理健康教育維護團體建立結盟時，諮商員應該注意下列步驟：

1.**計畫**：計畫階段，諮商員應該認清選民團體與他們的組織連結是為了共同的關注，此任務包括邀請參與第一次結盟會議確實有共同利益和既有議題的利害關係。

2.**諮詢**：建立結盟所顯示的議題是每一組織成員認為重要、有價值的。在諮詢階段，各個組織代表必須以參加結盟的其他團體對每位選民最有益處的方式來討論。

3.**計畫與執行**：建立結盟過程的計畫與執行階段，是決定個人真正認同大家共同關注議題的利益與投入。這是相當重要，因為每個人參與計畫，執行有力的策略，將願意增加投入結盟。在他們的人際關係訓練與專門知識，諮商員整裝妥當處理促進團體討論所有參與者在計畫與執行階段的挑戰。

　　的確，結盟的整體成功需要所有成員擁有自己的工作。當個體在此階段（1）覺得他們有機會表達自己的觀點；（2）覺得有人聽到他們的觀點並受到其他成員尊重時，其主權才會提升。

建立結盟顯示諮商員能促進發展助人網絡，增進受汙名化和社會價值受到貶抑團體的幸福。諮商員必須記住，建立這些網絡的基本目的是幫助當事人對參與社會的責任與賦能（Lewis & Bradley, 2000）。

（二）建立結盟的範例

華盛頓州發生建立結盟成功的事例，關注發展殘障組織，廣泛重視經驗，為心理情緒身體受到挑戰者發聲。早在 1983 年，不同團體的代表，關懷殘障議題，透過單一相同行動探索增加其優勢，會議結果形成三個不同的組織。

華盛頓殘障公民議會（Washington Assembly for Citizens with Disabilities, WAC）發揮遊說功能成為政治實體，發展殘障政治行動委員會（Disabilities Political Action Committee, D-PAC）掌握捐獻給政治活動的經費，代表選舉的候選人做事；發展殘障研究和資訊聯盟（Developmental Disabilities Research and Information Coalitation）進行研究與傳播影響殘障者的資訊。這三個組織自此持續穩定發展，代表受汙名化和貶抑公民補足另一項努力。

華盛頓殘障公民議會以候選人的排名和認可議題影響政治過程，議會同意或反對捐款、權力、服務和有關議題組織政治活動。WAC 目標如下：

1. 增加發展性服務的社區支持。
2. 增加公民參與政治過程，獲得並維持發展性與支持服務。
3. 建立廣泛基礎的結盟，支持適當的人類服務系統。
4. 藉著促進（1）保護個人在健康人性與法定權利；（2）殘障者在社區的表現；（3）社區參與；（4）建立能力與提升地位，改善對各種型態心理、情緒、身體挑戰公民的服務品質與數量（Washington Assembly for Citizens with Disabilities, 1995）。

WAC 以投票者登記、教育、建立結盟、立法速度、候選人的問卷調

查、社區組織、認可議題、熱線遊說、提供維護服務和全國網絡的協調活動完成目標，議會包括州內關注當事人每天遭遇情境的廣泛議題的代表。

議會結構的關鍵是核心團體，或接受特定社區、城市、州區域組織和維持溝通網路責任的公民。溝通網絡對任何結盟是相當重要的，因為它允許成員分享資訊，為其目標結合公民。

核心團體聚集家長、消費者、服務提供者、專業人員和地方維護團體，以協助發展、執行結盟活動計畫。核心團體經由來自培養因應不同團體對象個體權力而形成結構。它也能提供人民在議會討論重要地方議題的途徑。更進一步，核心團體能使議會和其他遍及全州組織為遊說努力動員地方公民。

遍及全州結盟第二部分是D-PAC特別強調選舉過程，D-PAC為支持特殊教育人類服務的候選人籌措經費，組織利用捐款，支持有利擴展遍及華盛頓州助人網絡方案與服務的立法。

第三是發展殘障研究和資訊聯盟，提供資訊給社區、立法委員、行政機構和其他關心有關發展殘障議題者。除了提供資訊外，聯盟沒有進行政治活動，提供非政黨論壇，討論、交換影響心理、情緒、身體受到挑戰者特殊教育和人性服務的預算與其他議題。聯盟以時事通訊傳播他們的研究結果，分發給州立法委員和一般公眾。

在進行此種聯盟時，遍及全州的組織代表華盛頓殘障人士，因強而有力、獨特支持自助團體，促進志工主義的覺醒，維護特殊需要者的權利。華盛頓州過去15年小樣本的立法說明組合這些聯盟的影響，這包括通過導致下列無數結果的法案：

- 制定有利殘障兒童的學前方案。
- 擴展幼稚園到九年級學生的學習協助方案。
- 在公立教學督導辦公室內維持特殊教育辦公室。
- 增加方案經費提供家庭支持與家中協助服務。

- 恢復殘障人士的牙科服務。
- 通過安全藥物治療法案，允許社區藥物治療者最基本的認知與物理技能。
- 社區居住安置經費。
- 對前述未服務殘障成年人求職方案的經費支持。
- 居住權利立法訊息宣告所有的人有權利接受居住服務的權利。
- 修正州法律，以身體、心理或感官殘障的犯罪語言、身體暴力是犯法的。
- 當發生在犯罪公平系統時，評量以確認耳聾或聽力障礙者有證實的解釋。
- 法案通過公共經費適應性電子溝通設計。
- 一旦當事人的紀錄成為研究時，保護他們的隱私。
- 建立當事人和其家庭的權利，設計並提供經費最少受到限制的變通方案。

以華盛頓為本位的結盟立法支持，對敏感察覺人性需求是最有價值的。所有政府層級，影響助人網絡需要的政策是有回應性、有很好的協調與謹慎的計畫。

四、社區本位的計畫

任何社區助人網絡的效能是人們所採取的計畫。理想回應、統整助人網絡有下列特徵：

1.傳送和利用服務主動計畫評估方案：當利用傳統助人取徑時，代理人或提供服務的機構計畫，然後在服務傳播系統僱用工作者執行特殊角色，回應助人網絡著重利用社區本位計畫，所有層級代理工作者繼續評估社區需求，創造或適應方案滿足他們。一種流暢的歷程，社區本位計畫沒有清楚的始末。通常工作者或社區成員了解特

殊種類方案的需求，他們創新方案或新的地方，利用既有的技能與資源。

確實利用代理機構，在小機構服務是最有效的運作，持續不斷的評估。因為此代理是缺乏影響社區計畫的權力、資源，為達到目的他們需要其他途徑。

2.代理機構以合作性助人網絡一起工作：在小機構，工作者和社區成員感到所有權，代理機構屬於他們的感受。小機構也能提供工作者和社區成員足夠的機會，同樣參與計畫機構方案。但每個社區需要實行中央集權的計畫，因為大多數的社區資源有限，每一個社區必須依照優先次序分配資源。若沒有合作網絡代理機構，發現他們只是為有限的經費彼此競爭，他們發現社區服務的鴻溝，當某件事有價值資源時，計劃整合方案。最重要的代理人聚集在一起才能夠影響政府官方的決定和建立社會計畫機構，唯有人們真正表現服務才能參與社區計畫。

3.網絡有協調組織促進持續計畫，包括工作過程的工作者和社區成員。假如助人網絡的成員在計畫過程中適當的參與，他們必定能依靠持續、穩定的結構──組織或團體指定追蹤社區需求與改變可用的資源。此利益包括下列：（1）網絡成員與社區其他團體維持持續的關係；（2）計畫繼續發展，取代被動的反應和限制；（3）當需要即可動員支持，如此持續團體才可以發現問題，了解立法變革的正面潛力，幫助協調促進變革。當告訴社區變革時，只要維持有效的溝通協調，團體可以拜訪參與代理人。

4.助人網絡有一種機制，它反映特定議題：除了長期計畫，當他們融入社區密集處理特定議題時，助人網絡應該有利用機會的益處。在與其他社區團體形成聯盟或結盟時，網絡成員發展一種機制，成為與相關議題或機會的整體。團體正常溝通時這些作為是有效的，假如情境需要結合計畫，各自的組織很快結合變成有效的運作單位。促進助人網絡對特定議題回應的另一機制是，任務力量或聚焦在特

定主題的研究團體。研究任務力量可密集研究社區需求與特定領域有關的資源。他們可以獲得深度的知識，創造具體的計畫與其他網絡成員分享研究結果。因爲此項計畫策略組合大多數的優點與小團體的特性，因此它特別有效。

5.開放傳統計畫代理人在助人網絡參與：志工代裡工作者不只是進行傳統計畫代理，他們必須不斷交換資訊與想法。當計畫代理人開放代表不同社區參加時，此項交換證實是有效的。因此成功的計畫不只是需要廣泛社區直接服務機構，而且是分配經費的代理機構，畢竟社區是經費決定下執行實質的優先順序。

6.政府代理人、社會計畫代理人、直接服務代理人和社區團體維持不斷的對話：當社區助人網絡參與者彼此相互依賴，維持不斷交換想法時，計畫是最有效的。因爲人覺得被迫達成任務和自己團體的哲學，這樣的交換有時覺得是充滿挑戰性而不是合作性。因此，計畫者應該嘗試解決有效傳播和有關服務利益的哲學差異。

當不同代理人和機構依此方式共同合作，結果計畫可能有效。經由公開對話，參與者實際分析社區需求和分配資源，網絡善用每一塊錢、資產、人力的效用，結果不再爲稀有資源爭的你死我活。

更進一步，取代雙倍服務，代理與社區成員能夠計畫方案和彼此互補的服務。重要的是，廣泛的計畫過程產生的效能，允許網絡有優先權利和最後獲得爲方案服務的利益。

7.消費者的權利和每一個代理人的獨特性，在計畫過程的每一個階段得到保護：以社區爲本位的計畫允許計畫工作者覺察個人的需要和社區的意志。計畫工作者在單獨作業時難免忽視個人的權利，當建立廣泛聯盟的人進行計畫時，所做的決定較可能代表所有人的利益。進一步的說，代理人也可能保留必須建立在社區的彈性和不拘禮節，如此當社區改變時，其助人網絡也可隨之改變。

最近美國公立學校——社區——家長管理系統的發展與執行，提供建

立聯盟策略一個很好的事例，給予家長和其他社區成員好的說辭，學校如何統整與管理。無論情境和參與者，諮商員需要利用他們的人際關係技能促進建立結盟的過程。諮商員提升過程的效果是依據他們來自不同背景的學校，以及企業社區情境地位的諮詢能力而定。

五、諮詢

在 1960 與 1970 年代，諮商理論開始強調利用諮詢服務的重要（Caplan, 1970; Schein, 1969）。古典諮詢定義來自 Caplan（1970）所說的諮詢意義：

> 兩個專業人彼此互動過程——諮詢者是一位專家，尋求諮詢者的現在工作發生困難，或其他專業能力祈求諮詢者的協助（頁 19）。

依此定義，諮詢的傳統定義基本上是矯治與問題導向的，自此之後，諮詢員的角色已經轉變為主動性、預防性、系統的詮釋。然而協助求詢者主要特殊因素和個體改變當代諮詢觀點，強調幫助他人發展廣泛概念化能力，提升 Kurpius 和 Fuqua（1993a）稱為**典範改變的思想（paradigm shift thinking）**。如下面所述，他們認為：

> 典範是我們如何看待事情，我們選擇什麼，相信所觀察的。內在的參考架構框住我們對實體的觀點。Marilyn Ferguson（1980）提出舊典範改變幫助之後的分離主題，二分法如過去與未來，原因與結果，心靈與身體。新的典範依據 Ferguson 無縫銜接，融入合作參與和其他人際間與人際內關係的連結形式。因此諮詢不只是嵌入、介入，或現存信息處理機的專家，而是連結人的合作與結構助人，強調幫助人更了解典範議題，人性與結構，支持和阻礙成長、發展和要求的改變（Kurpius & Fuqua,

1993b, p. 596）。

諮商員利用諮詢服務協助他人（1）更了解現在社會典範的轉變；（2）學習典範的轉變如何影響人在不同環境的思考與作為；（3）依據二十一世紀持續改變的典範改變，思考新策略促進人類發展。因此，諮商員協助行政人員、政策制定者和方案計畫者，對於組織和學校、企業、社區管理思考更有創意、更為廣泛。

諮詢可以幫助他人思考如何使學校、社區環境更導向滋養人類潛能發展。成功諮詢在此方面的努力，導致其他人指出合作的學校（West & Idol, 1993）、學習組織（Senge, 1990, 1996）與賦能社區是一樣的（Werner & Tyler, 1993）。

與只是專業進行諮詢的想法不同，許多助人網絡發現他們有時像是諮詢者，有時是求詢者，有時協助他們的同事，有時尋求協助，他們所扮演的角色不只是正式角色或專家，他們處理人類行為和發展的實際知識和能力是有關聯的。一般而言，諮詢所做的努力與社區諮商模式一致，包括下列特徵：

1. **求詢者要求協助**：參與諮詢是志願的，當求詢者了解（1）一個實際的問題；（2）一個潛在問題；（3）提升組織福祉賦能的機會，他／她可能要求別人提供協助（Lewis et al., 2001）。

2. **諮詢者不能凌駕求詢者的行為**：諮詢者與求詢者的關係是合作的，如同求詢者選擇是否參與過程，他／她可以選擇是否遵守諮詢者的建議。即使兩者在一起工作，解決即時問題，增加求詢者的技能，求詢者決定行動和執行解決方案（Baker, 2000）。

3. **諮詢過程是教育性**：求詢者可能要求情境立即協助獲得長期計畫，提升組織對成員賦能的能力。如此，諮詢以兩種方法努力改善組織：（1）如何解決問題；（2）了解環境提升集體學習與發展的潛能（Baker, 2000; Senge, 1996）。諮詢員可以協助諮商員學有效處理特殊型態當事人的特殊問題，他們能協助組織檢視變革政策與原則

的益處，在此案例中諮詢員能夠教育和激勵求詢者（Baker, 2000; Lewis et al., 2001）。

4.**諮詢利用整全策略**：有效能的諮詢過程必須處理求詢者的感受、態度和價值。依此方式諮詢關係與諮商關係是相同的，然而目的是不相同。求詢者的人格基本上是處理對專業社區學校或其他組織情境工作的影響，目標是增加求詢者生活上的效能（Borders, 2001; Fukuyama, 2001）。

5.**諮詢著重外在個人團體或組織議題**：諮詢過程的長期益處包括求詢者發展對個人或團體的影響。雖然求詢者可能在參與過程中學習很多，他所學習較著重影響求詢者在環境中其他人的發展與福祉（Baker, 2000; Baker & Gerler, 2001）。

一般而言，諮詢是指諮詢者與求詢者平等的溝通，著重正面影響人與系統的諮詢將可能成為諮詢者（如個案、社區代理人、學校和企業界）。

（一）多元諮詢思維

過去30年，諮商員對諮詢的過程與潛在益處的知識已經增加許多。文獻中的諮詢模式通常缺乏對多元文化的敏感度，Jackson 和 Hayes（1993）首先強烈主張：「諮詢模式在有關種族、民族和多元文化領域是不足的」（頁144）。

隨著美國多元文化、種族意識的增加，諮商員必須察覺到對多元文化的潛在影響，Jackson 和 Hayes（1993, pp.144-145）所提出的議題如下：

1.諮詢與多元文化的統整是必要的，確信種族差異組織成員的需要、目標和達成的任務。

2.諮詢需要意識到個體組織和社區，通常對反映文化差異的問題與議題是有爭議性的。

3.在多元文化情境進行諮詢時，諮詢整體效率將依據他們關心挑戰學校組織和工作職場挑戰個人時，能夠自在討論文化和種族議題而定。

4.不熟悉特殊文化並不妨礙對不同文化求詢者的諮詢，諮詢必須有眞正的意願學習文化動力對諮詢過程的影響，確實，這樣的學習應該優於諮詢評估求詢者的需要與挑戰。

5.雖然諮詢必須了解正式與非正式溝通型態結構的不同，權力動力存在包含不同背景人的組織中。

簡單的說，在文化勝任的諮詢者了解：當求詢者來自不同背景和傳統時他們必須強調文化，他們是與個人、組織或整體社區工作（Pope-Davis, & Coleman, 1997）。

（二）對個人的諮詢

助人網絡本身擁有較多資源，不要只是考慮小團體的專家是有潛力的諮詢者，而是助人專業人員應該了解在較大助人網絡的每一個人彼此分享專業知能。合作交互諮詢與轉爲諮詢者和求詢者是相等的結果，視討論的議題特殊需求和助人專業涉及的專業技術而定。

諮商員例行協助各種服務提供，如學校人事、警察、矯治工作者、家庭服務工作者。然而特殊情境經常發生在他們必須從相同專業者尋求協助，例如：物質濫用者必須充當諮詢協助教育機構和健康照護提供的求詢者。相反的，如果諮商員需要幫助建立教育方案或健康照護提供者，需要當事人特殊需求的資訊，如此個人就不應該考慮諮詢有科層體制。

當助人專業需要他人協助和當他們協助同事時，他們負責了解，更進一步，處理他們諮詢他人的意願，諮商員應該強化任何助人網絡的連結。

諮詢通常包括諮詢雙向的合作以不同服務協助其他助人者（Baker,

2000; Brown, 1993）。在多數案例，諮詢的型態目的在幫助求詢者獲得技術和處理他所面對問題的客觀性。例如：諮詢者應該分享關心當事人的需求，或可能影響特定行為的資訊。

　　諮詢不是在真空時提出解決方案，而是思考如何改善個人、助人者和他們代理人長期的效率，他／她應該（1）幫助求詢者對問題的探索；（2）強調考慮文化、脈絡系統因素；（3）鼓勵求詢者主動尋求變通方案和；（4）與求詢者合作發展解決問題的具體計畫。

　　在專業人類服務機構外存在著一大群潛在求詢者，許多人的工作是置身在與別人有密切的關係中，他們對別人生活掌控某種影響力。諮詢使非正式助人網絡成員有結構服務他人，它也能使他們不需要尋求協助而能掌握許多問題。

　　例如，已經僱用非犯罪者或身體傷殘者的雇主可能過度強調，在組織中受雇者與他人的差異，或沒有察覺到其他議題如隱私的重要性。諮詢可以幫助雇主發現回應的中間路線反映，增加意識與其他受雇者相似的覺察，和理解尊重差異的重要性。

　　同樣的，老師可能遇到學生獨特的學習問題或不尋常的行為，當他意識是針對兒童的態度時，與諮詢者討論老師設計、嘗試，對情境有新的評估方法，諮詢者的支持包涵有效教導教室的兒童與提供他／她特殊教育設施的差異。

　　假如警察獲得有關情境和人際關心有效溝通的心理知識，首先他們通常接觸處危機中的人並有效回應。

　　在這些或其他情境，諮詢者能夠協助社區成員處理他們在情境發生的困難問題，如果擴展諮詢實務，許多問題是可以預防的。

（三）組織的諮詢

　　因為他們的人際關係技巧，諮商員在他們的工作情境充當諮詢者，不只是協助發展個人能力，也能改善組織整體氣氛，透過組織努力發展協助整個系統的計畫性改變。

創造這些改變，諮詢者通常發展協助組織評估其挑戰的過程，計畫有效說明挑戰的方法，並將計畫付諸行動。如此做，諮詢者應該幫助組織（1）充分運用人類資源的益處；（2）支持組織內所有層級人的輸入；（3）強化個人對計畫、執行改變的意願（Beer & Spector, 1993; Ife, 1996）。

協助組織發現認定與面對獨特挑戰的方法，諮詢者能夠運用下列介入的組合：

1. 團體過程介入如團隊建立，實驗室訓練，或關心團體動力的觀察與回饋。
2. 不同文化間──團體之間的過程介入，包括衝突解決策略、團體之間的挑戰、聯合問題解決會議。
3. 訓練方案設計提升人際、不同文化和組織的溝通技術。
4. 研究回饋包括蒐集、分析、宣傳組織評估資料。
5. 發展改變策略行為科學技術的行動研究介入。
6. 倡導建立成員組織結構變革的共識（Lewis et al., 2001）。

（四）社區諮詢

與其他團體合作，諮商員可以充當諮詢者改善整個社區的問題解決，正式團體之間互動層級的諮詢稱之為**社區組織（community organizing）**。Kahn（1991）討論社區組織有三種元素：地區發展、社會計畫和社會行動，區分這三種元素可以幫助諮商員適應社區情境的諮詢過程。

在區域發展即是組織發展，優質的社區能協助利益共同者認定相同的價值、需求、利益與動機。在此，諮詢者服務幫助社區利用策略領導小型問題解決團體，計畫、執行團體之間的會議，培養和不同文化、種族、民族背景在溝通時受到尊重。

一旦了解自助和賦能是社區基本的目標，諮商員專心協助滋養有效

合作關心挑戰社區成員的問題與困境的環境。諮商員在社區或特定部分能夠利用此方法，地區發展的過程導向方法有下列幾點可以遵循：

1. 鼓勵社區各種人自助團體的發展。
2. 建立有效支持系統和社區成員的助人網絡。
3. 建立目前問題和長期議題的創造性解決方案。
4. 提升社區解決問題能力。
5. 第一步準備社區團體社會行動（Lewis et al., 2001）。

其次，諮詢者對社區組織採取**社會計畫取徑（social planning approach）**，了解他們能夠尊重社區內不同文化、種族、民族差異的理性態度，協助解決特殊的問題。依據這種方法，諮詢者經由研究蒐集資料，依據蒐集資料提出實質的建議。當要求諮商員評估社區需求進行實徵研究，或依據社會心理系統提出建議，他們利用這種方法，此內容導向諮詢可證實下列情境適當性的時機：

1. 當社區團體為他們自己建立清晰目標，只需要有技術協助達成目標的時候。
2. 當可辨識的生態系統改變對當事人福祉是很重要的時候。
3. 當研究結果影響未來代理人計畫時。
4. 當贊助計畫過程有權力、資源和需要執行社區變革的投入時（Brueggemann, 1996; Lewis et al., 1991）。

最後，在**社會活動取徑（social action approaches）**，諮商員假設社區內某個團體比他們實際接受到更有權分享可用的資源、權力時。社會行動諮詢者看到他們對社區權力改變為諮詢最後目標時應負責任，諮詢者服務幫助領導者在團體內的發展，幫助計畫、執行社區為本位的社會政治行動策略。

為下列理由諮商員可以利用此種取徑：

1.增加社區對社區成員需要的回應性。

2.提升無法影響環境社區成員的潛能和自我尊重。

3.改善環境影響侵犯人類的健康發展。

4.發展區域領導者（Ife, 1996; Lewis et al., 2001）。

摘　要

　　間接個案服務使環境對特殊個案對象的權力與需求有所回應，通常當事人在身體、情緒、心理特徵和需要特殊服務受到社區汙名化和貶抑，傳統術語成為當事人可能因增加個人依賴與無能感而惡化問題。

　　當諮商員進行個案諮商時是依據社區諮商模式，他們嘗試將問題視為個人整體福祉的一部分，終止當事人的貶抑感，將被排斥的人帶入主流社會，增加被汙名化者的權力，為社會改變的需要而戰，增加社區對被貶抑者的需求與權力的回應。為完成目的，使社區更具回應性，諮商員鼓勵自助和志工努力。

　　在自助組織，處理面對共同議題與問題的人彼此相互支持，有機會尋求和提供服務，每一位成員充當自助助人者是他們有效的關鍵。依據助人治療原則，對個人而言，施比受對他更有益處。

　　自助組織的效能另一關鍵是他們對共同意識型態的堅持，此意識型態的一個範例是十二項步驟與 AA 的十二項傳統。十二項傳統幫助 AA 維持其自助組織的統整性，十二項步驟提供個人復原的指南，自助團體提供補足個體自然支持網絡個體鴻溝的社會支持，因為這些組織是賦能，自助現象轉變成為美國和世界其他地方實質成長的重要運動。

　　雖然許多自助努力著重個體成員控制他們生活的能力，因為成員已經意識到問題的原因，他們發展強烈維護因素，自助與維護之間緊密結合，如 CIL 代理人所執行殘障者權利運動。

　　雖然 CIL 為殘障者提供直接服務，代理機構同事了解獨立生活依賴環境與依賴個人的技能與態度是一樣的。為了這個理由，代理人首先考慮到殘障者的權力，強調社區統整的議題與提供交通與居住。

　　自助和志工團體形成社區提供照護整個網絡的一部分，對有時需要特別幫助的當事人，幾乎所有的社區擁有許多成員、代理人和機構一起建構助人網絡，利用社區諮商模式的諮商員，藉著階級維護社區為本位的計畫和諮詢，試著改善助人網絡的回應。

　　當事人的幸福依賴服務代理人緊密的網絡，優質計畫服務網絡在計劃與執行包含提供服務和消費者。

　　最後分析，在助人網絡成員之間諮詢，是改善網絡效能諮商員最好的手段。諮詢服務有三大目的：幫助個人與組織處理立即的問題，改善未來問題的能力，產生

處理提升組織內生活的新方法，社區諮商架構鼓勵諮商員充當個人組織和社區的諮詢者，利用各種方法使助人網絡回應當事人的需求。

 能力建立活動 6.2

紐約發展策略執行間接個案服務

再次考慮本書上所創造的假設性代理人或方案（見第一章 1.3 能力建立活動），此能力建立活動有意設計鼓勵完成方案的第四面向，此面向包括促進廣泛的間接個案服務（例如個案倡導、自助團體和建立結盟的努力），創造回應當事人需要的廣泛助人網絡。反思本書提供的資訊，利用幾分鐘思考間接個案服務，你可能願意幫助已經注意到的特殊團體或個案對象，創造廣泛的回應性助人網絡。在一張紙上寫下你對下列問題的反應：

1. 你可能創造什麼個案倡導形式，幫助擴展對你個案有用的助人網絡？
2. 你認為特殊團體的助人選項是什麼？
3. 你將支持什麼政治行動策略為你的個案創造廣泛的助人網絡？
4. 你對吸收新成員、訓練、留住願意提供各種支持服務的志工有何建議？
5. 你認為什麼樣的努力建立聯盟，將協助促進助人網絡有效回應個案獨特的需要（當你說明在自己學校或社區努力時，盡可能特別）。

參考文獻

Albee, G. W. (2000). Commentary on prevention and counseling psychology. *The Counseling Psychologist*, *28*, 845-853.

Albee, G. W., Joffe, J. M., & Dusenbury, L. A. (1988). *Prevention, powerlessness, and politics: Reading on social change*. Newbury Park, CA: Sage.

Alcoholics Anonymous. (2001). *AA fact sheet*. Grand Central Station, NY: Author.

Almond, R. (1974). *The healing community: Dynamics of the therapeutic milieu*. New York: Jason Aronson.

Arredondo, P., & Lewis, J. (2001). Counselor roles for the 21st century. In D. C. Locke, J. E. Myers, & E. L. Herr (Eds.), *The handbook of counseling* (pp. 257-267). Thousand Oaks, CA: Sage.

Arredondo, P., & Vazquez, L. (2000). Empowerment strategies from Latino/Latina perspectives. In J. Lewis & L. Bradley (Eds.), *Advocacy in counseling: Counselors, clients, and community* (pp. 45-54). Greensboro, NC: ERIC Counseling and Student Services Clearinghouse.

Atkinson, D. R., Morten, G., & Sue, D. W. (1998). *Counseling American minorities* (5th ed.). Boston: McGraw-Hill.

Baker, S. B. (2000). *School counseling for the 21st century* (3rd ed.). Upper Saddle River, NJ: Merrill/Prentice Hall.

Baker, S. B., & Gerler, E. R., Jr. (2001). Counseling in schools. In D. C. Locke, J. E. Myers, & E. L. Herr (Eds.), *The handbook of counseling* (pp. 289-318). Thousand Oaks, CA: Sage.

Banks, J. A., & McGee Banks, C. A. (Eds.). (1997). *Multicultural education: Issues and perspectives* (3rd ed.). Needham Heights, MA: Allyn and Bacon.

Beer, M, & Spector, B. (1993). Organizational diagnosis: Its role in organizational learning. *Journal of Counseling and Development, 43*, 642-650.

Borders, L. D. (2001). Counseling supervision: A deliberate educational process. In D. C. Locke, J. E. Myers, & E. L. Herr (Eds.), *The handbook of counseling* (pp. 417-432). Thousand Oaks, CA: Sage.

Borkman, T. (1984). Mutual self-help groups: Strengthening the selectively unsupportive personal and community networks of their members. In A. Gartner & E. Riessman (Eds.), *The self-help revolution* (pp. 205-216). New York: Human Sciences Press.

Bristow-Braitman, A. (1995). Addiction recovery: Twelve-step programs and cognitive-behavioral psychology. *Journal of Counseling and Development, 73*, 414-418.

Brown, D. (1988). Empowerment through advocacy. In D. J. Kurpius & D. Brown (Eds.), *Handbook of consultation: An intervention for advocacy and outreach* (pp. 5-17). Alexandria, VA: Association for Counselor Education and Supervision.

Brown, D. (1993). Training consultants: A call to action. *Journal of Counseling and*

Development, 72, 139-143.

Brueggemann, W. G. (1996). The practice of macro social work. Chicago: Nelson-Hall.

Caplan, G. (1970). The theory and practice of mental health consultation. New York: Basic Books.

Center for Independent Living. (N.d.). Brochure. [Available: Center for Independent Living, 2539 Telegraph Avenue, Berkeley, CA 94704]

Chen-Hayes, S. F. (2000). Social justice advocacy with lesbian, bisexual, gay, and transgendered persons. In J. Lewis & L. Bradley (Eds.), Advocacy in counseling: Counselors, clients, and community (pp. 89-98). Greensboro, NC: ERIC Counseling and Student Services Clearinghouse.

Conyne, R. K. (1987). Primary preventive counseling: Empowering people and systems. Muncie, IN: Accelerated Development.

Conyne, R. K. (2000). Prevention in counseling psychology: At long last, has the time come? The Counseling Psychologist, 28, 838-844.

Cull, J. G., & Hardy, R. E. (1974). Volunteerism: An emerging profession. Springfield, IL: Thomas.

D'Andrea, M. (1994, April). Creating a vision for our future: The challenges and promise of the counseling profession. Paper presented at the annual meeting of the American Counseling Association, Minneapolis.

D'Andrea, M., & Daniels, J. (1994). The different faces of racism in higher education. Thought and Action, 10(1), 73-90.

D'Andrea, M., & Daniels, J. (2001). Expanding our thinking about white racism: Facing the challenge of multicultural counseling in the 21st century. In J. G. Ponterotto, J. M. Casas, L. A. Suzuki, & C. M. Alexander (Eds.), Handbook of multicultural counseling (2nd ed, pp. 289-310). Newbury Park, CA: Sage.

D'Andrea, M., & Daniels, J. (In press). Multicultural counseling: Empowerment strategies for a diverse society. Pacific Grove, CA: Brooks/Cole.

D'Andrea, M., Daniels, J., Arredondo, P., Bradford Ivey, M., Ivey, A. E., Locke, D. C., O'Bryant, B., Parham, T, A., & Sue, D. W. (2001). Fostering organizational changes to realize the revolutionary potential of the multicultural movement: An updated case study. In J. G. Ponterotto, J. M. Casas, L. A. Suzuki, & C, M. Alexander (Eds.), Handbook of multicultural counseling (2nd ed., pp. 222-253).

Thousand Oaks, CA: Sage.

Daniels, J., & D'Andrea, M. (1996). MCT theory and ethnocentrism in counseling. In D. W; Sue, A. E. Ivey, & P. B. Pedersen (Eds.), *A theory of multicultural counseling and therapy* (pp. 155-174). Pacific Grove, CA: Brooks/Cole.

Ezell, M. (2001). *Advocacy in human services.* Pacific Grove, CA: Brooks/Cole.

Ferguson, M. (1980). *The aquarian conspiracy.* Los Angeles: Tarcher.

Fukuyama, M. A. (2001). Counseling in colleges and universities. In D. C. Locke, J. E. Myers, & E. L. Herr (Eds.), *The handbook of counseling* (pp. 319-341). Thousand Oaks, CA: Sage.

Gartner, A., & Riessman, F. (Eds.). (1984). Introduction. In A. Gartner & F. Riessman (Eds.), *The self-help revolution* (pp. 17-23). New York: Human Sciences Press.

Goffman, E. (1963). *Stigma: Notes on the management of spoiled identity.* Englewood Cliffs, NJ: Prentice Hall.

Hanna, S. M., & Brown, J. H. (1995). *The practice of family therapy: Key elements across models.* Pacific Grove, CA: Brooks/Cole.

Helms, J. E., & Cook, D. A. (1999). *Using race and culture in counseling and psychotherapy: Theory and process.* Boston: Allyn and Bacon.

Herring, R. D. (1997). *Multicultural counseling in schools: A synergisric approach.* Alexandria, VA: American Counseling Association.

Herring, R. D. (2000). Advocacy for Native American Indian and Alaska Native clients and counselees. In J. Lewis & L. Bradley (Eds.), *Advocacy in counseling: Counselors, clients, and community* (pp. 37-44). Greensboro, NC: ERIC Counseling and Student Services Clearinghouse.

Ife, J. (1996). Community development: Creating community alternatives-Vision, analysis and practice. Melbourne: Longman.

Ivey, A. E. (1995). Psychotherapy as liberation: Toward specific skills and strategies in multicultural counseling and therapy. In J. G. Ponterotto, J. M. Casas, L. A. Suzuki, & C. M. Alexander (Eds.), *Handbook of multicultural counseling* (pp. 53-72). Newbury Park, CA: Sage.

Ivey, A. E., D'Andrea, M., Ivey, M. B., & Simek-Morgan, L. (2002). *Counseling and psychotherapy: A multicultural perspective.* Boston: Allyn and Bacon.

Jackson, D. N., & Hayes, D. H. (1993). Multicultural issues in consultation. *Journal of Counseling and Development, 72*,144-147.

Jones, J. M. (1997). *Prejudice and racism* (2nd ed.). New York: McGraw-Hill.

Kahn, S. (1991). *Organising: A guide for grassroots leaders.* Washington, DC: NASW Press.

Kiselica, M. (Ed.). (1999). *Confronting prejudice and racism during multicultural training.* Alexandria, VA: American Counseling Association.

Kurpius, D. J., &. Fuqua, D. R. (1993a). Fundamental issues in defining consultation. *Journal of Counseling and Development, 71*, 589-600.

Kurpius, D. J., & Fuqua, D. R. (1993b). Introduction to the special issues. *Journal of Counseling and Development, 71*, 595-597.

Le, C., Ingvarson, E. P., & Page, R. C. (1995). Alcoholics Anonymous and the counseling profession: Philosophies in conflict. *Journal of Counseling and Development, 73*(6), 603-608.

Lee, C. C., & Walz, G. R. (Eds.). (1998). *Social action: A mandate for counselors.* Alexandria, VA: American Counseling Association and the ERIC Counseling and Student Services Clearinghouse.

Lewis, J., & Bradley, L. (Eds.). (2000). *Advocacy in counseling; Counselors, clients, and community.* Greensboro, NC: ERIC Counseling and Student Services Clearinghouse.

Lewis, J. A., Lewis, M. D., Packard, T. R., &. Souflee, E. (2001). *Management of human service programs* (3rd ed.). Pacific Grove, CA: Brooks/Cole.

Locke, D. C. (1998). *Increasing muiticultural understanding: A comprehensive model* (2nd ed.). Thousand Oaks, CA: Sage.

Locke, D. C., Myers, J. E., & Herr, E. L. (Eds.). (2001). *The handbook of couneling.* Thousand Oaks, CA: Sage.

McWhirter, E. H. (1994). *Counseling for empowerment.* Alexandria, VA: American Counseling Association.

Mussell, M. P., Binford, R. B., & Fulkerson, J. A. (2000). Summary of risk factors, prevention programming, and prevention research. *The Counseling Psychologist, 28*, 764-797.

Myers, J. E., & Sweeney, T. J. (2001). Specialties in counseling. In D. C. Locke, J. E. Myers, & E. L. Herr (Eds.), *The handbook of counseling* (pp. 43-54). Thousand Oaks, CA: Sage.

Parham, T. A., White, J. L., & Ajamu, A. (1999). *The psychology of blocks* (3rd ed.). Upper Saddle River, NJ: Prentice Hall.

Pope-Davis, D. B., & Coleman, H. K. C. (Eds.). (1997). *Multicultural counseling competencies: Assessment, education and training, and supervision*. Thousand Oaks, CA: Sage.

Ridley, C. R. (1995). *Overcoming unintentional racism in counseling and therapy: A practitioner's guide to intentional intervention*. Thousand Oaks, CA: Sage.

Riessman, F. (1985). New dimensions in self-help. *Social Policy, 15*(3), 2-5.

Rigazio-DiGilio, S. (2002). Family counseling and therapy: Theoretical foundations and issues of practice. In A. E. Ivey, M. D'Andrea, M. B. Ivey, & L. Simek-Morgan (Eds.), *Theories of counseling and psychotherapy* (5th ed., pp. 390-428). Boston: Allyn and Bacon.

Riordan, R. J., & Walsh, L. (1994). Guidelines for professional referral to Alcoholics Anonymous and other twelve step groups. *Journal of Counseling and Development, 72*(4), 351-355.

Rollock, D., & Gordon, E. W. (2000). Racism and mental health into the 21st century: Perspectives and parameters. *American Journal of Orthopsychiatry, 70*, 5-13.

Romano, J. L., & Hage, S. M. (2000). Prevention and counseling psychology. *The Counseling Psychologist, 28*, 733-763.

Schein, E. H. (1969). *Process consultation; Its role in organizational development*. Reading, MA: Addison-Wesley.

Senge, P. M. (1990). *The fifth discipline: The art and practice of the learning organisation*. New York: Doubleday.

Senge, P. M. (1996, February). *The systems thinker: Building shared understanding*. Cambridge, MA: Pegasus Communications.

Skovholt, T. M. (1974). The client as helper: A means to promote psychological growth. *The Counseling Psychologist, 4*, 58-64.

Sprinthall, N. A., Peace, S. D., & Kennington, P. A. D. (2001). Cognitive-developmental stage theories for counseling. In D. C. Locke, J. E. Myers, & E. L. Herr (Eds.), *The handbook of counseling* (pp. 109-129). Thousand Oaks, CA: Sage.

Steele, C. M. (1997). A threat in the air: How stereotypes shape intellectual identity and performance. *American Psychologist, 52*, 613-629.

Stensrud, R., & Stensmd, K. (1981). Counseling may be hazardous to your health: How we teach people to feel powerless. *Personnel and Guidance Journal, 59*, 300-304.

Sue. D. W., Ivey, A. E., & Pedersen, P. B. (Eds.). (1996). *A theory of multicultural counseling and therapy*. Pacific Grove, CA: Brooks/Cole.

Sue, D. W., &. Sue, D. (1999). *Counseling the culturally-different: Theory and practice* (2nd ed.). New York: John Wiley.

Toporek, R. L. (2000). Developing a common language and framework for understanding advocacy in counseling. In J. Lewis & L. Bradley (Eds.), *Advocacy in counseling: Counselors, clients, and community* (pp. 5-14). Greensboro, NC: ERIC Counseling and Student Services Clearinghouse.

U.S. Department of Labor. (2000). *Occupational outlook handbook*. Washington DC: Author.[Available: www-stats.bls.gov/ocos067.htm]

Washington Assembly for Citizens with Disabilities. (1995). *Assembly consensus agenda results*. [Available: Washington Assembly for Citizens with Disabilities, PO. Box 2577, Olympia, WA 98507]

Wemer, J. L., & Tyler, M. (1993). Community-based interventions: A return to community mental health centers' origins. *Journal of Counseling and Development, 43*, 678-683.

West, J. F., & Idol, L. (1993). The counselor as consultant in the collaborative school. *Journal of Counseling and Development, 43*, 678-683.

Wilson, M. (1976). *The effective management of volunteer programs*. Boulder, CO: Volunteer Management Associates.

Winter, M. (1986, Winter). Disabled community: Fifteen years on the move with CIL and independence. Friends of CIL, p. 1. [Available: Center for Independent Living, 2539 Telegraph Avenue, Berkeley, CA 94704]

Wolfensberger, W. (1972). *Normalization*. Toronto: National Institute on Mental Retardation.

Wolfensberger, W., & Zauha, H. (1973). *Citizen advocacy and protective services for the impaired and handicapped*. Toronto: National Institute on Mental Retardation.

Chapter 7

社區諮商模式的應用

社區諮商模式的回顧

　　在前面章節我們說明過社區諮詢架構的四個元素：直接個案服務，直接社區服務，間接個案服務和間接社區服務。藉著工作統整所有介入面向，在二十一世紀中從事精神健康的工作者，較能對各種個案對象，促進多數人的精神健康和個人幸福。

　　這四種樣態可以在任何諮商情境發生效果，不管是在哪家機構或團體，有效的精神健康計畫應該包括：服務個人以及努力改善環境。無論哪種特殊問題，社區諮商架構的主要目的是促進個案精神上的發展以及個人幸福。因此，正如前面所描述，使用社區諮商模式的諮商者專注增進個體個人的能力，並預防失能。

　　當實際工作利用到社區諮商模式，諮商員不僅直接涉入他們的當事人，而且間接促成當事人社會環境的正面影響。在後者的涉入活動中，諮商員扮演維護者、諮商者與社會變革的代理人。現存介入的本質倚賴諮商員工作的背景以及當事人的需要。因為本書所提供的社區諮商架構描繪一個助人的途徑，而不是一個職業頭銜，這些在全國各地——心理健康機構、專業助人組織、中小學和大學、以及企業環境可以發現。

　　為了讓社區諮商模式更具體、更容易了解，我們提過此架構在不同環境的應用。我們曾經選擇僱用不同專門化和訓練背景助人者計畫，即使如此，本章描述的方案，顯現許多工作者統整諮商架構到教育界、企業界以及助人組織中的許多方式，每位從事心理健康的工作者必須找到適合自己情境的最佳適應模式。

心理健康機構

　　社區心理健康機構表明對居住在特定地理範圍的人心理方面的關心，通常稱作**受託區域（catchment areas）**，受託區域地區機構可以發展出相當好的協調服務，而且可以扮演一個有力的角色，協助地區人民矯治有害環境的情況。

　　不管是小機構致力於門診病人的照顧，或者是主要中心提供廣泛的服務，社區心理健康中心和機構可以提供多面向的服務。表7.1直接社區諮商描述一個社區諮商員在此機構執行的一個多面向計畫。

一、直接社區服務

　　提供地區性人類服務機構的直接社區服務是由預防性教育計畫所組成，此計畫設計推行各種生活技能與能力。爲了使這些計畫運作順暢，整個社區必須使用這些計畫，基本上，執行者設計這些直接社區服務以達成：（1）教育有關社區成員精神健康和個人幸福的議題；（2）提供經驗——有關社區成員的個人、社會以及生涯能力；以及（3）幫忙預防

表7.1　在職業發展機構利用社區諮商架構

	社區服務	個案服務
直接	心理健康本質的教育方案 教導有關心理健康和生活技能的預防性教育計畫	諮商和危機介入服務 處理人生過渡期和其他瀕臨高危險情況者的外展計畫
間接	協助地方社區組織為正面環境改變工作 對影響社區心理健康政策採取行動	維護經歷長期心理問題的民眾團體 當事人助人網絡諮商 促成自助計畫 聯繫和其他社區的助人系統

特殊危險族群即將發生嚴重問題。

教導有關心理健康的計畫應該把目標訂在釐清每天生活，促進健康和效能因子。他們應該幫助參與者了解個體、心理健康，和他們環境中的關係。社區機構贊助的精神健康機構計畫可以為一些人消除汙名化，他們往往因為心理問題接受諮詢服務網絡而被貼上汙名化。

一個心理健康機構的教育計畫應該定義機構如何試著貢獻給社區，正如前幾章所強調，社區成員必須參與機構教育計畫的計畫和服務。如此，機構必須積極誘使社區成員投入有關他們的需要、目標和興趣，以及他們參與計畫和提供不斷教育服務的評量。

社區心理健康中心通常處理異質性的多數族群，努力符合他們的心理需求。當這些機構方案協助社區成員更自足處理他們和成員發展技能和覺醒，提升他們的效能，或是幫助他們學習創造和維持健康的環境，在後段敘述中，我們會簡短介紹一些曾經有效推展這些技能的計畫。

（一）訓練計畫

心理健康從事者可以用訓練計畫幫忙多數不同年齡、不同背景的人，培訓許多個人的能力。當人們需要幫助時，這樣的計畫可以使他們及時獲得幫助，並可以預防嚴重傷害，這些計畫也可以提升人們的社區觀念，因為這些計畫，不是特別專業的領域而是每個人的責任，足以促成人們能力的發展和彼此幫助。

Nashville 青年網絡系統（D'Andrea & Daniels, 2000）是一個好例子，它是針對年青人的一個有效、以社區為本位的教育訓練計畫。這個青年網絡系統是為了青少年的賦能而設計，它使用社區裡各式各樣正式和非正式的教育訓練服務，強調開發社區分子個人優點和知識的重要性（因此推動自助原則）。當青少年在他們社會環境，計畫並實行正面影響各種系統（如學校、鄰近青年機構和州立法委員會）的社區服務計畫，他們發現對自我決定是有效、支持（D'Andrea & Daniels, 2000; Daniels & D'Andrea, 1991）。

（二）團體經驗

在社區精神健康中心服務的諮商員可以使用各種團體介入，幫助他們的個案和其他人發展較好的人際關係，這樣的團體注重發展和教育，而不是對已存在問題的矯治。

Sayger（1996）巧妙描述在環境中經歷多種壓力的孩子和家庭使用團體經驗，促成有效的人際間技能的發展。這種預防性的介入著重教育父母和孩子，有關高危險性環境在健康家庭功能上的影響。

像Sayger（1996）提到的，藉著促成整個家庭的活力，教育心理團體提供一個對傳統家庭和危機諮商服務有用的選擇。諮商員使用Sayger的模式促成家庭的賦能，鼓勵他們遵守下列事情：

1.利用教育取徑促成家庭成員之間的新人際能力發展。
2.利用教育團體會議時和家庭成員討論信任和社會支持的議題。
3.注重家人的正面優點。
4.提供機會給家庭成員，在一個安全及支持性的環境，練習他們新發展的人際技能。

當類似概念用在父母離異的年青人（Hage & Nosanow, 2000）以及撫養孫子的祖父母（Vacha-Haase, Ness, Dannison, & Smith, 2000）身上，這些概念被證明是有效的。

（三）技能培養計畫

技能培養計畫提供諮商員另一個取徑直接社區服務，幫助個體學習生活得更有效率，更有能力處理問題。許多社區成員可以透過大團體形式的技能培養計畫，或是透過傳播媒體來達成，技能培養計畫慣例上需要參與者上課，上課可以提供有關生活技能，藉著角色扮演提供機會練習這些新技能的課程。然而，隨著科技進步，諮商員可以利用電腦培養技能計畫，提供民眾在家上線的教育服務。Sampson 和 Bloom（2001）

指出電腦技術不斷進步，推翻心理健康實施者所想的方法，提供二十一世紀多數人能力養成服務。這些理論家討論特別和諮商員有關重要道德上和專業上的議題，這些諮商員對於利用電腦科技幫助人們獲得技能感到興趣，此技能也是令人滿意、健康和豐富生活所必須的。

（四）為了每天生活而教育

直接服務社區計畫的全面效果是依據協助個體發展能力面對每天生活的議題，能力培養計畫通常引導注意這樣的領域——如家庭關係、生涯規劃、壓力管理、做決定策略、時間管理和社區成員認為重要的其他議題。Nelson-Jones（1993）和 Whitworth，House，Sandahl，及 Kinsey-House（1998）提供有幫助的架構，讓心理健康專家可以發現：當計畫預防性教育計畫目標訂在加強個體生活能力會是有用的。

二、直接個案服務

心理健康機構在他們社區所扮演的角色，是提供需要或想要他們生活上積極介入的民眾諮商，這些服務必須容易接近可行，如此，他們就可以提供個案每天的問題或發展性挑戰。

當心理健康工作者使用本書所描述的社區諮商架構，幫助正為問題所困擾的個體，他們努力辨認建立個案的優點，極力避免住院治療的需要。然而，如果個案的問題困擾他們的自足性，或需要更強烈的治療，諮商員必須提供更新的服務，配合個案自己的目標需要。

社區諮商員有責任幫助前述住院病人的生活，讓他們能在主流社會有效的工作。因此，提供給當事人的直接個案服務應該包括下列幾項：

1.幫助個案處理困擾他們成長和福祉的環境情況。

2.提供個體、團體和家庭諮商所需要的服務。

3.促進個案參加自助組織。

4.介入策略：幫助個案獲得促成他們整合融入大社區的生活技能。

社區心理健康環境諮商員可以了解和處理置身危險的心理問題情境的個人，過去三十年來，美國的心理健康中心為喚醒危機中的人，已經發展執行各種延伸的計畫，這種情況像是失去家庭成員、婚姻瓦解、財務問題和健康顧慮（Locke, Myers, & Herr, 2001），此計畫常常成功提供暫時性協助和支持，致使個體更有效處理他們的問題。

技能建立團體（直接社區服務），和傳統諮商方法結合在共同促進置身危險中的成年人發展，其中一個很好的例子是座落在芝加哥稱之為Thresholds的計畫。

Thresholds成立於1959年，是伊利諾州一個最老、最大的心理康復諮商機構，它的目標是在「提供機會給有心理疾病的人，過著有尊嚴的獨立生活」（Thresholds North, 2001, p. 2）。當諮商員對經歷過嚴重心理健康問題，並處於即將進住精神病院危險的人，提供傳統的諮詢服務，Thresholds會擴大對諮商員的影響力。當個案努力獲取他們更有效地生活的知識與技能，Thresholds的諮商員為了擴大他們的影響力，他們提供很多機會給個案，在團體環境裡一起工作。因此，除了與他們的個案在一對一的環境裡工作，Thresholds的諮商員提供設計幫助個體發展新技術和能力的教育心理團體，使他們賦能並促進他們的福祉，這些團體包括以下幾項：

1.**職業復健團體**：這些團體提供職前教育，持續不斷的職業訓練與評價，生涯諮商服務，藉著與內部員工一起工作，輔助職業尋找和改變，職業支持服務，特定訓練協助個案能獲得各種職業技能。
2.**教育團體**：這些團體提供機會給個案，在評估個案目前的閱讀與數學能力後，他們會獲得協助，基本的教育服務，有機會獲得普通資格學位（General Equivalency Degree, GED）與在計畫中獲得大學準備訓練和支持，稱作「社區學者計畫」。
3.**獨立生活團體**：這些團體包括所謂的「每天生活的活動」（activi-

ties of daily living, ADL）訓練，這種訓練是有意針對團體家庭環境中的個案，當他們在環境生活有責任彼此合作，協助他們獲得經驗、技能提升個人幸福感。

4. **身體健康和福利團體**：這些團體提供重大範圍議題的教育服務，包括預防物質濫用、營養、維持健康、個人衛生，也有針對為了賦能健康生活、身體運動的重要性團體討論。

Thresholds計畫全面性的成功曾被機構主任委員會報告出來，他們說：

> 在2000，我們至今已經幫助超過5,700位慢性及嚴重精神疾病的人，這些人數已經足夠國內各地組成一個小鎮。在所有人之中，有2,555位接受超過一整年的密集服務，下列敘述令人印象深刻：我們團體32%的成員，有811位男士和女士，不僅是因為Thresholds的介入而學會處理他們的精神疾病，而且因為我們的職業團體，重新加入工作主力中。對許多人來說，這是他們多年以來的第一份工作，這是他們走入一份他們覺得有歸屬感及被尊重感的工作。
>
> 重要住在Thresholds區域的人數有675，在來到Thresholds之前，這些人不是與家庭成員同住、住在護理之家、住在他們自己的房子卻有被驅除的危險、或是無家可歸，現在他們有一個真正屬於自己的地方（Friedman, 2001, p. 1）。

三、間接社區服務

由於心理健康機構的諮商員和他們工作的社區關係密切，他們置身適當立場確認特定社區的優勢和資源，了解影響健康人類發展的環境因素。

當心理健康中心或機構是社區的一部分，員工會協助居民組織支持社區的目標。在此，機構可以協調心理健康專家和其他社區成員共同遵守下列工作：

1. 計畫最足以符合社區成員自己界定需要的服務。
2. 提出策略對抗社區內政治、社會和經濟的負面力量，確定地方組織和機構負責社區的力量，開放給公民參與，確定企業、教育和健康照護的部門中所作的決定。
3. 有所作為滿足社區成員立即的需要，尤其是教育、住宿、衛生、交通、工作和醫療照顧方面。

雖然心理健康工作者可以執行支持和鼓勵間接社區服務活動，倡導者的長期成功最終是依賴地方公民的領導。進一步說，心理健康專業工作者的服務表現可以帶來社區和精神健康體系的改變。因此，當心理健康機構使間接社區服務具體化時，諮商員發現通常他們自己為了提倡一般心理健康服務的消費而行動，並且為教育和生涯機會的法制化以取代監禁病患，機構的變通方案，為承認尊重人類尊嚴公眾和組織的政策發展（Lewis & Bradley, 2000）。

四、間接個案服務

綜合性心理健康中心工作的諮商員也必須在好位置支持社區內全人類服務網絡的聯繫，處理地方居民精神健康的需要及治療當事人，促使與大範圍其他社區機構、健康照護提供者和教育專家有規律不斷地接觸。

為了達到心理健康，當事人必須滿足實際的需求，在心理健康機構的諮商員，和當事人與其他需求的服務之間提供重要聯繫，諮商員置身於第一線接觸與協調，確保在社區裡服務的困惑和當事人可以利用設施。

因爲個人的心理健康大部分依賴與其他人的互動，諮商員與個人的家庭成員互動，與任何其他可能對促成當事人問題或解決方案中部分的人工作。因爲如此，專業工作者不只是維護，最後，心理健康專家可能如諮商員一樣行動，協助助人網絡中的成員學習到更多與他們接觸的人有效的工作。

生涯發展機構

許多機構幫助當事人度過轉換工作、轉換職業或生涯發展，當他們的當事人發現工作是適合他們的能力、興趣和目標時，這些方案即成功（Bradley & Cox, 2001）。

但是當個人只適合新工作或爲接受新工作訓練時，這些機構常常超出他們傳統的形象。從這本書描述的社區諮商理論的觀點來看，有效的生涯發展機構強調下列幾項：

1. 協助個人思考生涯目標和策略並有所行動。
2. 協助當事人發展他們所需要的技能，成功進入工作世界。
3. 和雇主工作，增加工作機會並支持他們的當事人。
4. 爲他們的當事人和社區極力引導時間和精力，影響生涯發展機會的政策。

諮商員在機構裡所作的工作強調生涯發展過程是多面向的，表7.2表示生涯發展及職能復健機構的社區諮商適應。

一、直接社區服務

注重幫助當事人做好生涯決定，應該提供發展性計畫，允許個人探索其價值觀、目標和職業選擇。團體工作坊可以提供很多訓練，否則必

表7.2	在生涯發展機構中利用社區諮商架構	
	社區服務	個案服務
直接	生涯計畫和工作相關技能的工作坊和教育計畫	諮商、評估和替代服務 提供特別需求的工作者方案
間接	支持努力促成工作安全和人性化工作職場 反對歧視的僱用慣例行動	和雇主諮商 與當事人其他服務的聯繫 維護工作者特殊的需求

須進行一對一的諮商。假如所有的參與都開放給有興趣的社區成員參加,不管他們現在的工作地位,這樣的工作坊可以協助預防工作危機,增加社區的福祉。透過有組織的工作坊,個人檢視他們現在的工作情形和生活型態,探索他們的價值觀和目標,而且發展解決問題及做決定的技能。

　對現有美國快速文化的多樣化及增加的非白種人,即每年需要職能發展服務的非歐洲背景的人,諮商員必須發展覺察他們的獨特需求和觀點的工作坊。Kim、Gaughen和Salvador(1995)報導一個對文化敏感的生涯發展計畫的好例子,這些研究員過去五年提供來自日本人、中國人、菲律賓人、夏威夷人和薩蒙雅人背景一天的生涯發展的效能測試,並說明重大變化對參加者層次上的職業自我效能的影響。

二、直接個案服務

　當然,諮商員必須把最高優先次序擺在人們需要的訓練、受僱和更新的直接需要上面,為有效達成目標,生涯發展機構工作的諮商員將會常常利用個人諮詢幫助當事人評估他們的興趣和能力,考慮他們的選擇和為了未來計畫策略。

　除了提供直接服務滿足這些需求之外,回應社會上失業個人和團體的心理衝擊負責是很重要的。Herr和Cramer(1996)曾討論,在不健康

和壓力大的環境中，不管是失業或就業，有許多負面方式影響一個人心理健康和個人福祉，許多研究者曾報告經濟改變和醫院任務對情緒混亂有長期的相關性（Brenner, 1973; Bureggemann, 1996）。

個人發現，當他們認爲廣泛經濟趨勢是他們問題的理由，突然的失業是最有壓力的，有30年以上著作有關議題的Brenner（1973）解釋：

> 當個體感覺到他或她自己是在經濟不利者，或經濟低劣者，他或她可能看少數經濟損失如同個人的失敗，個人則歸納自己是無能的（頁236）。

當經濟下滑影響一個社區，在生涯發展機構工作的諮商員可以幫忙預防影響對心理的傷害。雖然Monahan和Vaux在二十年前提出社會壓力因素心理衝擊影響的分析，包括不可預期的經濟下滑，它和今天和以前的諮商員工作有關，如兩位研究者的結論：

> 當社會壓力來源不可預防，心理健康專家的角色就在於減少社會壓力的負面影響。監督地區的經濟改變應該…允許基本預防計畫的發展…這些計畫針對大眾準備處理經濟下滑的心理問題。一些技術面如預先的指導…可以被用來說服哪些可能失業、情況不是他們所造成的…他們不該看待自己、或被親朋好友視爲一個失敗者（頁22-23）。

假如諮商員能結合他人的服務，提出失業前預防可能發生問題，與個案直接服務是最有效的。

三、間接社區服務

工作職場影響每個職業和生涯發展機構實際或潛在的當事人，因此，在這些機構工作的諮商員願意使工作世界對全部社區成員的需要有所回應。

在此考量下，生涯發展機構應該要注意社區內企業的僱用、訓練和晉升的執行，反對僱用工作的性別歧視者、年齡歧視者、能力歧視者、異性戀歧視者和種族主義者，是提升工作環境一個明顯且必須的部分。一個實際利用社區諮商架構的諮商員對不公正的職業常規有所警惕，並利用間接社區諮商進行諮商，包括維護減少文化偏見的篩選測試，或無關工作潛能的測試，還有導致違法者、精神病患、或僱用過程中晉用殘障者其他形式的偏見。

諮商員必須擴展他的覺知，不僅在僱用的過程，而且注意一旦個體開始工作他們會發生什麼。雖然諮商員自己可能沒有力量改變大公司或階層體制的工作環境，但他們可以給予團體積極的支持，增進工作安全，擴大工作者做出會影響他們決定的角色，使工作環境變得更好。

四、間接個案服務

社區諮商員可能表現像對一般工作者或特別維護個人的當事人，在注重生涯發展議題的機構，倡導個案是最需要的，就像是僱用歧視或其他不公平的工作慣例。

在任何的情境，諮商員必須注重當事人是一個完整的人，個體和環境的互動，一個人不應該把生涯發展和人類發展分開，或是把一個人的工作和其他生活分開。在工作情境中，諮商員注意到特別足以影響他們職業選擇和工作成功的個案直接環境。

利用社區諮商模式的諮商員常常幫助當事人處理不直接影響工作，但卻影響他們生涯發展的事情。在許多例子中，職業諮商員可能表現得像諮商者，幫助其他人服務當事人更有效率。與一般情形一樣，他或她與雇主、行政官員或其他的決策執行者諮商，幫助他們更了解影響當事人工作發展中社會、心理或物質上的因素。

這些技術在實際使用的一個好例子反映在前述諮商員的 Thresholds 方案工作，在 Thresholds 的諮商員除了工作支持曾經歷心理疾病的人心理上

的發展，他們注意協助其他高危險群的團體，在他們生活中了解更多個人福祉的感受及心理健康。這包括提供許多直接諮詢，和對聾子、無家可歸的個體和物質濫用的人教育服務。雖然在 Thresholds 的諮商員提供一對一和團體諮詢服務，支持這些人的心理發展和個人福祉，也做為當事人的維護者。這涉及和家庭成員、富有的雇主和公職官員諮商，幫忙更了解（1）影響他們當事人工作發展社會、心理和物質的因素及（2）他們可以幫助當事人更了解心理健康和個人福祉（Dincin, 1995; Thresholds North, 2001）。

特殊化的機構和計畫

一個**特殊機構（specialized agency）**處理一個特別的人口或重要的事，這樣的機構可能會專注在一個特別團體成員——例如女人、青少年、男同性戀和女同性戀、或者老年人——或專注在一個特別的問題——如物質濫用或家庭暴力。這樣的機構承認他們個別當事人可能需要許多的直接服務，然而，基本上，這些機構處理最直接影響他們服務對象環境的哪些方面。表7.3顯示幾種一個特別機構會執行的服務。

一、直接社區服務

在特別的機構，直接社區服務常常採用課程的形式，或提供特定族群認為重要的知識和技能的工作坊。例如，婦女中心區常提供有關婦女健康、自我肯定訓練、自我保護、職能發展的課程。老年人機構可能包括有關健康照護、退休規劃、社會安全和其他福利、第二種職業的教育服務。最後，年青人機構典型提供有關藥物和酒精的使用、性行為、做決定和生活計畫的課程。所有的機構應該和他們服務的人群維持緊密的關係，使他們積極排定優先次序或教育計畫和其他服務。

表7.3	在特殊機構和方案中使用社區諮商架構	
	社區服務	個案服務
直接	提供大部分社區預防性的教育方案 提供服務對象訓練和技能建立方案	盡可能利用志工和同儕諮商員 當事人特別需求的外展服務 專注在獨立生活的復健服務
間接	努力改變影響目標問題或法律、經濟和 政治政策影響的標的問題或對象 辨認影響標的問題盛行率和嚴重性的社 會環境	維護服務對象 和關心這些特別需要的助人者和被 服務的人群諮詢 和其他助人網絡機構和個體的聯繫 和自助團體有聯繫

　　在一些特殊機構，諮商員處理關注特別領域的日常生活事項，提供他們對事情相關議題有特別的敏感度。如果他們被特殊殘障影響個體工作，例如，他們覺知到殘障的影響和他們當事人的優點。藉著學習當事人和社區其他人如何相似，諮商員可以正確安置問題或殘障。進一步說，藉著提供大部分社區預防性的教育方案，他們可以協助預防影響他們機構處境及增加民眾覺知的問題。

　　例如，協助濫用藥物和酒精專業工作者，常常提供大部分社區教育性計畫，提供演講和討論給所有層級的學生、家長、團體、城市和教會有關組織。假如他們可以避免可怕的策略，匡正錯誤資訊，基於個人價值觀處理藥物或酒精的使用時所做決定，呈現正確的、最新的資訊，社區成員參與計畫預防性策略，減低依賴物質的個體刻板印象，這些計畫在社區內扮演重要的角色。

　　當諮商員提供身體或精神受到挑戰的個體資訊時，打破刻板印象也是很重要。教育方案應該幫助參與者，了解被挑戰者和其他公民相同的需要、欲求和權利。這樣的方案通常處理受到特別殘障因素，身體上和精神上挑戰者的特殊需要，但是他們應該強調負責整合社區所有成員回到主流社會。進一步說，他們可以通知大眾，這些方案可以擴展準備奉獻時間和精力的義工，建立社區內有效的橋樑。

二、直接個案服務

服務特殊族群的機構常常為了幫助在危機中的人發展一個機制，一部分是因為這樣的人常常一開始轉向和社區有緊密關係的助人機構。另外，這樣的機構獨特地察覺到──而且通常做了較好的準備──盡可能服務瀕臨危機的人群。因此，許多年青人機構提供短期住宿和協助私奔者。婦女中心發展危機干預服務給曾被強暴或受虐婦女，許多服務男同志和女同志的諮詢中心發展愛滋病資訊熱線。

因為諮商員了解當事人對瀕臨弱勢族群處境的型態，他們在特殊的機構可以提供即時的和適當的外展服務。持續不斷的諮商必須是十分可行的，加上同儕諮商無論何時提供意圖設計為我們社會特殊團體服務。

處理特別問題或殘障的特殊機構也提供服務協助個體自足，從本書描述的社區諮商理論得知，有效的復健涉及到整個人──在許多例子裡是整個家庭──和直接環境或微觀系統（見第五章），此多面向的方法包括以下十項：

1.個人或職業的個人諮商。
2.包括人際間、支持和技術建立組成的團體諮商。
3.家庭諮商。
4.定位適當財務的資源和利益。
5.幫助個案發現方法符合他們身體的需要。
6.提供設備（像是聽力輔助）使個案保持財務和個人的自我依賴。
7.協助當事人計畫和實行新的訓練或教育的計畫。
8.安置訓練計畫或工作上人員。
9.輔助發展必須的支持系統。
10.輔助發現休閒的方法和正面的社會互動。

當然，在選擇服務時，復健諮商員應該配合當事人的需要、興趣和

目標。

　　一個特殊機構的重點將影響諮商員設計的計畫種類，例如處理物質濫用的機構將投入特別的注意力訓練個體如何預防舊病復發。服務身體殘障者的機構將專注協助他們維持最好的可能活動和獨立。相反的，協助發展殘障者的機構可能強調正常化和個人照護。這些服務和他們回覆的問題是同樣多樣化，所有特別且使用社區諮商服務計畫的共同點，就是他們企圖處理個人，協助他們能夠發揮優點，盡可能全然獨立生活。

三、間接社區服務

　　藉著支持社會政策的改變，努力創造較好的環境，是特殊機構諮商員工作的社區核心。經過這樣的努力，諮商員說明影響機構當事人的所有環境因素。例如，青年機構可能注重學校的政策或在地方社區提供年青族群的職業和休閒機會。婦女中心對抗差別待遇的專業工作者，支持女性的權利、無須政府干預做個人的選擇，和年長者一起工作的諮商員可能採取立場幫忙解決緊急的經濟和健康照護問題。

　　經過這些行動，他們對直接、地區的議題和社區需要時，特殊機構的諮商員在社會可以盡全力改變扮演一個重要的部分。進一步說，特別機構可以促使地方團結起來，學習組織和開始主動尋找他們在社會環境面對的一般問題方案。

四、間接個案服務

　　諮商員應該了解他們是維護者，不僅在工作團體，在個別當事人也是一樣。當個人知道他們的權利而且可以維護，那麼公共策略可能會造成差異，假如，在工作上使用社區諮商模式，代表當事人的諮商員可以覺知當事人的權利，鼓勵面對不平等，在此件事的同時，為了幫助個案接觸最合適的機構及滿足他們的需要，他們必須與其他機構維持緊密連

結。

因為處理人類特殊機構的諮商員需要發展特定的專業，他們常常對其他助人者表現的像諮商員。藉著分享他們特別問題的知識及服務獨特族群的需要，他們幫助人類服務網絡回應當事人的需要。

當事人為自主權奮鬥的主要因素牽涉到專業助人者的獨立，因此，諮商員鼓勵允許個體藉著幫助他人，與成功、有生產性人群發展人際關係，而獲得支持。

因此，以社區諮商的觀點而言，特別化機構應該盡力提升當事人的優點和資源，他們應該使環境更能維護當事人的心理健康和個人福祉。Thornton 小鎮區域行動計畫方案（TTRAPP）表現一個良好的特別計畫案例，藉著利用社區諮商架構中不同的組成元素，表示出瀕臨危險中年青人的需要。TTRAPP 組織於 1911 年成立，對關於伊利諾 South Holland 中的年輕幫派、藥物濫用和年輕暴力的成長問題做出回應，目前它和個體及系統一起工作，是一個充滿生氣、團結和社區的聯盟，為了促進協助確保健康的社區環境給所有年青年和他們的家人，其目的是為了減少會支持異化、違法行為和幫派發展的情況。為此事，在 TTRAPP 的諮商員，盡其努力達成下列三個基本目標：

1. 和社區領導者一起工作，提供給異化、違法行為和年輕暴力的因素。
2. 執行預防干預策略，提供給年青年、幫派招募人員、販賣毒品者和其他促進年青人暴力之間的一個緩衝劑。
3. 創造一個安全、健康的環境概念，並執行協助我們了解及維持此概念的策略（TTRAPP, 2001, p. 1）。

除了和社區領導者諮商有關創造一個有利於健康發展和住在此地的年青人活力化（間接個案服務）環境方法，提供年青人與其父母各種教育心理團體，幫助防範問題發生（直接社區服務），TTRAPP 諮商員了解需要服務目前經歷個人危機的個體，為了配合需要，TTRAPP 發展一個

危機反映團體（直接個案服務）。

危機反映團體（CRT）是指包含一個專業訓練的危機干預專家的團體，他們回應那些直接或間接涉及社區暴力、創傷和災害的年青人的情感需要。包括提供在學校發生暴力行為而有情感苦惱的年青人危機諮商服務，或在他們家有愛滋病問題等困擾難以處理，或因為朋友或家庭成員自殺而感到心理苦惱，因為某個親密夥伴經歷意外死亡或嚴重受傷而在危機中，或因為目睹家庭暴力而在心理上和行為上有了問題（Thornton 小鎮青年委員會危機反映團體，2001）。

商業與工業

提供雇員在工作職場的諮商方案，隨著快速增加計畫的諮商者數量變得越來越普遍，商業場景的諮商計畫通常被稱做**雇員輔助方案**（**employee assistance programs, EAPs**），傳統上是注重幫助有麻煩的工作者回到他們生產力之前的水準。事實上，股份公司提供資金給 EAPs 主要是因為這些方案在雇員表現有其正面影響（Lewis, Lewis, Packard & Souflee, 2001）。

在過去，EAPs 強調治療勝於預防。正如 Hollmann（1981）解釋的，

EAPs 是治療導向，藉著強調提及專業輔助，EAP 注重設計為了讓員工的表現能回到一個可被接受的層次活動。確定改善員工的表現沒有任何問題時，此取徑不再倡導活動減少或減低問題的原因。員工的「問題」（例如：壓力、婚姻、家庭、藥物濫用）可能實際上是一個真的問題或許多問題的組合徵兆，例如一個無聊的工作、不適合的安置點…不足或太多的工作責任、太多的壓力達到結果、或缺乏優越表現的認知（頁 213-214）。

如果服務提供者願意專注提升雇員的處理問題技巧、與減少工作環

境的壓力因子，他們可以增進EAPs的效能。表7.4描述一個多面向方法給雇員輔助的計畫。

表7.4　在工、商企業中利用社區諮商架構

	社區服務	個案服務
直接	壓力管理計畫和個別員工推薦 健康促進方案 生活技能訓練	評估、短期諮商，給在過渡期雇員的外展方案
間接	努力減少工作地方的壓力因子 努力增進組織氣候	諮詢和督導的訓練 和地方助人網絡連結 促進雇員參與自助方案

一、直接社區服務

社區教育模式的方案是適合工、商企業情境，此方案特別注重壓力管理。在提供此方案，諮商員可以協助雇員學習多樣減低壓力的技巧，如生物反饋療法、肌肉放鬆和冥想。然而，個人在工作情境介紹工作坊、研討會和自我教育方案，使這樣的方案讓不參加的人容易獲得。例如，溝通技巧、子女的教育、酒精和毒品的資訊、時間管理、建立自信心訓練、和爲退休做準備的工作坊可以在午餐時間或其他時間舉辦（美國健康和人類服務部門, 2000）。

雇員協助方案公司成爲雇員健康和福址的一部分，公司增加將提供員工健康看護服務認爲是他們的責任（Bukowski & Evans, 1998; Van Wart, 1998）。當公司壓力預防和治療及復健同樣重要時，EAPs包括瘦身計畫和其他健康促進協助公司裡的每一個人（Condrey, 1998; 美國健康和人類服務部門, 2000）。

二、直接個案服務

　　諮商服務成為公司協助雇員的一個重要部分，一般而言，在工作場所提供的諮商只限於問題解決、做決定，或處理情境壓力的短期輔助。如果雇員需要更多協助，它會求助於社區機構取得更多密集幫助，在此方法下，EAPs 可以當作一個方法從例行人員的重要議題中解決雇員的問題。

　　在諮商中，受雇者可能著重在酒精或藥物濫用、家庭衝突、法律或財務危機、壓力，或人際之間的難題。在工作地點提供的輔助可以特別及時的，當諮商在工作地點是機密性的，許多受雇者選擇免費、容易獲得的服務，是由他們雇主所提供，而不尋求服務嚴重心理問題機構的幫助（Bukowski & Evans, 1998）。

　　對組織因素敏感的諮商員可以伸手協助受雇者面對工作轉換的危機，加入一個新公司、晉升、搬家、退休、在組職結構改變位置或縮減開支，都可以造成危機。在任何的轉捩點，受雇者可能需要發揮控制和對他們自己負責的幫助，他們也需要強化支持系統。

　　當然，轉捩點的本質和受雇者的特性必須要求直接個案服務的型態，例如，當提供服務給一個多樣工作環境的人時，員工心理成熟和種族本身發展的層次是特別重要考慮的因素。然而，一般而言，有效率的外展諮商策略需要做到以下幾點：

　　1.顯現組織的承諾協助轉換。
　　2.利用所有可用的資源包括同儕、諮商員和成功因應的模式。
　　3.使用任何可獲得的支持來源，幫助他們自己或其他人。
　　4.提供有關新角色或他們將在轉換面臨情境的資訊。
　　5.協助受雇者自我評估、目標設定和策略的形成。

三、間接社區服務

一個公司的組織可能自己形成壓力因子，包括角色衝突、角色模糊、工作超載、對其他人活動的責任、生涯發展的問題、和限制或阻礙工作表現的物質的因素。特別重要的是在工作場合中可獲得社會支持的程度，可以緩衝即使是最嚴重工作的有關壓力因子。然而，如果社會支持能有效減低壓力、預防健康問題，和增加工作者的能力，適應於工作上無法減低壓力，每個工作者必須能夠從與他們一起的工作的長官、下屬、同僚或同事獲得支持。

對在商業場景使用社區諮商模式的諮商員來說，使工作環境較少壓力對雇員的健康比較有益。他們承認受雇者輔助計畫對組織有重要的影響，增強社會支持系統及減少環境壓力因子。因為這些諮商員每天看到壓力受害者，在商業和工業場景工作時，他們第一個看到問題（Van Wart, 1998）。再者，他們擁有各種人類關係技巧，帶來工作環境正面的改變。

努力改變組織表達問題的方式有各種形式出現，這包括介入團體過程、發展解決衝突的策略、執行訓練計畫、聚集並分享有關工作環境診斷資料、及建議組織結構面改變，所有這些活動應該被視為商業和工業場景有效諮商員角色的一部分。

四、間接個案服務

在工作場所的諮商計畫可以提供紀律評量的變通方案，但是唯有督導知道如何運用它。因為如此，幾乎是EAP的諮商員提供管理者和監督者訓練，教導他們如何辨認最初的雇員問題，促進溝通直接面對議題，做適合的推薦，有效的督導訓練計畫使組織對個人或工作有關問題的雇員需要更有責任。

社區諮商員聯繫有困擾的雇員和地方輔助網絡，當個體需要社會、心裡、醫藥或其他服務，諮商員確認接觸適合的服務系統，有需要時，表現像他們個人維護者（Lewis & Bradley, 2000）

當諮商員知道地方社區中可以獲得輔助的選項，他們變聯繫的更有效率，他們應該把輔助選項放在一個高優先次序，盡量減少當事人生活中擾亂，及提供最好的選項協助他們自己，Lewis 和 Lewis（1986）對下列相關指導方針有一些建議：

1.定位並使用社區裡可獲得的自助選項。

2.發展地方資源的個人知識。

3.發展為評估地方服務的方法。

4.提供客觀改變給當事人有關他或她近期會面臨到的獨特挑戰。

5.提供當事人和協助系統之間的持續聯繫（頁82-85）。

諮商員熟悉影響雇員和公司的議題，和在地方社區可以獲得資源能夠提供確定不是反對，而是支持系統中有困擾的雇員的諮詢。

教育場景

我們已經定義**社區（community）**是一個互相依賴的人們、團體和組織的系統，達到個人基本需要，影響個人每天生活，表現如同一個界於個體和較大社會之間的中間媒介。心中有此定義，一個人可以視中小學校和大學的功能如社區。因此，當它影響在此工作和唸書的人，諮商員有責任處理學校環境。因為雖然學校屬於一個較大的社區，諮商員必須處理在較廣社會環境的人，例如學生家長、法律執行官員、健康照護專家、商業區的成員和選出的官員。接著，在這些場景使用社區諮商架構，諮商員承認學校本身和學校鄰近地區或特區是兩個分開但彼此相關的社區。

在教育場景中，也許有更多諮商員可以創造促進人類成長及發展，而不是專注在矯正方案。學校社區本身提供諮商員最好團隊合作和成長的情境。為此，諮商員試著提供有活力、滋養的方案，支持學生學習和發展。當在學校使用社區諮商模式時，諮商員努力創造和執行以下的服務：

1. 提供給學生和社區成員發展學習經驗的直接社區服務。
2. 提供給學生或其他社區成員特別經驗的直接個案服務，如個人和團體諮商。
3. 學校內增進學習環境為目標的間接社區服務。
4. 有意使學校和社區兩者更滿足個別學生的需要、尤其回應有關功能障礙危險的間接個案服務。

一個人可以改造社區諮商架構的四個面向，符合小學和中學學校的特別需要，以及更高教育學府的需要。

一、小學和中等學校

小學和中等學校接觸所有公民的生活，免費、強制的公眾教育意謂在美國多數的個體曾經在他們的人生中經驗學校生活，此意謂學校在社區中扮演中心角色。

此角色提供學校諮商者機會影響他們的工作場所，它也表示面對多樣人類的需求挑戰的多樣的方式。諮商員可以藉著採取多面向學校諮商任務的途徑，開始面對挑戰。表7.5顯示這樣的途徑可能會採取的這種計畫。

二、直接社區服務

直接社區服務傾向提供機會給大範圍的個體成長和學習，而不限於

表7.5	在中小學使用社區諮商架構	
	社區服務	個案服務
直接	給學生的教育方案，議題如生涯發展、人際技巧、價值觀釐清、問題解決、健康和家庭議題 社區和親子教育	個人和團體諮商 同儕諮商 高危險處境孩子的外展服務
間接	影響孩子和年青人的社區政策活動 努力改善學校的學習環境	和學校人員及社區輔助網絡的成員諮商 和社區機構連結 孩子維護

需要特別諮商服務的人。諮商員可以使用學校人類和物質獨特的組合，符合學生和社區成員的教育需要。

為了了解他們的潛能促進發展，在許多案例中，諮商員需要再評估界定他們的專業角色。為此需要超越個人與準行政服務，如監控學生午餐、上學，各種出席的方式，缺曠課；督導學生學習，及所有影響學生的因素（Baker, 2000）。教育情境的新角色包括：（1）領導學生，創造教育方案；（2）回應各種心理與生活技能訓練的需求；（3）特別注意創造可能影響學生生活的成年人，如家長、社區工作者的學習機會。

在中小學使用社區諮商架構的諮商員努力發現促進心理上的發展和全部學生福祉的方法。很顯然地，學生有機會求學發展個人及學術。因此，以正確方式對待年青人的學校，提供允許他們學習有關自己與和別人關係的課程。

在某些案例中，諮商員可能創造和執行讓任何希望參加的學生都可以接近的特別方案。更常見的是，努力促進個人覺知與發展生活技能已經整合到一般課程中。為了影響更多學生，諮商員利用幾個策略幫助促進此整合的心理健康課程，包括下列幾項：

1.走進教室教導學生和對老師示範人際技巧，這包括教導學生做決

定、解決問題、衝突解決技巧，老師有效教室管理技巧和團體過程技巧（Baker, 2000; Gerler, Ciechalski, & Parker, 1990）。

2. 協助老師選擇適合的資料，計畫和執行以教室為本位的新方案，和促進學生心理發展的活動（Barell, 1991）。

3. 協助老師整合新科目領域到課程中（Paisley & Hubbard, 1994）。

4. 使用來自社區的資源，增加學校教育和健康促進方案（Aunt Martha's Fact Sheet, 2001; Barth, 1990）。

5. 依照學生團體的需要、興趣和目標，協助他們發展教育方案（Baker, 2000）

6. 鼓勵多元文化教育和執行方案（D'Andrea & Daniels, 1995; Salzman & D'Andrea, 2001）。

這些策略介紹學生認識以前在許多學校場合沒有提及的各方面人類情況，目前許多諮商員提供計畫，有關愛滋病教育（Herr, 1999），物質濫用的預防（Swisher, Bechtel, Henry, Vicary, & Smith, 2001），解決社會問題（Salzman & D'Andrea, 2001），自我肯定訓練（Ivey, D'Andrea, Ivey, & Simek-Morgan, 2002），婚前教育（Baker, 2000），民主價值觀（Hayes, 1982），道德發展（Kohlberg, 1981; Sprinthall, Peace & Kennington, 2001）和情感教育（Bloom, 1996）。例如生涯發展、個人和人際間關係的了解、價值釐清、決策決定和團體間關係的議題，現在已經成為許多課程的一個部分，和任何科目事件或主科學術內容（Baker, 2000）。

教育家長也是中小學諮商員的核心工作，雖然許多學校當作成年人教育的中心，提供社區成員各種學習經驗，但是有效的養育應該接受最大的關注。使用社區諮商架構的諮商員參加設計為幫助父母更有效作用的方案，和執行課程或讀書團體，因此對學生自己有廣泛深遠的影響。

提供父母在團體工作有機會分享他們的感覺、挫折和成功，彼此支持困難的養育任務。即使是沒有結構或鬆散的團體，在這方面也是有幫助的。更重要，這服務和其他應該使希望參與的父母都可獲得，而不只

是受限於特別在學術、心理或物質上問題孩子的家長。

有效促進養育技巧結構的家長方案，包括提供父母有效養育系統訓練的晚間方案，或STEP（Dinkmeyer & Mckay, 1976）和STEP／年青人（Dinkmeyer & Mckay, 1983）。對多元文化背景的父母有效的父母教育方案，包括提供年輕非裔美國雙親（D'Andrea, 1981）、拉丁家庭的預防訓練模式（Szapocznik, Santisteban, Kurtines, Perez-Vidal, & Hervis, 1984）、養育雙文化孩子有效的訓練方案（Szapocznik, Santisteban, Rio, Perez-Vidal, & Kurtines, 1986）。藉著提供直接社區方案和服務，學校諮商員可以促進他們工作的父母、學生健康成長和發展。

三、直接個案服務

對許多孩子和青少年而言，教室內的團體經驗提供他們在學校情境需求的個人協助。然而，當他們長大，年青人常常碰到他們需要特別支持的情況。為此理由，一對一或小團體諮商的參與選擇應該開放給所有年青人，而不只是那些被貼上標籤的問題學生。

諮商應該是一個透過當事人可以自我學習的過程，透過自我檢視，學習有關環境和他的影響，設定實際目標，嘗試或評估行為的新方式，以及學習解決問題的技巧，直接解決問題。當孩子和年青人努力發展個人的自我認同及學習與他人有效聯繫時，這個教育性的過程對他們是特別重要。當他們努力這些個人挑戰時，他們必須發展自我的價值觀系統和目標。在過程中，他們也必須對付直接、實際，和他們家庭、學校及同儕相關的壓力。

學生有權利讓自己在學校情境花費時間順利通過個人成長，他們有快速、非正式的權利去接近一個諮商員，獲得情境式問題的短期協助。

學校的諮商員當然應該有較高優先次序或已經準備好提供個人需要的諮商和支持。然而，有效的諮商創造服務更大的需求。此時，諮商員需整合、增加、檢視所需要的資源。例如，他們可以訓練其他人成為助

人者，訓練學生成為同儕諮商員帶來雙重好處，不只是有更多助人者，而且有額外諮商提供學生心理更多需要的滿足。對某些年青人而言，向其他學生尋求幫助是比向成年人尋找協助、分享經驗和共同議題更容易被接受，因此，許多學生轉向同儕諮商員。

不管這些助人者是學生或是其他社區成員，訓練的過程必須是一樣的。通常在小團體一起工作，潛在的助人者做到以下的訓練：

1.討論他們在同儕諮商時有可能遇到的議題和種類。
2.討論他們自己當成助人者。
3.觀察助人過程的示範。
4.根據清楚定義範圍，評估他們觀察的互動。
5.在督導下重複練習助人的過程。
6.回饋他們助人技巧。
7.回饋其他團體成員的助人技巧。
8.評估他們助人角色上的優缺點。

最初訓練的階段，主動的助人者應該有機會繼續訓練和督導，特別是當他們真正參與帶來新的問題和議題。因此，為了讓社區諮商模式長遠影響公立機構更有效地運用，學校諮商員必須成為助人者、訓練者和督導者。

學校情境提供一個年青人外展服務的基本機會，諮商員了解孩子在瀕臨危險嚴重問題發生前及早介入、提供協助。例如，家庭壓力使孩子在他們生命的特定階段較脆弱，此時適合短期團體介入，父母剛剛離婚的孩子的團體（Omizo & Omizo, 1987; Pedro－Carroll & Cowen, 1985; Stolberg & Garrison, 1985）、或是酗酒的孩子的團體（Lewis, 1987; Morehouse, 1986）說明此項關注。

四、間接社區服務

學校諮商員密集參與孩子和青少年的需要，可以了解社區是如何提供、或無法提供一個滋養、回應性的環境給年青人。爲了這個理由，面對破壞性的公共政策及參與創造健康的選擇對學校諮商員是適當的。例如，諮商員常常幫忙帶來有關年青人的警察或法庭政策上的改變，使孩子和家庭的社區政策變得敏感，爲社區中的年青人創造社會或休閒的方案，以及鼓勵地方商業爲學生去創造有意義的工作機會（Lewis & Lewis, 1989）。

更直接，學校本身的環境必須回應所服務學生的需要。理想上，如果地區性教育領導者對願意改革，諮商員可以充當內部的維護者和諮詢者、醫師，鼓勵發展民主做決定機制，改善學生、老師、家長、管理者和社區成員之間的溝通。在此情況下，諮商員可以扮演一個重要的角色，協助學校成爲更回應性的機構制定政策和程序。

很不幸，學校通常不易改變，有時只有政治活動可以帶來改變。因爲諮商員在學校情境的獨特角色，他們可以用來促進學校政策改變權利的特徵，這些獨特特徵包括下列幾項：

1.一個和有標的個體或一群個體相關的全球化觀點，了解與個體許多環境對他們在他或她發展的影響。
2.允許諮商員很快適應環境的彈性角色和功能。
3.準備接觸和標的個體及所有重要參考團體的機會。
4.接近關於標的人口的機密資料。
5.顯示資料分配、放置和參考功能守門員的角色。

諮商員可以利用學生的優點，假如（1）了解他們的權力基礎；（2）接受運用此權力時附帶的責任；（3）使用他們的權力當作獲得更廣的支持，創造附加改變的起點，促進創造健康的學校和社區環境（Baker,

2000）。

諮商員獨自協商努力不能帶來的正面改變，可以藉由諮商員、老師、父母、其他學校和社區成員統合產生力量（Daniels & D'Andrea, 1991）。如果諮商員假設帶動各種團體成員的領導，計畫有關他們共同關心的議題工作，當做是可以發展集合的力量。

當權力廣泛分布，許多個體和團體在做決定上扮演主動的角色，學校環境可以變得更富回應性、更有機動力。學校諮商員可以藉著使用多種間接個案服務，包括與學校行政人員、老師、父母和其他社區成員一起提供諮商，和學生建議服務，一開始，這些步驟扮演指導的角色。

五、間接個案服務

學校諮商員是介於提供各種特別化服務學校和地方社區機構的關鍵，往往個別學生需要特別化的服務遠超過學校所能提供的。此服務也許是醫學、法律、社會、心理或是職業的。諮商員可以幫助安頓適當的機構，藉著與代理人維持密切的溝通。這樣一個繼續的聯繫是重要的，因為它允許學生的學校方案和在較大社區專業助人者，沿著協助相同的方針工作。諮商者在好的位置上調節努力，親密和學校執行者、老師、父母和社區中的專家工作。

學校諮商員也表現得像在地方社區的醫生諮詢者，如此，他們可以協助發展年青人的社區方案或服務，或協助訓練和年青人有親密接觸的人。例如，許多學校諮商者和基本上在特定社區的各種鄰區及年青人工作地方的警察維持緊密地連結。

重要的是，諮商員的角色在學校內是對人們的諮商，諮商者必須密切與行政者、老師和其他學校人員工作，聯繫回應所有學生的需要，確保符合個別年青人的特別需要。

老師直接處理個別孩子問題，或他們在教室內特別挑戰和情況要求協助，然而，往往產生教師討論為所有學生創造一個更有效的學習環境

方法。經過諮詢，諮商員可以協助老師檢視當前的方針，產生新點子，考慮變通方案、選擇和評估新的行動方案。雖然諮商員不能解決求詢者的問題，他們可以幫助老師檢驗個人及專業的價值觀和目標，是如何表現在她們和學生的互動中。

　　求詢者假設願意學習和改變，是因爲他們自願尋求幫助。然而，諮商員不能總是等待他們的意願。常常一個個別的孩子或一群孩子需要一個維護者開始改變，它不是爲有益服務的創造鋪路，或停止有害的政策或方針。因此，在學校情境的諮商員有雙重的責任：幫助年青人發展成健康、成熟的成年人，及像年輕維護者一樣工作，支持學習滋養成長、創造力、心理健康和個人福祉的環境。

六、文化考量

　　透過這本書，當諮商員利用社區諮商服務，我們強調說明各種有關人類多元文化議題，支持當事人精神健康和個人福祉。當諮商員例行性提升一個從廣泛文化／種族／人種的團體和背景的年青人發展，這個考量對在學校工作的諮商員特別重要。Lewis（1998）描述幾個重要的考量，諮商員記得當他們在學校情境利用社區諮商架構。這些包括鼓勵諮商員考慮：（1）年青人發展的文化背景；與（2）提供設計的服務促進學生發展，負面影響青少年生活壓迫的各種形式方法。

　　當和不同種族／民族背景年青人一起工作時，文化上勝任的諮商員學習調整他們提供服務，符合他們當事人對象的需求和偏好。接下來是一些文化考量上簡短的討論——當提供四種模式，創造社區諮詢模式的服務，和來自不同文化和人種一起工作時，心理健康實務工作者應謹記在心。

（一）直接諮商服務

　　一組清晰的價值觀和準則深植在諮商理論和方法，爲接受西方訓練

的心理健康專業工作所利用，這些價值觀和準則反映單一文化的心理健康和心理成熟度的種族中心觀點（Sue & Sue, 1999）。通常在國家引導諮商步驟擁有的價值觀和準則中，包括協助個體得到個人獨力和心理自主的重要性——大多數心理專家相信，希望生活出令人滿意及多產的生命是必須的。

雖然鼓勵青少年個人主義和獨立的達成，反映出那些在美國主流文化中心的一般價值觀，他們並沒有普遍被所有種族／民族團體所共用（Lewis, 1998）。事實上，大部分文化團體放置更強烈的價值觀在家庭、歷史家譜（祖先崇敬）、家庭成員的互相依賴、及為了家庭或社區的好處而湮沒自我（Sue & Sue, 1999）。Inclan 和 Hernandez（1992）也強調分離、個人主義和劃清界線不是普遍為所有文化接受的觀念。他們提醒諮商員在諮商步驟上避免強壓這些價值觀和準則，像個人自主的目標可能和不同文化的諮商員對心理健康和成熟的了解不一致。Lewis（1998）更進一步指出，這些價值觀和準則在諮商中有意、無意的使用，代表一個心理壓迫的形式，破壞對社會中不同文化／民族團體的尊重和道德的對待。

不同文化和民族的諮商員例行地面對每天生活中不同形式的壓抑和歧視。然而，對心理動力有毒害的諮商情境是需要避免的。文化上勝任的諮商員努力了解文化上不同的諮商員的價值觀和世界觀，而且要努力避免強壓單一文化／種族中心的價值觀，發生在學校情境進行諮商的青少年身上。因為在工作上利用社區諮商模式的諮商員，敏感覺察環境因素影響當事人心理健康和個人福祉，他們會慢慢地協助青少年（1）探討有關發生在他們生活中的壓抑感覺；且（2）當此介入政策是適當時，須檢視更有效說明負面的環境動力學。

（二）直接學校服務

此助人的策略包括對學生提供直接服務、使學校對象可獲得的教育方案。當這種直接學校服務目標在文化議題時，他們包括（1）處理多元

化議題的教育努力；（2）注意在整個學校發展方案的文化情境（Lewis, 1998）。最好的方法之一是諮商員在學校情境中，執行重視學生發展文化脈絡的指導活動。

有研究者曾測試一組多元文化的指導活動，使用在學校情境不同年齡的青少年身上（D'Andrea & Daniels, 1995; Salzman & D'Andrea, 2001）。這些活動的目的有三個層面：幫助學生更了解與他們相異同的不同背景的人們如何促進新社會技巧的發展，鼓勵多元文化的敏感度。基於結構性的遊戲，這些指導活動，包括多元文化人群賓果、文化溫暖絨毛、彩虹看板、建立國家、多元文化藝術工作及其他等。雖然研究者注意到這些活動是在諮商員教室內完成，這些實務工作者和老師親密地工作，希望多元文化教育融入一般課程中。

當然，廣泛的選項對年齡適合的多元文化教育是可獲得的，一起工作的諮商員和老師可以容易地設計和執行特別的學習策略，適合他們學生的興趣和發展需要（Lewis, 1998）。此時，諮商員和老師幫助改善我們當代社會許多的刻板模式種類和負面群組間關係的標籤。

（三）間接學校服務

雖然在學校情境中處理刻板和負面的團體間關係的確是很重要，一些多元文化維護者堅持文化壓抑和在我們國土上的不平等的問題。Hilliard（1995）寫有關這些和其他相關問題時指出：

> 教育特權、壓迫有時造成刻板化印象、團體之間的忽視和不良的溝通，刻板化印象、忽視和不良的溝通有時是問題。然而這些「問題」指出整個系統的表現更複雜。結果，事實上，不重要的東西可能實際上可以完成，限制他或她的注意力和活動教育工作者至減少刻板印象、團體漠視或錯誤資訊，以解決問題。刻板印象、團體漠視或錯誤資訊變成更深、更難以說明特權、壓抑或不平等的問題（頁149）。

Lewis（1998）指出，Hilliard的概念化暗示，雖然他們沒有協助改善更實質的議題，各種持續存在美國中的壓抑形式之下，努力預防孩子和青少年發展刻板印象的思考和團體的緊張，（1）減少我們社會文化和民族不同人經驗問題的範圍；與（2）在學校情境中，諮商員更簡化處理許多複雜和具爭議性的多元文化挑戰。像Hilliard（1995）指出，

> 在執行方案處理學校行政區促進「人際間溝通」，比起偏重有關私權、不平等和壓抑的問題還容易，善意教育者和公共的政策制定者減少內部和外部的壓力、減緩敏感度、及提供朝重要目標過程的幻想，他們屈服於婉轉的說詞（頁150）。

Lewis（1998）評論Hilliard的評估，提到，

> 對孩子和青少年提供有效直接的服務改善「人際間溝通」，是辛苦的工作和貢獻。然而，說明全然的學習環境不只是辛苦的工作、貢獻和極大的個人勇氣。任何學校系統，當學生在有敵意和被處罰的環境受害時，諮商員是第一時間知道的，給諮商員他們勇氣的就是知識（頁11）。

當諮商員檢視學校影響所有孩子和青少年的學習環境，他們大致覺察到需要在行為上更強烈的維護個人和團體。像Lewis和Arnold（1998）提到的，諮商員知道，

> 窮孩子、有色人種的孩子和英文是第二外國語的孩子常常被忽視、貼上標籤、任其在學校的最低階層弱勢族群。機構情境的諮商員，社區注意成員受到壓抑，學校諮商員也說明反對影響孩子和青少年的處罰和壓抑。參與社區組織聯盟的代理人尋求變革，學校諮商員以團體工作促進學校的創造，與其他機構不同的是學習的溫暖和受歡迎的氣氛（頁60）。

七、學院和大學

在高等的教育裡，兩個長期的傳統逐漸消失，首先，過去，許多人曾經思考大學是社區中的媒介，獨立於城鎮或城市生活之外。然而，當學院人員和學生擴展到環繞他們的世界，當社區分子對高等教育的興趣和在社區生活的角色成長時，傳統正在消失。藉由社區學院證實，這樣機構的整合融入地方社區，其名字是指高等教育的一個新角色和新里程碑。

第二，傳統視大學諮商中心如另一個孤島，然而，為了造成整個校園社區真正的不同，越來越多的學院諮商員正在尋找新方法，擴展他們服務的族群。

學院或大學的諮商員現在必須充當社區諮商員，視大學校園如同影響每個學生和教職員的環境。他們必須聯繫機構和社區的鴻溝。這些任務非常複雜，特別是在大的機構中，表7.6描述社區諮商模式在學院或大學可利用的形式。

表7.6　在學院或大學利用社區諮商架構

	社區服務	個案服務
直接	大部分社區的教育方案 如壓力管理、生涯發展、孤單和青少年 轉入成年人的預防、建構技能的方案議題	外展諮商 提供特定學生團體支持性服務 同儕諮商
間接	努力促進校園生活 簡化介於校區和鄰區族群的衝突	教職員諮商 努力使機構回應正在改變的學生

（一）直接社區服務

提供直接社區服務包括提供擴展服務到學院和大學所在社區中的

人，服務往往包括協助學生和社區分子檢視他們職業、教育和生涯的目標。除此之外，許多不願意從社區機構尋找協助的人，可能對參與連結地方學院或大學的方案較爲喜愛，特別考量進一步教育的可能性。因此，代替僱用新學生，大學諮商者可以協助社區分子，檢視他們生活上接受教育的地方，並以他們的價值觀、優點和具體選擇的知識基礎上做決定。

對特別協助女人社區的外展方案，尋找職業改變的人，新職業的退休者或業餘者、和需要職能再訓練的人，簡短的課程或工作坊提供教育經驗給社區成員（Fukuyama, 2001; Lewis & Lewis, 1989）。

大學諮商員應該將他們的時間運用到評估地方社區的教育需求上，諮商員可以檢視學院或大學的資源，決定他們如何做才能最符合需求。如此，諮商員能有效地計畫和執行教育及訓練方案，多數學院和大學的方案是設計給正式登記的學生。爲了提供給所有學生獲得有意義的教育和訓練方案，諮商員無法使用傳統以校園爲本位的諮商中心爲特色的一對一服務。

1970 年代末和 1980 年代初期，大學諮商中心的先鋒開始執行，意圖設計促進多數大學學生個人發展的新方案和服務。這些努力包括工作坊和研討會的發展，注重遍及國家許多學生普遍的問題。在這些先鋒中，Frew（1980）和 Meeks（1980）討論如何利用迷你課程教導學生處理有關孤單議題的方法。這些迷你課程探討孤單的問題，如同在學院校園中許多學生急迫的議題，以及生活中的一個普遍現象。Barrow（1981）報告許多從密集、有結構工作坊所衍生出來的益處，幫助大學學生在（1）壓力管理和放鬆技巧；（2）管理測試焦慮的策略；以及（3）和其他人感到更舒適方法的發展能力。

大學校園曾經發展自我教學的方法，最早的努力包括協助大學學生處理職業和個人議題的介入。關於這些，Katz（1980）是第一個提供學院學生機會，透過互動的電腦方案，發展有關他們職業和個人更有效率做決定的技巧。

在其他先鋒的努力中，Thurman、Baron和Klein（1979）介紹透過大學校園電話錄下來的自助訊息。Warrington和Method-Walker（1981）承認電子媒體是有力的潛能，提供學生個人發展自我教學的影片。

最近，大學層次以廣泛團體形式晉用教導生活技能和人際間效能，團體普遍協助學院和大學學生發展做決定和職業計畫的技能，許多大學諮商中心提供自我評估、時間管理、目標設定、蒐集資訊和面試的工作坊（Astin, 1993; Fukuyama, 2001）。

一個有廣泛基礎團體介入策略的很好範例，曾經協助學生發展有效的學習技巧和健康的生活型態，Mankato州大學（MSU）提出社區合約方案（Reason, Lee, & Bixler, 1995）。這個方案設計促進一群學術和其他生活技能的發展，當他們住在大學高層住宅大樓，協助學生更了解他們的教育和個人潛力。

方案策劃者承認許多高層住宅大樓非個人的孤立可以被轉化成正面、強化個人健康發展的社區。謹記於此，Reason等人（1995）為幾個MSU的高層住宅居民設計一個創造性直接社區服務計畫。他們描述計畫如下：

> 透過在MSU's Gage Complex執行的社區合約過程，學生設定GPA的目標，明白說明行為的期待，及當達到目標時提出計畫方案。社區合約本身允許學生透過他們討論有教育目的的社區意義為何，此社區的期待是被定義好的，且社區的每個成員的福祉是受到支持的。
>
> 在執行方案時，兩個一小時的樓層會議目標是住宅大樓學生團體內學校年度第一週內就已經排定好。在第一樓層會議中，介紹契約大綱給所有學生。討論每個合約議題回歸住民的團體設施，正面的同儕壓力用在達成有關噪音、探訪、清潔和酒精使用暫時性的決定。團體會議的結論中，每個住民服從他或她這一季的GPA的目標，所有GPA目標平均為社區GPA。

在第二樓層會議中，居民討論樓層的學術、合約的 GPA 目標、按字母排列中心樓層計畫的名單，和學習休息室的使用／噪音政策。

他們之後可以在聚會中繼續投票，每個暫時性對社區合約所包含的決定建議，社區合約被學生在會議後完成和批准（Reason et al., 1995, pp. 289-290）。

直接社區服務造成若干個正面的結果，包括以下幾項：

1. 參加社區合約的所有三個校園為基礎的住宅大樓，在學年中比沒有計畫的住宅大樓有較高 GPAs。
2. 展示方案預防性效益，如同在訂有合約居民與違約紀錄的居民一樣，採有合約紀錄者有廣泛的改善。
3. 其他特別的行為改變，特別有關酒精濫用和噪音問題，也就是說，涉及社區合約方案的學生在學年度內較少喝酒，且比住在住宅大樓，但不是合約方案的一部分學生，較認知到噪音對其他學生的影響（Reason et al., 1995, p. 290）。

1990 年代，大學諮商員的角色大幅擴張，正如許多諮商員的頭銜已經改變，現在越來越多代表**學生事務專業人員（student affairs professionals）**，大學諮商員是他們嘗試執行，更正確描述全球化任務頭銜，正如他們完成計畫和執行有效說明美國在學院和大學校園中學生心理、教育和生涯發展需要的服務。

（二）直接個案服務

不管提供多少預防性方案，許多學生需要個人諮商，一些經驗需要即時密集介入的危機。過去，諮商中心從學院和社區生活的主流變為孤立時，只有一小部分的學生從諮商員提供服務獲益。外展方案和危機介入使諮商服務更易獲得，更有可能在大部分的人發生長期慢性問題時廣

爲使用。

在許多學院和大學的諮商員現在建立衛星諮商辦公室，以提供更接近校園生活的服務。當諮商員自己是宿舍場所、教室建築、學生休閒中心、和其他交通密集地點的一部分，而不是單獨的行政辦公室時，諮商將視學院生活爲正常的一部分，他們的出現傳遞著諮商是自然而且可以接近的訊息。

除此之外，在學院和大學的諮商員常常訓練校園社區的其他成員，例如住宅大樓監督者、健康服務工作者、行政員工和教職成員，教導他們了解潛在的問題，及在諮商中心提供適當的建議。

（三）間接社區服務

在大學情境，間接社區服務同時說明在地區機構的社區和校園本身的環境，環境方案重要的目標是保證學院或大學的資源，而不是社區的不足，機構的成長和社區的福祉可能偶爾衝突，特別是當大型正在擴展的大學坐落在擁擠的城市地區。因爲這樣的議題如土地使用、交通、建設、公園或家的毀壞，讓出空間給校園發展，可能產生一些異議。有時，嚴重的衝突可能涉及居民透過影響他們的環境，避免做決定以免影響他們的生活。社區成員對某種程度感到不滿，除了他們感到最少有一部分的機構是屬於他們，而政策制定者願意眞誠與繼續面對地區的問題。

利用社區諮商架構協助學院學生發展能力和效能的諮商員不能忽略公共團體環境的有力影響，環境可以促進人類發展或感到困擾、支持或反對公共團體陳述的目標。公共團體的氣氛可能對學生發展有更多影響，特別是當學生是全時間的居民，而遠超過在他們學院的其他因素。學院是他們的社區──他們需要達成的地方、他們和其他人互動的地方、以及他們表達他們能力和個性的地方。

高等教育的機構──特別是大的機構──可能是非個人非人性化的，他們允許學生經歷他們大學生活，感受孤立和無力，學生事務的專業工

作者必須了解善盡責任建立社區感，發現利用校園提供資源的方法。

　　許多大學生經歷一個減少非人性化的方法是，連結校園中的資源至更大社區的需要。例如，一個人可以藉著整合社區服務方案融入大學課程（Cotter, Ender, Gindoff, & Kowalewski, 1995; Fukuyama, 2001）。

　　雖然許多大學在過去35年發展各種社區服務方案，全美國Levine和Hirsch（1991）批評，社區方案的再現是學生在學校中學習經驗的一部分。這些方案的目標通常訂在大學或學院所在的社區中的弱勢族群，包括教導貧窮郊區危險邊緣的年青人，提供地區醫院健康照護服務和護理之家，準備他們GED檢查監獄囚犯，廚房提供餐點，流浪之家提供支持服務，受暴女人的家庭工作，為低受入者和肢障家庭的公寓地區做木工和油漆，提供教育服務給在阿帕拉契山區鄉村的青少年媽媽爸爸，創造放學後方案協助幫派分子遠離麻煩，且在地方收容所工作（Levine & Hirsch, 1991）。

　　在大學和學院校園工作的諮商員可以扮演重要角色，協助組織的服務方案，藉著和社區內各種團體和組織一起工作，如維護者為弱勢族群行動，向雇員成長和行政者諮商，諮商員可以促進整合社區服務方案融入大學課程方案中。

　　這些方案提供給有關人員所有的益處，例如，他們提供較大社區的團體直接協助，辨認弱勢族群。沒有得到大學支持方案協助，許多人、教育和心智健康需求是無法達到。再者，服務危險邊緣族群的政府方案經費持續降低，大學贊助服務的方案協助減低許多社區不當的資金經驗的負擔。

　　大學學生從參加許多社區服務方案受益，這些益處包括下列：

1.協助新鮮人和大二學生獲得從地方社區成員正面的朋友。

2.促進地方接觸個人網絡的建設，大三和大四學生可以使用建立實習醫生、獨立的研究或社區服務和學習。

3.提供機會建立社區內兼職、在職或全職薪水的雇員地位（Cotter et

al., 1995, p. 87）。

除了這些務實的優點，學生變得更能覺察其他人需求、獲得有關他們社會覺知的敏感度、表現有關他們自己道德發展和責任層次的正面收穫，比不參加社區服務方案的學生經驗較低層次去人性化而受益（Cairb & Kielsmeier, 1991）。

(四) 間接個案服務

在許多學院和大學，受雇成員和學生可能感到孤立，若無其他理由可以協助許多大學社區成員，諮商員可以採取初步行動打破人際的藩籬。

學院和大學中，甚至更多中小學校，教育過程的學術和非學術方面傳統上是分開不同的。介於大學諮商員和教師的諮詢是很少的，然而，個體發展若無教育經驗，個體是無發展，學生學術和個人的成長是無法分開來的。受雇成員和其他在學院情境的工作者經常和學生互動。如果雇員和教職員看待自己如同潛在的助人者，這些互動可以協助學生。和受雇成員的諮商可以使他們成為學院助人網絡的一部分，可以了解需要特別協助的情境，更有效連結所有的學生。促進這種態度可以使校園情境對個別學生的需要更具回應性，如同這些需求更是表面化一樣。

諮商員也可以藉著協助校園環境更能回應學生特別團體的需求以預防許多問題，許多學院和大學曾組織符合學生族群的需求，在年齡、文化和學術背景方面是同質性。然而，學生團體的人口統計學是不同的，雖然許多學校無法與多元文化同步，他們不只是適應課程、學生服務、居住和活動已使大學生活動更受不同背景的學生歡迎，更是冒著變成與未來無關及異化的危險。

對有權的人回應所有學生和社區的需求是困難的，諮商員可以是促進校園和更大社區裡不同團體和個人溝通之間的聯繫。

摘　要

　　社區諮商模式的四個組成元素適合應用在各種機構和組織中，任何應用應該包括對個人服務以及努力促進環境兩者；它應該把預防功能障礙排在優先順序。雖然心理健康專業工作者在執行的介入型態最終需仰賴情境本質和服務的顧客，社區諮商模式的四個組成元素──直接個案、直接社區、間接個案和間接社區服務──維持相同。在本章，我們曾檢視一個人如何在各種場合使用這些組成元素的例子。

　　在社區心理健康機構，直接服務包括提供社區成員教育方案，增強有關心理健康和擴展在哲學上瀕臨危險邊緣當事人的團體技巧和能力。間接服務包括提供正面影響社區成員與當事人心理健康政策，助人網絡諮商，以及促進當事人自助選擇。

　　在生涯發展機構裡，諮商員最好藉著執行多面向的途徑，利用社區諮商架構專注職業議題，工作坊和諮商方案說明職業計畫和工作安置；間接努力說明工作安全、工作地方人性化與有差別待遇僱用的實務。

　　特別化機構對特別議題採取多面向的取徑，這樣的機構注重的不是特別族群成員，而是特別的問題。在這樣的機構裡，間接服務說明直接影響他們服務的人群環境。然而，直接服務目標在建立個案個人的資源，無論如何，特別努力以同儕諮商和自助介入策略強化當事人團體。

　　快速成長的專業化工商業企業諮商，顯示很快利用社區諮商模式，受雇者協助方案的諮商員已經提供壓力管理、心理促進，生活技能訓練和試圖減少工作職場壓力，置身協助預防受雇問題。

　　因為界定社區是相互依賴人群系統、團體和組織，以滿足個人基本需求，影響個人日常生活，充當個人與整體社會的媒介，我們認為學校大學是獨特的社區。學校諮商員和學生事務工作者負責兩個社區：學校本身與其所在的社區，學校如代理人，利用社區諮商架構的諮商員著重預防與提供學習環境的服務，強化學生、家長和社區成員的個人資源。

能力建立活動 7.1

社區機構心理健康服務，受雇者協助方案，生涯機構，學校、大學或特殊情境效能的評估

　　如我們前述，最重要的諮商專業人員需要評估社區機構，受雇者協助方

案，生涯機構，學校、大學或特殊方案的評估能力，促進他們服務對象的心理健康和個人幸福，此能力建立活動特別設計協助發展必要的技能，評估未來的組織與方案。

現在我們了解社區諮商架構可以運用到不同的情境，你更能評估社區機構受雇者協助方案，生涯機構，學校、大學或特殊方案，以促進這些實體機構民眾的心理健康、個人幸福與賦能。

記住，花費時間與諮商員、方案指導員和社區機構，受雇者協助方案，生涯機構，學校、大學或未來你工作有興趣特殊方案其他適當的人約會。利用社區諮商模式做為指導評估代理人或方案，滿足當事人或學生需求的整個效能，注意下列議題：

1.發現代理人或方案的目標是什麼。
2.注意提供代理人或方案，促進當事人或學生心理健康和個人賦能的活動或服務。
3.記得社區諮商模式的四個元素，決定何種方案和服務，代理人可以包含有效服務個案與社區。

能力建立活動 7.2
擴展思考假設性的心理健康方案

第一章，想到你有興趣服務（見能力建立活動 1.3）特殊當事人對象，思考你在第一章注意到服務對象的一些方法。

本章提供不同情境社區諮商架構多面向資訊，希望你在檢視假設性方案的思考以回答下列問題：

1.你所設計達成這些目標的方法。
2.運用本章所提供，你能想到包括你有效滿足當事人需求方案額外的服務。

參考文獻

Arredondo, P. (1996). *Successful diversity management initiatives: A blueprint for planning and impiementation.* Thousand Oaks, CA: Sage.

Astin, A. (1993). *What matters in college? Four critical years revisited.* San Francisco: Jossey-Bass.

Aunt Martha's Fact Sheet. (2001). *Aunt Manila's youth service center: Haven today. . . Hope for tomorrow.* Chicago Heights, IL: Author. [Available: www.aunt-marthas.org]

Baker, S. B. (2000). *School counseling for the twenty-first century* (3rd ed.). Upper Saddle River, NJ: Merrill/Prentice Hall.

Barell, J. (1991). *Teaching thoughtfulness: Classroom strategies to enhance intellectual development.* New York: Longman.

Barrow, J. C. (1981). Educational programming in stress management. *Journal of College Student Personnel, 22.* 17-22.

Barth, R. S. (1990). *Improving schools from within: Teachers, parents, and principals can make a difference.* San Francisco: Jossey-Bass.

Bloom, M. (1996). *Primary prevention practices: Issues in children's and families' lives.* Thousand Oaks, CA: Saee.

Bradley, R. W., & Cox, J. A. (2001). Counseling: Evolution of the profession. In D. C. Locke, J. E. Myers, & E. L. Herr (Eds.), *The handbook of counseling* (pp. 27-42). Thousand Oaks, CA: Sage.

Brenner, M. H. (1973). *Mental illness and the economy.* Cambridge, MA: Harvard University Press.

Brueggemann, W. G. (1996). *The practice of macro social work.* Chicago, IL: Nelson-Hall.

Bukowski, W., & Evans, J. (Eds.). (1998). *Cost-benefit/cost-effectiveness research of drug abuse prevention: Implications for programming and policy.* (Research Monograph Series No. 176). Rockville, MD: National Institute on Drug Abuse.

Cairb, R. W., & Kielsmeier, J. C. (1991). *Growing hope: A source book on integrating youth service into the school curriculum.* St. Paul, MN: National Youth Leadership Council.

Condrey, S. (1998). *Handbook on human resource management in government.* San Francisco Jossey-Bass.

Cotter, D., Ender, M. G.,Gindoff, P., & Kowalewski, B. (1995). Integrating community service into introductory college courses. *Journal of College Student Development, 36*(1), 87-88.

D'Andrca, M. (1981). *Becoming parents during adolescence: A transactional devehpmental analysis of the effects of parenthood among unmarried, black females.* Unpublished doctoral dissertation, Vanderbilt University, Nashville, TN.

D'Andrea, M., & Daniels, J. (2000). Youth advocacy. In J. Lewis & L. Bradley (Eds.), *Advocacy in counseling: Counselors, clients, and community* (pp. 71-78). Greensboro, NC: ERIC Counseling and Student Services Clearinghouse.

D'Andrea, M., & Daniels, J. (1995). Helping students learn to get along: Assessing the effectiveness of a multicultural developmental guidance project. *Elementary School Guidance and Counseling Journal, 30*(2), 143-154.

Daniels, J., & D'Andrea, M. (1991). *The Nashville Youth Network.* Unpublished manuscript, University of Hawaii.

Dincin, J. (Ed.). (1995). *A pragmatic approach to psychiatric rehabilitation: Lesson's from Chicago's Thresholds program.* San Francisco: Jossey-Bass.

Dinkmeyer, D., & Dinkmeyer, D., Jr. (1980). An alternative: Affective education. Humanist Educator, *19,* 51-58.

Dinkmeyer, D., & McKay, G. (1976). *STEP: Systematic training for effective parenting.* Circle Pines, MN: American Guidance Service.

Dinkmeyer, D., & McKay, G. (1983). *STEP/Teen.* Circle Pines, MN: American Guidance Service.

Frew, J. E. (1980). A group model with a loneliness theme for the first year college student. *Journal of College Student Personnel, 21,* 459-460.

Fukuyama, M. A. (2001). Counseling in colleges and universities. In D. C. Locke, J. E. Myers, &. E. L. Herr (Eds.), *The handbook of counseling* (pp. 319-342). Thousand Oaks, CA. Sage.

Gerler, E. R., Ciechalski, J. C, & Parker, L. (Eds.). (1990). *Elementary school counseling in a changing world.* Alexandria, VA: American Association for Counseling and Development.

Hage, S. M., & Nosanow, M. (2000). Becoming stronger at broken places: A model for group work with young adults from divorced families. *Journal of Specialists in Group Work, 25*, 50-66.

Hayes, R. (1982). Democratic schools for a democratic society. *Humanist Educator, 20*, 101-108.

Herr, E. L. (1999). *Counseling in a dynamic society: Contexts and practices for the 21st century*. Alexandria, VA: American Counseling Association.

Herr, E. L., & Cramer, S. T. (1996). *Career guidance and counseling through the lifespan* (5th ed.). New York: HarperCollins.

Hilliard, A. G. (1995). *The maroon within us*. Baltimore: Black Classic Press.

Hollmann, R. W. (1981). Beyond contemporary employee assistance programs. *Personnel Adminstrator, 11* (3), 213-218.

Inclan, J., & Hernandez, M. (1992). Cross-cultural perspectives and codependence: The case of poor Hispamcs. *American Journal of Orthopsychiatry*, 62, 245-255.

Ivey. A. E., D'Andrea, M., Ivey, M. B., & Simek-Morgan, L. (2002). *Theories of counseling and psychotherapy: A multicultural perspective* (5th ed.). Boston: Allyn and Bacon.

Katz, M. R. (1980). SIGI: An interactive aid to career decision-making. *Journal of College Student Personnel, 21*, 34-40.

Kim, B., Gaughen, D., & Salvador, D. (1995). Enhancing students' development through community-based research and service projects: The UH-JOBS orientation program. *Educational Perspectives, 29*(2), 3-10.

Kohlberg, L. (1981). *Essays on moral development*. New York: Harper & Row.

Levine, A., & Hirsch, D. (1991). Undergraduates in transition: A new wave of acrivism on American college campuses. *Higher Education, 22*, 119-128.

Lewis, J. A. (1987). Children or alcoholics. *Counseling and Human Development, 19*(9), 1-9.

Lewis, J. A. (1998). Working with adolescents: The cultural context. In J. Carison & J. Lewis (Eds.), *Counseling the adolescent: Individual, family, and school interventions* (3rd ed., pp. 1-14). Denver: Love Publishing.

Lewis, J. A., & Arnold, M. S. (1998). From multiculturalism to social action. In C. C. Lee & G. Walz (Eds.), *Social action: A mandate for counselors*. Greensboro, NC: ERIC/CASS and the American Counseling Association.

Lewis, J., & Bradley, L. (Eds.). (2000). *Advocacy in counseling: Counselors, clients, and community.* Greensboro, NC: ERIC Counseling and Student Services Clearinghouse.

Lewis, J. A., & Lewis, M. D. (1986). *Counseling programs for employees in the workplace.* Pacific Grove, CA: Brooks/Cole.

Lewis, J. A., & Lewis, M. D. (1989). *Community counseling.* Pacific Grove, CA: Brooks/Cole.

Lewis, J. A., Lewis, M., Packard, T., & Souflee, F. (2001). *Management of human service programs* (3rd ed.). Belmont, CA: Wadsworth/Thomson Learning.

Locke, D. C., Myers, J. E., & Herr, E. L. (Eds.). (2001). *The handbook of counseling.* Thousand Oaks, CA. Sage.

Meeks, C. (1980). On loneliness seminar. *Journal of College Student Personnel, 21,* 470-471.

Monahan, J., & Vaux, A. (1980). The macroenvironment and community mental health. *Community Mental Health Journal, 16,* 14-26.

Morehouse, E. R. (1986). Counseling adolescent children of alcoholics in groups. In R. J. Ackerman (Ed.), *Growing in the shadow* (pp. 97-121). Holmes Beach, FL: Learning Publications.

Nelson-Jones, R. (1993). *Life skills helping: Helping others through a systematic people-centered approach.* Pacific Grove, CA: Brooks/Cole.

Omizo, M., & Omizo, S. (1987). Group counseling with children of divorce: New findings. *Elementary School Guidance and Counseling, 22,* 46-52.

Paisley, P. O., & Hubbard, G. T. (1994). *Developmental school counseling programs: From theory to practice.* Alexandria, VA: American Counseling Association.

Pedro-Carroll, J. L., & Cowen, E. L. (1985). The children of divorce intervention program: An investigation of the efficacy of a school-based prevention program. *Journal of Consultation and Clinical Psychology , 53,* 603-611.

Reason, J., Lee, C., & Bixler, T. (1995). The community contracting project. *Journal of College Counseling, 22,* 121-124.

Salzman, M., & D'Andrea, M. (2001). Assessing the impact of a prejudice prevention project. *Journal of Counseling and Derelopment, 79,* 341-346.

Sampson, J. P., & Bloom, J. W. (2001). The potential for success and failure of computer applications in counseling and guidance. In D. C. Locke, J. E. Myers, & E. L. Herr (Eds.), *The handbook of counseling* (pp. 613-628). Thousand Oaks, CA: Sage.

Sayger, T. V. (1996). Creating resilient children and empowering families using a multifamily group process. *Journal for Specialists in Group Work, 21*, 81-89.

Sprinthall, N. A., Peace, S. D., & Kennington, P. A. D. (2001). Cognitive-developmental stage theories for counseling. In D. C. Locke, J. E. Myers, & E. L. Herr (Eds.), *The handbook of counseling* (pp. 109-129). Thousand Oaks, CA: Sage.

Stolberg, A. L., & Garrison, K. M. (1985). Evaluating a primary prevention program for children of divorce. *American Journal of Community Psychology, 13*, 111-124.

Sue, D. W., & Sue, D. (1999). *Counseling the culturally-different* (3rd ed.). Boston: McGraw-Hill.

Swisher, J. D., Bechtel, L., Henry, K. L., Vicary, J. R., & Smith, E. (2001). A model substance abuse prevention program. In D. C. Locke, J. E. Myers, & E. L. Herr (Eds.), *The handbook of counseling* (pp. 551-559). Thousand Oaks, CA: Sage.

Szapocznik, J., Santisteban, D., Kurtines, W. M., Perez-Vidal, A., & Hervis, S. 0. (1984). Bicultural effectiveness training: A treatment intervention for enhancing intercultural adjustment in Cuban-American families. *Hispanic Journal of Behavioral Sciences, 6*, 317-344.

Szapocznik, J., Santisteban, D., Rio, A., Perez-Vidal, A., & Kurtines, W. M. (1986). Bi-cultural effectiveness training (BET): An experimental test of an intervention modality for families experiencing intergenerational/intercultural conflict. *Hispanic Journal of Behavioral Sciences, 8*(4), 303-330.

Thornton Township Youth Committee's Crisis Response Team. (2001). *When you least expect it a disaster can occur*. South Holland, IL: Author.

Thornton Township Regional Action Planning Project. (2001). *About TRAPP*. South Holland, IL: Author.

Thresholds North. (2001). *Program description and admissions procedures*. Chicago: Author.

Thurman, C. W., Baron, A., & Klein, R. L. (1979). Self-help tapes in a telephone counseling service: A three-year analysis. *Journal of College Student Personnel, 20*, 546-550.

U.S. Department of Health and Human Services. (2000). *Healthy people 2000: Understanding and improving health.* Washington, DC: U.S. Government Printing Office.

Vacha-Haase, T, Ness, C. M., Dannison, L., & Smith, A. (2000). Grandparents raising grandchildren: A psychoeducational group approach. *Journal for Specialists in Group Work, 25,* 67-78.

Van Wart, M. (1998). Organizational investment in employee development. In S. Condrey (Ed.), *Handbook of human resource management in government* (pp. 276-297). San Francisco: Jossey-Bass.

Warrington, D. L., & Method-Walker, Y. (1981). Career scope. *Journal of College Student Personnel, 22,* 169.

Whitworth, L., House, H., Sandahl, P., & Kinsey-House, H. (1998). *Co-active coaching: New skills for coaching people toward success in work and life.* Lake Oswego, OR: Davies-Black Publishing.

管理社區諮商方案

有效的社區諮商計畫方案有賴週到的計畫、慎重的組織、嚴格的評量、負責和有願景的領導，此方案可以發生在各種情境，包括公立機構、私人的非營利組織、教育情境與營利機構。

　　無論任何情境，管理任何的方案包括社區諮商模式的四個元素，有關發展方案達成希望的結果，組織需要達成方案的人和資源，刺激即將完成任務的工作者評估結果。明顯在工作上利用社區諮商架構，諮商員必須有能力管理其功能，控制方案達成目標。然而，像許多其他人類服務工作者一樣，使用整體、主動、系統取徑的諮商員進行諮商時，常常被迫參與「他們自己計畫的行政」和領導助人過程幾乎不了解助人方案，許多的諮商員被迫管理他們的方案（Lewis, Lewis,& Souflee, 1991, p. 2）。

　　因為此方案是創新、多面、哲學上是清晰的，只有了解他們的目標和全面任務的人才能夠帶領他們。因此，利用社區諮商模式的諮商員幾乎沒有選擇，只獲得保證有效操作對心理健康和人類發展回應的預防性、團體導向、文化取徑，這些技巧包括計畫、預算、組織、督導和評估。

計畫

　　超越基本上注重個體改變和發展傳統諮商角色和功能，利用社區諮商架構的諮商員具體化專業助人多面向的取徑。他們充當改變動力、維護者、諮詢者、忠告者、管理人、監督者、評估者、組織發展專家和多文化專家。

　　不管他們是哪種角色，他們整體的目標是一樣：協助最多的人，用最有效和成本效益方法。如此，諮商專業人員需要發展與服務，說明社區的需要，他們必須謹慎評估每一種計畫社區需求。

　　計畫一個社區諮商方案的整體任務包括幾個步驟，首先，諮商員應

該評估社區的需求，不僅限於適應目前所需要的。諮商員花時間做此事只爲他們自己發展眞實和相關的方案目標、目的和服務，達成確定的需要，而不只是小心評估。在執行方案時，諮商者應該定期評估他們的努力，評估他們是否符合當地社區需求。

一、需求評估

任何人性服務情境，計畫過程必須謹愼評估社區成員需求、興趣和欲望。藉此考量，諮商員試著決定社區的問題和資源，他們可以發展幫助塡補目前傳遞系統服務的落差。

社區需求（community need）是指負面影響社區人們福祉的情況。例如，最近大量從東南亞移民進入中西社區、缺乏適當住所滿足他們所創造的社區需求。

較正面的是，一個人可以視社區需求爲獨特的挑戰，當整合人力和物質資源是可以解決。利用此例，缺乏住所顯示出一個特別的社區問題，可藉著被評估獲得資源，空屋或公寓建築有所補救。

謹記了解社區需求基本上涉及的價值評斷，易言之，社區成員可能出現的嚴重需求，但並未察覺（Edwards, Yankey, & Altpeter, 1998）。

（一）需求評估和計畫發展

McKillip（1987）描述，一個人可能使用發展和管理心理健康照護方案需求評估的幾個方法，這些包括以下幾項：

促進社區維護：藉著確實了解特殊社區需求，諮商員爲了維護物質上和心理上的需求尙未滿足的弱勢族群，無法因應社區缺乏資源。諮商員提供這些資訊，爲自己徵求資金（例如，藉著寫下財產轉讓），幫助弱勢族群。

1.**促進負責的財務計畫**：持續減少心理健康和教育方案及服務，社區

需要評估先後次序。

2. **增強諮商提議的公開支持**：一個社區需求評估的結果可以強調社區特別的問題，以促進公眾覺知，支持各種議題。

3. **提供諮商介入效能的文件**：需求評估的資料協助諮商員評估新方案和服務對特別社區問題的影響。

4. **方案計畫**：當計畫和準備執行新活動時，蒐集有關社區資源和需求資料，諮商員以負責的態度，依據資訊做決定。

5. **遊說政策制定者和其他接近資金資源人的支持**：利用需求評估產生的資訊說明社區需求特定的型態，是遊說公眾和私人兩者支持是強而有力的方法。

雖然這個評估的主要目的是了解特別問題或尚未達到的目標，關心任何情境嚴重性的社區成員必須察覺。因此，諮商員必須主動將社區成員納入需求評估過程，而不只是了解問題本身。

（二）文化敏感情境的思維

為了促進社區參與評估文化多元情境，Butler（1992）指出諮商員應該做到下列幾項：

1. 對於社區中各種文化團體，如知識豐富、敏感和尊重人。

2. 察覺涉及方案評估和執行政治、社會和文化的需求。

3. 維護評論委員會的建立，包括社區不同文化、種族和民族團體的代表。

4. 評估不同背景的人最適合各種問題和資料蒐集的方法。

5. 蒐集資料時確定利用各種來源，包括社區的關鍵成員，從各種文化團體正式和非正式的領導者（例如：宗教／精神的領導者）、學校人員、和本地的健康照護提供者。

6. 利用文化上適合的方法傳播需求評估結果，增加社區成員的覺知。

（三）評估的工具

一個人可以藉著利用任何人或評估工具的結合，有效執行廣泛的需求評估。「工具或途徑的選擇有賴於如何利用資訊，以及可獲得的時間和資源…大多需求評估利用取徑的組合，因為綜合性需要測量不同因素的不同工具」（Lewis et al., 1991, p. 39），通常利用執行社區需求評估的取徑包括下列：

1. **調查**：為了有關他們特徵或需求的資訊，社區成員透過郵寄問卷、電話接觸或個人訪談詢問。一個人可以對標的對象的所有成員或一群樣本執行調查，產生的資訊可以支持遊說方案，評估存在的方案，評估需求更新資料。

2. **社區會議和／或中心團體**：社區討論會或中心團體有兩種。第一，他們透露地方的優先次序。第二，他們提供社區成員途徑，即直接的輸入，參與更多方案發展和設計提供更多社區需求的服務。這些會議包括正式公聽會或非正式的討論團體。通常，這些會議透過其他評估方法，協助了解尚未浮現的需求和策略，諮商員應該不遺餘力確定忽視團體，因為他們缺乏權力和地位，在獲得評估需求過程中發聲。

3. **社會指標**：諮商員可以在社區使用可能直接或間接和服務需求有關的存在量化的資訊，他們可以在資料上發現第二手的資料，如戶口普查和其他政府的報告、地方和國家統計的私人編輯物、以及從其他地方健康和計畫機構的報告。社會指標包括人口統計學的特色、健康和教育統計、社會經濟學的變數、雇員模式和家庭模式。例如：如果諮商員想要評估特定區域青少年的需求，他們可能藉著評估地方統計開始，例如：少年違法行為的比例、自殺比例、輟學比例或離婚數量。

4. **地方機構的調查**：一個人可以調查地方機構決定社區中提供什麼服

務，處理服務問卷和當事人檔案協助了解服務代溝，避免不需要的重複。

5. **與關鍵報導者的晤談**：地方領導者或非正式的照護者可能提供重要的有關社區需求的資訊，這些資訊可以提供發展其他工具的基礎，如問卷。「他們對目前情境敏感分析不能取代較寬基礎的需求評估，但是他們可以幫助評估中心，設計適當的面談、調查或社會指標途徑（Lewis et al., 1991, p. 42）」。

二、目標設定

一旦完成初期的需求評估，諮商員開始注意設定特定方案目標，設定清楚目標是管理社區諮商方案的重要任務，成為一個評估工具，目標設定清楚說明應該提供的服務。那些清楚說明表達的目標服務，將包括在方案中；相反的，排除模糊目標的服務或沒有特定目標的服務。提供一組相關的服務因此需仰賴清楚表達的目標，為政策制定者、服務提供者和消費者所同意。

一個社區諮商員的計畫目標應該和社區成員所要的結果有關，他們應該有系統和可測量、實際的和所有方案成敗影響的團體可接受的目標相關，這個結果，提供給有關服務性質持續做決定的基礎。

三、作決定

在工作中利用社區諮商架構的諮商員打破傳統角色的另一種方式，避免 Odiorne（1974）所謂的「活動陷阱」。當人類服務專業工作者陷入此陷阱，他們的活動（如個別諮商）自己結束。他們習慣執行相同任務，他們不再看他們全面的目的（例如：促進心理健康），不再考慮助人方法，而做決定使他們更有效能。

相反的，社區諮商架構需要利用多面向途徑達成計畫的目標，例

如，在決定有關計畫發展時，諮商員鼓勵考慮較寬範圍的服務，權衡每個負面和正面的暗示，在可獲得資料的合理搜尋基礎上做決定。做決定過程的關鍵是開放的，諮商員考慮創新活動和他們考慮熟悉的活動一樣無拘束，就像一對一的諮商。

當選擇包括他們方案設計服務時，諮商員應該小心考慮下列的問題：

1.服務符合我們計畫目標嗎？
2.傳送服務時可獲得資源嗎？
3.社區成員和消費者對服務有興趣嗎？
4.服務滿足不同文化／種族背景的社區價值觀和世界觀嗎？
5.服務的潛在利益超過計畫所花費的嗎？
6.我們如何測量服務的效能？

四、執行計畫

一旦選擇一組服務，諮商員可以計畫傳遞的過程，對每項服務，諮商員必須執行一系列特別服務，執行方案。Gredler（1996）略述以下問題，計畫過程時諮商員也許覺得有所幫助：

1.什麼是機構或方案選擇的必須執行重要活動？
2.誰負責執行每樣活動？
3.主要活動開始和結束的日子是何時？
4.需要執行每個活動的基本資源是什麼？

可以幫助諮商員完成計畫或時間表，當開始發展方案時，應該設計評估的方法，小心方案過程，諮商員能夠更有效完成其他管理任務。

編入預算

發展一個預算表示轉變計畫成為財務術語，在工作中社區諮商服務的諮商員必須參與或至少了解編入預算的過程，因為它把計畫帶入現實中。Mayers（1989）描述預算和計畫之間重要的關係：

> 編入預算是發生在人類服務機構中最重要的活動之一，成為一項活動，預算涉及未來機構計畫資源的獲得和分配的計畫。這個過程的結果是一個或更多的預算文件，不只是描述分配的人員、資料和計畫的資源，而且大範圍反映機構目標和優先順序（頁 25）。

一項**預算（budget）**是一個行動的企劃計畫，通常跨越一個財政年度。基於一個特定社區諮商計畫的目標，它「應該是一個計畫的僕人，而不是主人，成為做決定的工具，它協助轉化目標為服務現實」（Lewis et al., 1991, pp. 155-156）。

傳統的編入預算過程總是假設資源成長，因此，人類服務機構最常使用**支出項目預算（line-item budget）**，並使用分類的支出，例如：人員、諮詢費、供應品、旅遊、長途電信和資本花費。正常的預算需求是每年制定的，隨著基於少量增加超過目前年度預算的必須資源的估計。

預算取徑的負面結果是方案績效責任與有限預算，而不是與完成方案目標有關。然而幸運的是，幾個變通方案支出項目預算有效完成社區諮商架構。

計畫預算（program budgeting）涉及依照計畫區域分類花費，而不是依照支出項目和它所支持完成他們目標的計畫。基於**零預算（zero-based budgeting）**的相關策略，需要每項計畫證明它的存在以獲得資金。做決定者依照符合機構目標的成功判斷每項計畫，以致於現存的計

畫和新計畫競爭，這些預算改革使用成本效益分析和計畫完成的花費相
關。

　　利用複雜的合理分析也許可以獲得許多小型社區諮商方案的資金和
技術專業，即使雖然沒有高複雜性的統計分析，諮商員可以在方案的優
先順序上採取相關的預算。身為計畫的一部分，一個年度預算也可以使
用支出項目途徑，發展成為執行聯繫計畫。編列預算者可以決定完成每
個活動的花費，然後使用這些金額做為計畫花費的正確估計，這些花費
可以整合到機構或制度的支出項目預算。如果計畫合理詳列，預算的創
發只簡單涉及說明活動使用金錢數目。

一、收益的資源

　　一個年度預算的創造仰賴花費和收益兩者的估計，社區諮商方案最
常從撥款、轉讓財產和合約、費用、捐款或這些的組合和其他資源接收
收益。

（一）撥款

　　政府立法部門分配金錢，或**撥款**（**appropriations**），直接支持指配
的公共服務。通常方案從公家機構接受合約，受到仰賴每年撥款的間接
影響，依賴立法的撥款使各機構出於經濟壓力或政治改變時，屈服於資
金的變數。在此機構的計畫者需要對經濟或政治力量發展高度的敏感
度，他們才可以做正確的計畫和預算預測。

　　至於撥款的資金，在編列預算過程中和可信度的議題中有其優缺
點：

　　繼續使用公共資金的確允許機構任務和目標的連續性和一致
　　性。然而，有一股強烈趨勢，評量績效責任對社區的影響。因
　　為機構的績效責任是他們使用的方法，而不是他們尋求的結

果，他們在改革編列預算的過程中或意圖在服務遞送中有創新的困難，除非這些創新已經得到政治的接受。（Lewis et al., 1991, p. 167）

（二）轉讓財產和合約

另一條接受資金的途徑是經由轉讓財產和合約，一個人可以從私人基金會或公共提供基金者得到。轉讓財產是給予一個機構錢的總數，它使機構達到設定的目標和目的。合約是相類似的，但它在特定活動的數量和型態較多細節上，活動必須完成達到計畫的目標和目的，即使是在選出接受者之前。轉讓財產和合約兩者只分配資金到符合提供基金者的優先順序的特定方案中。

符合基金指導方針的提議通常被認為是完整的需求評估基礎、行動方案的適合度、計畫目的的清晰度和可達成度、預算的適當度、評估計畫的嚴謹度、以及機構尋求資金的軌跡紀錄，利用有效計畫過程的機構可將那些相同步驟應用到有標誌資金的使用上。

（三）費用

社區諮商計畫可能直接對當事人或經由第三者收取**費用（fees）**，像是保險公司、照護管理組織、醫療補助計畫、醫療保險或其他公共的機構。不幸的是，這些資金來源的費用組織傾向鼓勵直接的、復健服務，不允許這些形成社區諮商架構核心、間接、預防性計畫。因為費用傾向被付給個人的直接服務，諮商員必須尋找其他資金的形式，支持創新的預防性計畫和服務，形成社區諮商架構的一個主要部分。

（四）捐款

大多數機構可操作的預算捐款也明顯增加，對於那些受限於特別目的捐款，機構需要教育捐款者有關可達成當事人需求計畫的種類。也就

是，捐款給方案的人可能不熟悉人類服務的創新途徑，所以公共關係需要設計及執行使人覺知到他們。

（五）從多種來源的資金

從各種來源得到的資金可以協助維持機構的自主性，減少一項資金的來源卻不能使計畫陷入危機中。

不管涉及的資金種類為何，諮商員需要明白謹記他們的基本任務。當資金變成可獲得，即使新方案不符合組織的全面目標和目的，仍需要資金，然而繼續執行無關的計畫，將使組織遠離方案及當事人評估的需求。

組織

計畫、學校或機構組織的方法應該基於任務和協助的途徑，當他們完成計畫，計畫需求者需要一個組織的結構完成計畫的活動。許多不同組織的設計，諮商員應該謹記被選出的組織結構可以對他們工作有重要的運用。此設計決定活動如何區分個人或團體上，如何定義特定的角色和工作，如何協調活動，以及在組織如何溝通。

一、對照兩個組織模式

管理專家已經討論使用各種組織結構的影響，協助在不同組織型態做決定及管理，其範圍從「閉塞的官方組織」到更有活力的「開放和未來導向的組織」（Mink, Mink, Downes & Owen, 1994）。藉著檢視介於這兩極的不同，諮商員可以評估自己的機構或方案可能適合這兩者的連續體：

1. **組織的結構**：官方組織是嚴厲、靜止的、儀式化與程序導向的，開放的組織是有彈性、全面和負責任的；它們使用任務力量和網絡做決定及完成任務。

2. **組織氣氛**：科層體制組織是正式的，建立在命令的階層鏈上；他們在信任的低層次運作，而且是競爭導向的。相反的，開放的組織是以人為中心、非正式且目標導向的。

3. **組織領導**：科層體制組織重視年資，強調任務勝過關係，鼓勵冒最小風險，而且使用一個控制的領導風格。開放的組織是創新與團隊中心的，強調任務和關係兩者，並重視冒風險與實驗法。

4. **組織計畫**：科層體制組織使用頂尖管理官員執行計畫，且注重做決定合理和合法的方法。開放的組織以計畫過程引導計畫；他們強調共同研究團體做決定和解決問題。

5. **動機**：科層體制組織使用外在獎勵和處罰，激發雇員。開放的組織注重個別內部動機和正面期望，他們使用學習契約刺激雇員個人和專業的發展。

6. **溝通**：科層體制組織使用單方向溝通，重視壓抑雇員的感受。開放的組織重視多途徑的溝通，支持表達可尊重的感受。

7. **評估**：科層體制組織利用基於表現的評估，督導者執行且傾向主觀。開放的組織使用注重目標的評估過程，其兼具客觀與主觀（Mink et al., 1994）。

許多人類服務機構具備傳統、科層體制的結構特色，是因為他們的組織設計者不知道可以選擇。如此，個體期待向一個直接督導者報告；管理者對他或她隸屬的活動負責任。在此組織中，例行公事是重要的，雇員依賴寫下來的規則和過程，提供行動指導。特別的是，在人類服務機構的任務是特別化的，雇員或部門做個別諮商，另一個做社區外展服務，另一個做管理任務，另一個做諮商和忠告，再另一個領導團體，組織的成員傾向高度參與他們的特別化，伴隨執行層級的管理者則注意整

合各機構的工作。

　　相較之下，一個較開放系統的機構有彈性、回應改變中的環境。也就是說，此機構是環繞工作團隊和根據目標和需求改變的網絡結構，正如 Mink et al.（1994）解釋：

> 開放的組織注重經由合作達成目標，一起工作，而不是經由權力的應用⋯開放的組織是依照主動，而不是依照他們環境反映的。他們因此可以參與和準備改變，而不是在危機發展後下決定（頁8）。

　　開放的組織依賴人的關係管理途徑，表達人員的需求與促進組織的發展，他們具有行動自由和廣泛基礎雇員參加組織決策的特徵。

　　代替功能細分工作責任，如傳統人的服務機構所做的，開放的組織依照他們的目的或服務的人口數分活動。因此，個人在開放系統的功能，如團隊負責決定最適合組織目標的活動型態。

　　一個開放組織的權力和控制是分享的，相反的科層體制系統是中心化的。理論上，在工作者之間分享權力和控制導致責任的增加感，以及增強動機達成所有人都同意的目標。

　　社區諮商模式更進一步強調消費者和工作者，直接投入接受的重要性。這需要利用任務力量與諮商團隊，其中計畫行政者、心理健康實務工作者和目標服務區域的居民一起工作設計，注重在大社區促進心理健康和個人幸福的介入策略，機構雇員和社區成員因此涉及政策制定與方案計畫和評估。

　　藉著使用這種社區／團隊取徑，工作可以依方案，而不是專門化區分。更進一步，藉著與社區居民親密地工作，方案設計者和服務提供者維持他們當事人需求的覺知，而不是單獨參與他們自己的管理哲學和專業。

　　管理真正反映開放組織的特色機構是困難的，為此，行政者、心理健康實務工作者、社區居民鼓勵和訓練，適應一個對他們來說較不熟悉

的結構，而不是傳統的科層體制機構。

當然，沒有一種組織設計適合服務所有人的機構，然而，藉著熟悉組織機構的範圍，諮商員可以使他們自己有能力建議一個管理取徑，最符合獨特的需求和他們的機構以及他們工作社區的特色。

權變理論（Burns & Stalker, 1961; Lawrence & Lorsch 1967; Woodward, 1965）建議，對一個特別組織最有效的結構需仰賴機構權變處理面臨的意外。當環境情況穩定，且效能是高優先順序時，傳統的機械性、科層體制組織的結構可能是最好。另一方面，當組織面臨內部挑戰時，或必須處理快速社區外部變遷和問題時，有機的、較不正式的結構也許較適合。如果組織或社區在變遷的狀態下，機械性需要在適當的地方，其（1）鼓勵機構中所有層次工作者的溝通；（2）支持社區居民的諮商；及（3）促進機構和社區間資訊流通。當組織內和較大社區面臨挑戰時，這些機械性可以幫助行政者、諮商員、和其他人類服務的實務工作者考慮更彈性的方法。

二、未來組織的挑戰

組織在二十一世紀面臨關鍵的挑戰涉及適應社會上許多新的和空前的挑戰。關於這些，專家提出，為了在二十一世紀更有效能，組織將必須處理以下幾項：

1. 從工業到後工業連續的改變、高度科技社會（Mink et al., 1994）。
2. 從國家經濟到全球經濟的改變，將大量影響中小學和大學如何協助學生準備成未來的工作者（Senge, 1990）。
3. 美國快速的文化／種族／民族多元化（Atkinson, Morten, & Sue, 1998; Sue, Ivey, & Pedersen, 1996），這些因素將迫使在組織和社區機構工作的人，與有關挑戰和對多文化承諾有關的共同工作者、行政者、當事人和社區成員並肩作戰（Sue, 1995）。

Mink 等人（1994）承認這些挑戰的影響和重要性，並討論創造設計增加工作者能力組織新型態的重要性，以適應二十一世紀的生活：

> 如果組織成功回應不同與改變，他們需要可以思考、學習和適應的人們，有彈性和創造力、創新和合作的人們…當處理增加的不同的工作力量和經常改變的資訊和科技，挑戰運行和勝過今日全球的經濟，當代的組織必須創造新的典範，其注重適應力、學習和開放性。向前思考的組織因此必須承認人的生活是有機和流動的，而不是機械化的（頁14）。

所討論的組織結構呈現幫助諮商員更有效了解和管理他們工作的特定機構或學校，藉著回顧這些組織模式，諮商員可以考慮促進他們自己組織發展的方法，藉著新方案的開始和管理策略。這些可以藉著思考管理技巧完成，你已經注意到在工作經驗中是有效的。能力建立活動 8.1 設計協助你了解一些管理特色，你會發現是有效和激發自己生活的。

能力建立活動 8.1
了解你的管理偏好及運用在社區諮商方案上

在一張紙上，描述你所知道的最棒管理者的行為（特別在你曾工作過的地方）。有關於此，管理者是什麼使他或她有效率呢?他或她在場所使用的方法在社區諮商計畫中是有效的嗎，或是他們必須適應？如果他們需要適應，簡述這些適應會是什麼。

領導和監督

社區諮商計畫需要許多人的合作努力，包括服務提供者、支持人員和社區成員。希望增進諮商計畫品質的諮商者，當與其他實務工作者、執行者和社區成員工作時，必須練習有效的領導，以下的討論檢視諮商者領導型態的議題，及他或她去監督心理健康實務工作者的能力。

一、領導型態

有效的領導是在協助其他人了解他們潛在貢獻組織的整體目標和目的的能力，因此，實際領導的效能是測量他或她促進機構或組織其他人、個人和專業的發展。

領導型態（leadership style） 指的是領導者和其他在組織內互動的行為，過去三個世紀中，幾種理論討論領導型態（Burns, 1978; D'Andrea, 1989; Deal & Kennedy, 1982; Senge, 1990）。這些理論家曾經注重領導者可能在特定組織中促進其他人發展的方法，這裡伴隨著四個領導模式的一個簡短的討論，特別是和本書所呈現的社區諮商模式有關。

（一）X理論和Y理論領導型態

身為領導研究的先鋒，Burns（1978）描述兩個經典的理論，引導過去超過兩世紀、在這區域大多的思考：X理論和Y理論。

根據Burns（1978）表示，X理論的領導者假設人們缺乏對他們工作的興趣，缺乏內在動機，避免責任。相對的是，Y理論的領導者假設人們的確對他們的工作有興趣，有外在和內在的因素激起動機，試圖在他們組織內負起更大的責任。

督導期盼兩個領導模式的管理者表現相當不同的型態，例如，督導

展示X理論領導特色，傾向小心監視雇員的行動上使用有結構的督導取徑。為激勵工作者，X理論領導者依賴設計維持圓融、可預測的組織結構的獎懲，並維持雇員依法行政。

另一方面，Y理論的管理者通常代表做決定和責任，他們如此行事的意願來自大多人的自我激發，有效能、創造面對挑戰的信念。

雖然X理論和Y理論提供思考領導型態的一般方法，大多數的組織領導者和督導者介於這兩者之間。在此連續譜的一端，督導者是權威者，他們在組織內與他人有高結構的互動。在另一端，督導者強調民主做決定的重要，他們鼓勵雇員在自己的方法上貢獻組織展示彈性。為了避免暗示這些理論架構一個比另一個更優越，記得X理論和Y理論領導兩方面可能是適合且必須的，依賴特定面對組織的挑戰、發生在社區內的改變、跟他一起工作的受導督者及組織的目標。

（二）管理方格和團隊管理領導

Blake和Mouton（1978）的「管理方格」提供概念化領導型態的不同型式的另一種方式。他們的兩軸模式區分兩種導向：一個「關注人際」，另一個「關注績效」，根據Blake和Mouton，督導者和管理者可能示範給一個、兩者或都沒有的雇員。

Blake和Mouton（1978）描述有效的組織管理員和督導者為「團隊管理領導者」，這位領導者關心高度的生產和高度真誠的關心。雖然他們視這兩種關心為互補，團隊管理領導者常常視他們對人們的關心在增加工作者全面生產力層次潛在更為重要。

（三）情境式領導模式

Hersey和Blanchard（1982）強調調整一個人在組織內發生的不同情境和挑戰領導方式的重要性，他們的「情境式模式」假設有效的組織領導權需要管理者使用不同的監督方式，以符合工作者的專業和個人的需要。

這種領導模式建議領導行為適合依賴工作找尋成熟的層次，因此，督導者願意使用高度結構、任務導向取徑，伴隨尚未發展足夠專業和內在動機有效完成給予的任務的人們。

相反地，管理者應該與伴隨較高內在動機，發展特定職業相關技能需要協助的工作者使用任務和關係導向取徑。Hersey 和 Blanchard（1982）強調，當與自身缺乏動機和自信個體工作，利用關係導向取徑的重要。最後，這些理論鼓勵組織領導者代表自信、成熟、意願和能力，獨立完成與工作相關任務的責任。

二、有效領導的五個組成

基於 Senge（1990）的工作，D'Andrea（1996）組織領導的模式特別和社區諮商模式有關，他強調諮商員可以促進個別和系統改變當事人、同事和組織的方法。D'Andrea 的領導模式包含五個不同的組成，如圖 8.1 描繪的一樣。不同於視這個模式如線性或層級的觀點，D'Andrea（1996）強調模式組成之間的固定和動態的關係。

根據 D'Andrea（1996）和 Senge（1990），領導起源於個體在他或她的當事人、同事和組織可以完成的洞察力，形成此洞察力需要諮商員想像他們的當事人、同事和更大社區的成員如何促進組織的發展。依照個人能力發展組織的洞察力需要知識；亦即，有關的組織知識協助個人發展想像機構／商業／學校進展的清楚心智圖像。更進一步，當個人的願景變得更清晰，將獲得更多有關組織改變過程資訊的需求增加。努力發展專業視野，諮商員和教育者需要獲得有關組織發展、人類發展和多元文化諮商理論的知識，成為他們發展機構、商業和學校的心智圖像的刺激方法（D'Andrea, 1996）。

除了發展願景和獲得組織的知識，領導者必須有效使用領導技巧，計畫、執行協助實現願景的策略。因此，計畫和執行是模式的核心，組織技巧的領導層次表現激勵的能量，決定領導者的願景實現的程度。

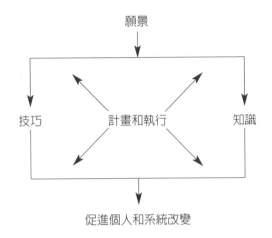

圖 8.1 D'Andrea 的領導模式

正如圖 8.1 所示，所有五個組成物促進個別和系統在組織的改變，在他們工作中使用社區諮商模式的諮商員，刺激他們的客戶（如個案／學生）、以及組織中其他工作者個人和專業發展的心理健康組織中的改變。領導者可以影響其他工作者個人和專業發展最直接的方法之一是透過監督。

三、督導的關係

如同諮商當事人一樣，督導人類服務工作者需要了解影響人類行為和關係複雜。有效能的督導過程中依賴督導領導型態、完成工作及督導關係的適合度。

多數諮商充當督導者，至少偶爾指導義工、輔助性專業人員、沒有經驗的專家、或有經驗的心理健康工作者，督導者指出提供有效督導需要做到下列幾項：

1.對督導者提供適合層次的挑戰、支持和結構性指導（Bernard & Goodyear, 1992）。

2.刺激工作者動機層次（Lewis et al., 1991）。

3.促進監督者諮商技巧的整體層次（Rivas, 1998）。

4.表達督導過程中的多樣化和文化面向（Chen, 2001; D'Andrea & Daniels, 1996; Leong & Wagner, 1994）。

5.協助督導者整合他們個人和專業認同感（Bradley, 1989）。

所有這些任務和責任協助受督導者有效提供促進他們當事人心理健康和個人福祉的服務。

利用社區諮商模式的諮商員與受督導者視人際關係過程為廣泛與流動的，換句話說，諮商者把注意力放在督導者如何架構，與督導中溝通的想法和感覺的動態改變。進一步說，他們確實影響受導督者、督導者和督導關係本身。因此，督導者重要的是了解每一個人，促進個人和專業的發展組織督導經驗，包括他們自己。

（一）督導的個人過程模式

D'Andrea（1989）列出督導廣泛理論的大綱，一個人可以利用不同場所，當他們從一個廣泛、流動觀點工作時，督督的個人過程模式應該思考下列重要大綱：

1.受督導者的心理發展層次。

2.受督導者的動機層次。

3.督導者的風格符合受督導者發展和動機層次的配合度。

4.雙方同時保證的督導階段（D'Andrea, 1989）。

D'Andrea（1989）使用 Loevinger（1976）的自我發展理論，並討論監督者可以（1）決定每個被監督者的發展階段的方法；及（2）設計適合各階段的特別策略的方法。在做這些時，監督者可以更有效刺激他們的被監督者個人和專業的成長（D'Andrea, 1989）。

很難評估受督導者的心理成熟度和技巧，因為即使受督導者在遞送熟悉的服務是成熟且勝任，可是在工作上採取新方法他們可能缺乏技巧

和自信。有效的督導需要人類服務提供者面對困難的敏感度，適應工作
改變當事人的需要。如此，督導者和受督導者需要一起工作，（1）決定
什麼專業知識和技能是受督導者需要，使他或她在組織的表現完美；（2）
表達個人議題或關心，兩者之一的議題可能會影響受督導者的工作表
現。

　　一旦督導者精確評估他們的受督導者能力，他們開始執行這些技巧
的督導策略能力（D'Andrea, 1989; Lewis, Lewis, Packard, & Souflee,
2001），當個體變得有能力和自尊，他們通常變得更有自信貢獻給組織能
力。

（二）評估被監督者動機的層次

　　另一個督導者扮演的重要角色是激勵工作者，激勵人類服務工作具
有不同形式、依賴他們的需要、心理成熟度的層次以及專業的能力。決
定個體將有多積極對工作目標導向的需要可從幾個觀點加以檢驗。

　　一個管理者發現有用的觀點是Maslow的需求階層（Maslow, 1954），
這各層包括從最低到最高的需求是（1）心理健康；（2）安全感；（3）
歸屬感、愛和社會互動；（4）自尊和地位；和（5）自我實現。

　　根據此理論，只有當他們較低層次的需求滿足後，個體才有動機滿
足更高層次的需求。當一個人考慮較低層次的需求被限制他們可以變成
動機時，這個理論架構和工作動機的關聯變得更清晰，因為基本上他們
專注在個體對生存的需求，較低層次需求被限制；相反地，較高層次的
需求與其他人更民主和平等主義的行為工作的衝動有關聯（Maslow,
1954）。因此，當工作者滿足於經濟和情感安全的需求，督導者引導他或
她才有較高層次需要，如歸屬感、正面的社會互動、專業的自尊感和成
就的需求。如此，督導者才思考受督導者是依據Maslow的需求階層。

　　強調督導角色是在促進工作者個人發展和其他的模式區分開來，說
明促進專業能力督導者的責任，Bradley（1989）曾是第一個撰寫有關協
助受督導者整合他們個人和專業認同的重要性之一。

因為社區諮商模式（1）反映一個全面的觀點；（2）強調促進賦能的重要性；（3）遵守和其他人一起建立社區的價值觀，補充這個架構的領導型態和督導關係是意圖設計促進工作者的整體發展。因此，諮商員促進他們受督導者個人和專業發展的價值是督導所有階段的核心考量。

（三）督導的階段

督導是在一組可預測的階段進行（Bernard & Goodyear, 1992; D'Andrea, 1989; Glatthorn, 1990），這些階段顯示任務和過程中特定可預測的議題。督導者致力於他們受督導者個人和專業的發展——他們如何說明動機的議題、目前挑戰和提供支持——將隨階段改變。

研究者注意到督導通常包括三個階段的過程（Lewis et al., 2001; Rivas, 1998）。第一，工作是督導者和受督導者所建立的，再者開始的階段，督導者當作是一個諮商員、老師和良師益友。此階段需要督導者參與，帶領和受督導者協商在督導中完成督導有關的目標和目的。

在第二個階段，鼓勵受督導者在設定工作有關目標時採取更多創意和責任，協助有關階段的改變，督導者當作是諮商員；雖然他們提供更少的結構，他們持續提供資訊和對他們受督導者的支持，當受督導者努力提升其專業能力時，此取徑是促進個人自信很好的觀念。

最後階段的目標是協助受監督者發展，允許他們達到自己未來挑戰的技巧，特別有效監視和督導他們自己（Lewis et al., 2001）。因此，最後階段，受督導者發展他們自己專業認同更成熟的觀念，培養有關有效與自動的工作自信。然而，正如Lewis等人（1991）指出的，

> 自動不意謂著孤立，透過督導的過程，介於督導者和受督導者的關係仍很重要。雖然主動介入的需要可能減少，督導者和受督導者在信任和支持的氣氛中成功。在人類服務場所的受督導者不只是學習完成任務，也是學習利用自己當作工具來幫助其他人，那過程意謂著持續成長和無攻擊性的需求（頁219）。

過去二十年和督導者有關的知識基礎已大量成長，諮商研究者和理論家最近注意到有關督導的多元文化議題（Chen, 2001; D'Andrea & Daniels, 1996; Leong & Wagner, 1994）。由於社會的快速分化，社會中的督導者，例如商業和工業、學校、大學和心智健康機構，必須學習說明不同背景督導人員的目標和挑戰（Chen, 2001）。

四、多元文化督導

　　最近表現在專業文獻上，**多元文化督導（multicultural supervision）**這個名詞描繪那些被文化因素影響的督導情景（Pope-Davis & Coleman, 1996）。多元文化督導的例子包括下列幾項：

1. 白人諮商員督導和從不同文化／種族／民族的當事人一起工作的白人受督導員。
2. 白人督導員和非白人受督導者工作。
3. 從不同文化／種族／民族的背景督導的非白人督導員。

　　多元文化理論強調公開處理督導不同文化／種族／民族議題的重要性（Leong & Wagner, 1994），爲了更有效做事，監督者需要察覺多元文化監督者的全面目標，以及通常呈現在過程中的議題和動力。

(一) 多元文化督導目標

　　多元文化督導和一般諮商一樣有幾個目標，這些目標包括（1）提供一個環境和促進受督導者個人和專業發展的經驗；（2）促進更有效諮商和諮商技巧的發展；（3）增加整體諮商服務當事人接受到的諮商服務品質的績效責任（Bradley, 1989; Chen, 2001）。另外，多元文化督導把目標放在表達特定方法，督導者、受督導者和當事人文化背景和種族／民族認同發展的層次影響諮商和督導這兩方面（D'Andrea & Daniels, 1996）。

　　沒有人能避免文化的影響，研究者曾經強調當諮商（D'Andrea &

Daniels, 1992）或督導（Cook, 1994; Leong & Wagner, 1994）他們了解人們種族和民族認同發展的重要性。幾個諮商理論已經發展模式解釋種族／民族認同發展的階段。其中包括黑人種族認同發展模式（Cross, 1971, 1995），亞裔美國人發展模式（Kim, 1981），弱勢族群認同發展模式（Atkinson et al., 1998），及各種白人認同發展模式（Hardiman, 1982; Helms, 1995; Helms & Carter, 1990; Ponterotto & Pedersen, 1993）。

正如第四章所說的，諮商專業工作者利用此模式了解他們當事人的心理發展。為此，他們適當設計介入有效補充每位當事人目前個人發展的層次。剛剛列出在督導情境種族／民族的認同發展模式所扮演的一個相同的角色。特別是，D'Andrea 和 Daniels（1996）列出如何利用這些模式的大綱：（1）評估督導者和受督導者自己種族／民族認同發展的層次；與（2）了解可能發生在多元文化督導階段的挑戰。

能夠評估種族／民族認同發展的階段，督導者和受督導者可能在多元文化督導嚴格考量下運作。因此，督導者和受督導者／諮商員慢慢考量他們種族／民族認同發展，以及多元文化能力層級如何影響他們諮商和監督的觀點是很重要的。

藉著了解不同種族／民族認同發展的階段，督導者和受督導者開始評估在此領域他們發展的層級。如此，他們將可能（1）較理解文化／種族／民族因素已經影響他們的發展；（2）知道如何將這些理論運用在諮商督導上。

（二）在督導中利用弱勢族群認同發展理論

在弱勢族群發展（MID）模式的**遵奉習俗階段（conformist stage）**反映值得注意的兩個心理特徵：（1）對強勢白人、歐洲文化有明確偏好、價值觀；與（2）有關與他們自己不同種族／民族背景的人們，與其他非白人弱勢團體的自我輕視（Atkinson et al., 1998）。在此發展階段通常偏好與白人專家工作，因為他們認為非白人諮商員和督導者一般來說比他們白人較無資格與能力（D'Andrea & Daniels, 1996）。

在**抗拒（resistance）／融入階段（immersion stage）**，個體依照他們在文化／民族背景中有強大正面的感覺和驕傲為其特徵，這些正面特徵伴隨著對白人不信任和不喜歡的感受而提高。在這個階段，人們強烈偏好和他們自己文化／種族／民族或其他在美國弱勢族群成員一起工作。一般對白人的不信任表示一個對白人督導者的挑戰，在抗拒／融入階段督導人們，他們應該準備好說明。

培養有關 MID 模式協同作用階段特質的個體，經歷有關他們文化／種族／民族認同的自我實現。他們反映關心自己的較高層次，如個體和一個特定文化團體的成員。然而，不像在抗拒／融入階段的人，他們不是「全然接受所有弱勢族群的價值和規範」（Ponterotto & Pedersen, 1993, p. 49）

在社區協同作用階段許多政治的活動發生作用（Atkinson et al., 1998），此行動主義開始想要減少負面影響他們文化團體的壓抑和歧視各種形式，以及其他在美國受到壓抑的團體。

當與個體在此階段工作，督導者應該慢慢討論有關諮商的文化面向，如此一來，他們提供機會，分享他們自己對多元文化諮商和督導的看法，且學習他們受督導者多元文化的觀點。

當討論如何協助不同團體的當事人，督導者應該談到政治和社會的行動策略（D'Andrea & Daniels, 1996）。藉著強調這項的重要性，督導者明白與受監督者溝通承諾這種行動主義協同作用的重要。

(三) 督導中利用白人認同發展理論

雖然美國廣大一群的諮商督導者來自白人、歐洲背景，可是很少注意到在工作上與非白人督導者、或提供非白人當事人的白人諮商員服務的民族認同發展影響。然而，研究者曾經呈現幾個描述白人認同發展的模式，此階段（Cook, 1994; Ponterotto & Pedersen, 1993）和發展的階級（Helms, 1995; Helms & Carter, 1990），這些模式提供督導者和受督導者不同的白人專業思考、並回應多元文化議題。

根據Cook（1994），白人督導者在**接觸階段（contact stage）**運作不考慮民族或文化為一個人心理發展的重要因素。相反的，在這個階段的個體集中於全體的「一般人性」。當討論文化、種族和民族關注議題，他們說明的是民族——人類民族的觀點。

在此階段運作的工作者通常不曾有效執行多元文化諮商或督導介入所必須的知識基礎。在此階段運作的督導者可能抗拒一個人在全部諮商階段需要說明文化、種族和人種議題的建議。

相反地，人們在**準獨立階段（pseudo-independence stage）**運作的人已廣泛了解民族、種族和文化如何影響心理發展，然而，他們討論有色人種基本的民族不同，而不討論白人的不同。Cook（1994）提到這些討論通常表現有色民族一般的（有時候不正確）假設和信念。更進一步，雖然在此階段運行許多督導者和受督導者承認在多數諮商理論遺傳的文化偏見，他們通常缺乏適應獨特需要和文化差異當事人的不同世界觀傳統諮商取徑技巧的知識（Cook, 1994）。

相反地，在**自動階段（autonomy stage）**的人知道許多有關民族和文化因素影響心理發展的方法，在此階段的督導者和受督導者只是討論置於許多傳統諮商理論和技術之下的文化差異，藉著督導或諮商時表現執行文化敏感策略的意願。

（四）不同的組合：有趣的督導挑戰

當這些模式不同階段運作的督導者和受督導者必須一起工作時，許多有趣的挑戰和潛在矛盾的互動將接著發生。例如，在MID模式遵守習俗階段的非白人受督導者應該發現，和一個忽略諮商和督導的民族和文化面向的接觸階段監督者一起工作覺得不錯。然而，自動階段的督導者在他們監督階段堅持討論民族和文化議題，相同的受督導者卻沒有興趣，甚至有挫折感（D'Andrea & Daniels, 1996）。

相反地，當接觸階段運作和白人督導者一起配合，抗拒／融入階段運作的受督導者可能不滿意督導，督導者的一般文化和缺乏對民族文化

差異的敏感度，和受督導者高度興趣和驕傲的差異發生明顯的矛盾。

　　然而，當協同作用和自動階段的人一起工作，他們廣泛了解督導中獨特的情況對文化差異的尊重。在此關係，多元文化諮商的大量互相學習可能發生在兩類人身上，特別是當督導者鼓勵和受督導者討論多元文化諮商議題共同合作的取徑（D'Andrea, 1996）。

　　MID（Atkinson et al., 1998）和白人認同發展（Cook, 1994）模式可以提供利用評價預期在此領域的督導者和受督導者的發展實際架構（看表 8.1，此認同模式的摘要）。從此評鑑可以理解協助心智健康計畫的計畫者和行政者成功督導情況配對，利用評估策略，決定督導過程中文化因素的影響，提供另一個在社區諮商架構中利用評鑑技術的重要例子。

　　不管是他們的工作情境或和他們工作的人，利用社區諮商架構的諮商員藉著工作強調執行評鑑，與傳統心智健康專業工作者不同。包括確實開始監督（或一段諮商介入）之前的評估，在督導期間或當諮商介入

表 8.1　弱勢族群和白人認同發展模式的階段

弱勢族群認同發展	白人認同發展
尊奉習俗階段 1.對強勢白人文化的價值觀有明確的偏好 2.對弱勢團體，包括個人的人種團體採自我不贊成的態度	接觸階段 1.不認為種族和文化對發展重要，只有一個種族——人類民族 2.在諮商中抗拒執行文化、民族和種族的議題
抗拒／融入階段 1.對自我文化／民族背景驕傲 2.一般不信任和對白人不喜歡	準獨立階段 1.承認文化偏見但缺乏適應文化不同當事人的技巧 2.傾向和有色人種而不是白人討論民族不同
協同作用的階段 1.有關自己文化／種族／民族的自我實現 2.代表自己社區／團體政治的行動主義	自動階段 1.在諮商練習時執行文化敏感策略的意願和能力

註：根據 Atkinson 等人（1998）的弱勢族群認同發展模式，以及 Ponterotto 和 Pedersen（1993）的白人認同發展模式。

進行中，以及督導結束（或介入結束）。因爲評估策略是社區諮商架構重要的一部分，以下檢視幾個實際評估的議題和諮商員可能在不同場所採用的策略。

評鑑

評估社區諮商計畫促進做決定的過程，提供諮商員利用計畫新的方案，或調整目前服務有用的資料。Loesch（2001）定義計畫評估如下列幾項：

1.對方案、效率、效能和適合度進行合理判斷的過程。

2.基於系統化資料蒐集和分析。

3.設計方案管理、外部績效責任和未來計畫的使用。

4.特別專注在可評估性、可接受度、覺知、獲得能力、廣泛性、持續性、整合和服務成本（頁513-515）。

計畫評估是管理循環中的重要部分，此循環開始於計畫，並轉向執行、然而評估、最後再計畫。雖然評估如同研究利用許多同樣的方法和技術，其核心目的是告知方案計畫。因此，評鑑協助管理做決定，帶來目前方案的改進，服務有績效，甚至增加公眾支持。當然，隨著目的的完成，只要結果被廣泛宣傳至政策決定者、管理者、服務遞送者、消費者和大部分的民眾。

廣泛的評鑑包含過程和結果兩者，在**過程評鑑（process evaluation）**中，決定服務是否配合計畫實際完成。在**結果評估（outcome evaluation）**中，可以評估服務是否已經影響標的對象。

一、過程評鑑

　　過程評鑑評估標的對象是否被服務，以及提供的服務是否有預期的數量與品質。因爲過程評鑑依賴清楚、可測量的方案目標，過程評鑑者藉著特別化目標，以及發展提供評鑑需要資料的管理資訊系統來著手。

　　當開始計畫方案，決策制定者應該特別化資訊，爲過程評鑑所需要，然後適當的資料可以從直接觀察和服務紀錄，服務提供者和方案參與者蒐集適當的資料。此資訊系統應該包括當事人人口統計學、有關社區資訊、服務和雇員的細節，以及有關可以獲得資訊的資料，然後督導服務，任何時間可以簡單評估目標，監督服務。

　　專業評鑑者不能單獨執行這些步驟， 他們需要主動參與組織內人類服務工作，因爲必須設定適當的目標，需要不停蒐集資料。如果服務提供者開始參與評鑑過程，他們可以協助確定目的是適合的，督導過程是可行的。因爲他們常常察覺存在服務遞送系統的任何問題，消費者再計畫和評估時也可以扮演一個有用的角色。

二、結果評鑑

　　結果評鑑測量服務影響當事人和社區的程度，一個人可以藉著一個標的問題的事件改變測量社區結果；相反的，當事人改變的評鑑通常依據接受服務之前和之後的功能層級。

　　強調預防的社區諮商方案真正目標是很難評估的，因爲只有許多綜合方案可以測量社區的差異：

　　　預防研究面臨兩個不同的問題，第一個是決定在特定介入方案
　　　的行爲效果。第二個是連結最近的目的，如有效行爲與考慮最
　　　終狀態的目標速度削減的改變（如果計畫是成功的話）…單獨

風險因素資料可能被修正，我們會在較好位置進行介入計畫，綜合許多可能影響末端目標的介入（Heller, Price, & Sher, 1980, p. 292）。

因此，一個人可能最好藉著評估介入的效果評估預防方案，帶來當事人的改變，合理期待影響風險因素，最後失序的影響範圍。例如，展示效能的方案增加發展和生活技能層次，可以影響眞實世界的功能（Sprinthall, Peace, & Kennington, 2001），綜合評鑑研究，測量當事人能力、可以展露富有潛在預防的介入。

如同過程評鑑，結果評鑑依賴清楚的目的，成果的定期評量能夠提供影響服務的持續評鑑，發展準則和標準使眞實目的可測量，對於許多目的而言，評估當事人功能的標準工具是可以獲得的。甚至，當用來連結其他測量，當事人滿足感的測量也是有幫助的。依此，諮商員可以利用實驗性或準實驗性的設計增加有關特定計畫效能的有用資訊（Issac & Michael, 1995）。

任何評鑑最重要的方面──不管過程或結果──是測量與服務，提供者與消費者，眞實結果一致的目標。方案發展必須尋找方法測量那些在方案效果裡有直接風險的眞實目標，而不是簡單勉強接受可測量，但較少以機構任務和社區需要爲中心的目標。

獨特的管理挑戰

因爲他們的廣泛性和對多元文化主義的敏感度，基於社區諮商架構的心智健康計畫表現許多獨特的管理挑戰。社區諮商模式的複雜度反映利用促進多元文化取徑的重要性，促進經常改變的環境脈絡背景的心理健康和個人福祉。

當家庭、商業、學校、大學和社區改變，包括人們的需要改變，爲

此，心理健康專業工作者必須準備調適他們提供服務的重點，有效滿足當事人的需要。

　　社區諮商計畫的多面向本質使好的方案和評鑑特別重要，目標和目的必須清楚，服務符合社區需要。

　　同時，服務提供者必須參與繼續訓練和設計增加他們專業發展、教育工作坊，藉著投入自己，當挑戰浮現在他們工作情境，結果是當事人的心理健康定位在於有效和創新的方法行動上。

　　然而，諮商員不能有效處理這些挑戰，除非他們密切關心組織決策制定的過程，為此，社區諮商計畫幾乎需要管理者參與的取徑。

　　因為在工作利用社區諮商架構的諮商員傳遞高度創新的服務，他們需要維持有關計畫核心任務的警覺。經費方法和獎賞結構通常支持傳統的方法，管理社區諮商計畫通常需要發展支持創新和努力的評鑑和績效責任。

摘　要

　　成功的社區諮商計畫需要有效的管理，諮商員應該期望完成許多管理的任務，在人類服務場所的管理任務包括計畫、預算、組織、督導和評鑑。

　　有效的計畫開始於小心評估社區成員的需求與欲求，諮商員利用調查、會議、社會指標和面談，可以開始提出適合目標的情境。一旦目標和目的設定好，一個人可以決定哪個服務最符合認同需要。

　　一個方案的預算以特定活動分配資源將計畫轉化為實體，雖然傳統上人們利用列出項目的預算，改革預算配合完成計畫，即使沒有使用高度精細的分析，方案計畫者可以創造一個以計畫過程選擇活動為中心的預算。

　　諮商員應該小心謹記機構中心任務，尋找資金和建立組織架構兩者，許多機構和其他功能特別化組織的成員沿襲傳統、階級層級架構。一個可以選擇的取徑是更有組織地組織機構或計畫，鼓勵決策制定者的廣泛參與，細分可以依功能或服務的人口設計，被選定的計畫對最終提供的服務種類有其重要的應用。

　　因為社區諮商計畫依賴許多人合作努力，督導特別重要，不管是專家、準專家或志工，督導涉及提供服務給予鼓勵、建立動機和增加能力，督導的過程大部分藉著督導領導型態、受督導者的動機和督導關係的本質決定。

　　最後，管理的循環也包括評鑑，廣泛的計畫評鑑評估提供服務的成功，過程評鑑試著測量，無論服務質或量符合期待時，結果評鑑評估當事人和社區服務的影響。

　　雖然所有人類服務計畫的效果依賴好的計畫、預算、組織、督導和評鑑，社區諮商計畫表現獨特的挑戰，因為這些計畫是多面向、基於社區與創新的，他們需要廣泛參與決策制定和有關他們核心任務的警覺性。

 能力建立活動 8.2
評估你自己的管理技能

　　假設你有一個直接的機會實現你計畫的社區諮商計畫，你有什麼技巧讓你可以協助管理你的學校、機構和心理健康計畫？你需要發展什麼技巧，使你成為未來這樣計畫的有效管理者？安排行動的計畫，可以協助你發展將來管理的效能。

參考文獻

Atkinson, D. R., Morten, G., & Sue, D. W. (Eds.). (1998). *Counseling American minorities: A cross-cultural perspective* (5th ed.). Boston: McGraw-Hill.

Bernard, J. M., & Goodyear, R. K. (1992). *Fundamentals in clinical supervision.* Needham Heights, MA: Allyn and Bacon.

Blake, R. R., & Mouton, J. S. (1978). *The new managerial grid.* Houston: Gulf.

Bradley, L. J. (Ed.). (1989). *Counselor supervision: Principles, process, practice* (2nd ed.). Muncie, IN: Accelerated Development.

Burns, J. M. (1978). *Leadership.* New York: Harper & Row.

Burns, T., & Stalker, G. M. (1961). *The management of innovation.* London: Tavistock.

Butler, J. P. (1992). Of kindred minds: The ties that bind. In M. A. Orlandi, R. Weston, & L. G. Epstein (Eds.), *Cultural competence for evaluators* (DHHS Publication No. 92-1884, pp. 23-74). Rockville, MD: U.S. Department of Health and Human Services.

Chen, E. C. (2001). Multicultural counseling supervision: An interactional approach. In J. G. Ponterotto, J. M. Casas, L. A. Suzuki, & C. M. Alexander (Eds.), *Handbook of multicultural counseling* (2nd ed., pp. 801-824). Thousand Oaks, CA: Sage.

Cook, D. A. (1994). Racial identity in supervision. *Counselor Education and Supervision, 34*(2), 132-141.

Cross, W. E. (1971). The negro-to-black conversion experience: Toward a psychology of black liberation. *Black World, 20,* 13-19.

Cross, W. E. (1995). The psychology of nigrescence: Revising the Cross model. In J. G. Ponterotto, J. M. Casas, L. A. Suzuki, & C. M. Alexander (Eds.), *Handbook of multicultural counseling* (pp. 93-122). Newbury Park, CA: Sage.

D'Andrea, M. (1989). Person-process model of supervision: A developmental approach. In L. J. Bradley (Ed.), *Counselor supervision: Principles, process, practice* (2nd ed., pp. 257-298). Muncie, IN: Accelerated Development.

D'Andrea, M. (1996). *A syllabus for a course dealing with problems with school adjustment.* Unpublished manuscript, Department of Counselor Education, University of Hawaii.

D'Andrea, M., & Daniels, J. (1992). A career development program for inner-city black youth. *Career Development Quarterly, 40*(3), 272-280.

D'Andrea, M., & Daniels, J. (1996). Multicultural counseling supervision: Central issues, theoretical considerations, and practical strategies. In D. B. Pope-Davis & H. L. K. Coleman (Eds.), *Multicultural counseling competencies: Assessment, education, and supervision* (pp. 290-309). Newbury Park, CA: Sage.

Deal, T. E., & Kennedy, A. A. (1982). *Corporate culture: The rites and rituals of corporate life.* Reading, MA: Addison-Wesley.

Edwards, R., Yankey, J., & Altpeter, M. (Eds.). (1998). *Skills for diverse management of nonprofit organizations.* Washington, DC: NASW Press.

Glatthom, A. A. (1990). *Supervisory leadership: Introduction to instructional leadership.* Glenview, IL: Scott, Foresman.

Gredler, M. E. (1996). *Program evaluation.* Englewood Cliffs, NJ: Prentice Hall.

Hadley, R. G., & Mitchell, L. K. (1995). *Counseling research and program evaluation.* Pacific Grove, CA: Brooks/Coie.

Hardiman, R. (1982). *White identity development: A process oriented model for describing the racial consciousness of white Americans.* Unpublished doctoral dissertation, University of Massachusetts, Amherst.

Heller, K., Price, R. H., & Sher, K. J. (1980). Research and evaluation in primary prevention: Issues and guidelines. In R. H. Price, R. E. Ketterer, B. C. Bader, & J. Monahan (Eds.), *Prevention in mental health: Research, policy, and practice* (pp. 285-313). Newbury Park, CA: Sage.

Helms, J. E. (1995). An update of Helms' white and people of color racial identity models. In J. G. Ponterotto, J. M. Casas, L. A. Suzuki, & C. M. Alexander (Eds.), *Handbook of multicultural counseling* (pp. 181-198). Newbury Park, CA: Sage.

Helms, J. E., & Carter, R. T. (1990). Development of the white racial identity development inventory. In J. E. Helms (Ed.), *Black and white racial identity: Theory, research, and practice* (pp. 67-80). New York: Greenwood Press.

Hersey, P., & Blanchard, K. H. (1982). *Management of organisational behavior: Utilizing human resources* (4th ed.). Englewood Cliffs, NJ: Prentice Hall.

Isaac, S., &. Michael, W. B. (1995). *Handbook in research and evaluation: For education and the behavioral sciences* (3rd ed.). San Diego: Edits/Educational and Industrial Testing Services.

Kim, J. (1981). *Process of Asian-American identity development: A study of Japanese American women's perceptions of their struggle to achieve positive identities.* Unpublished doctoral dissertation, University of Massachusetts, Amherst.

Lawrence, R. R., & Lorsch, J. J. (1967). *Organization and environment.* Cambridge, MA: Harvard University Press.

Leong, F. T. L., &. Wagner, D. A. (1994). Cross-cultural counseling supervision: What do we know? What do we need to know? *Counselor Education and Supervision, 34*(2), 117-131.

Lewis, J. A., Lewis, M. D., Packard, T., & Souflee, F. (2001). *Management of human service programs* (3rd ed.). Pacific Grove, CA: Brooks/Cole.

Lewis, J. A., Lewis, M. D., & Souflee, F. (1991). *Management of human service programs* (2nd ed.). Pacific Grove, CA: Brooks/Cole.

Loesch, L. C. (2001). Counseling program evaluation: Inside and outside the box. In D. C. Locke, J. E. Myers, & E. L. Herr (Eds.), *The handbook of counseling* (pp. 513-526). Thousand Oaks, CA: Sage.

Loevinger, J. (1976). *Ego development: Conceptions and theories.* San Francisco: Jossey-Bass.

Maslow, A. H. (1954). *Motivation of personality.* New York: Harper & Row.

Mayers, R. S. (1989). *Financial management for nonprofit human service agencies.* Springfield, IL: Thomas.

McKillip, J. (1987). *Need analysis: Tools for the human services and education.* Newbury Park, CA: Sage.

Mink, O. G., Mink, B. P., Downes, E. A., & Owen, K. Q. (1994). *Open organizations: A model for effectiveness, renewal, and intelligent change.* San Francisco: Jossey-Bass.

Odiorne, G. S. (1974). *Management and the activity trap.* New York: Harper & Row.

Ponrerotto, J. G., & Pedersen, P. B. (1993). *Prevnting prejudice: A guide for counselors and educators.* Newbury Park, CA: Sage.

Pope-Davis, D. B., & Coleman, H. L. K. (1996). *Multicultural counseling competencies, assessment, education, and supervision*. Newbury Park, CA: Sage.

Rivas, R. (1998). Dismissing problem employees. In R. Edwards, J. Yankey, & M. Altpeter (Eds.), *Skills for diverse management of nonprofit organizations* (pp. 262-278). Washington, DC; NASW Press.

Senge, P. M. (1990). *The fifth discipline: The art and practice of the learning organization*. New York: Doubleday.

Sprinthall, N. A., Peace, S. D., & Kennington, P. A. D. (2001). Cognitive-developmental stage theories for counseling. In D. C. Locke, J. E. Myers, & E. L. Herr (Eds.), *The handbook of counseling* (pp. 109-129). Thousand Oaks, CA: Sage.

Sue, D. W. (1995). Multicultural organizational development: Implications for the counseling profession. In J. G. Ponterotto, J. M. Casas, L. A. Suzuki, & C. M. Alexander (Eds.), *Handbook of multicultural counseling* (pp. 474-492). Newbury Park, CA: Sage.

Sue, D. W., Ivey, A. E., & Pedersen, P. B. (1996). *A theory of multicultural counseling and therapy*. Pacific Grove, CA: Brooks/Cole.

Walsh, W. B., & Betz, N. E. (1995). *Tests and assessment*. Englewood Cliffs, NJ; Prentice Hall.

Woodward, J. (1965). *Industrial organization: Theory and practice*. London: Oxford University Press.